I0119724

Friedrich Gottlieb Welcker

Die hesiodische Theogonie

Mit einem Versuch über die hesiodische Poesie überhaupt, einer Einleitung und

kritischen und exegetischen Anmerkungen zur Theogonie

Friedrich Gottlieb Welcker

Die hesiodische Theogonie
*Mit einem Versuch über die hesiodische Poesie überhaupt, einer Einleitung und
kritischen und exegetischen Anmerkungen zur Theogonie*

ISBN/EAN: 9783743316539

Hergestellt in Europa, USA, Kanada, Australien, Japan

Cover: Foto ©Thomas Meinert / pixelio.de

Manufactured and distributed by brebook publishing software
(www.brebook.com)

Friedrich Gottlieb Welcker

Die hesiodische Theogonie

Die

siodische Theogonie

mit

nem Versuch über die Hesiodische Poesie überhaupt,

einer Einleitung

tischen und exegetischen Anmerkungen zur Theogonie

von

F. G. Welcker.

Auch als Anhang zu seiner Griechischen Götterlehre.

Elberfeld, 1865.

Verlag von R. L. Friderichs.

Vorrede.

Dem Text liegt zu Grunde die in Zürich 1856 zum Gebrauch für seine Vorlesungen gedruckte Recognition von Orelli, aus der ich die beigefügte Zusammenstellung der Lesarten der Aldina, Juntina prima, Trincavelliana und hier und da mehrerer neueren Herausgeber natürlich weggelassen habe, um den Schein eines ungerechtfertigten Nachdrucks zu vermeiden. Mit der Orellischen Recognition stimmt meist überein die der kleinen Dindorfschen Ausgabe. Uebrigens sind in dem Orellischen Text fast auf jeder Seite und auf sehr vielen mehrfache Veränderungen gemacht worden. Vorzüglich aber sind die Abtheilungen des Proömion verändert, die Auszeichnung wichtigerer Interpolationen im Druck und die Absonderung nach einleuchtenden Zahlsymmetrieen selbständig behandelt und vorgenommen worden, um durch den Druck selbst meine Ansichten über äussere Beschaffenheit und Interpolationen des Gedichts anschaulicher und bequemer für den Leser darzulegen. Dem Text sind, ohne Vollständigkeit zu beabsichtigen, Erklärungen und Bemerkungen zu einzelnen Stellen hinzugefügt.

Bonn, 3. October 1863.

F. G. Welcker.

Inhalt.

Die Hesiodische Poesie überhaupt.

Nach dem gegenwärtigen Stande der philologischen Studien sollte vor Andern Hesiodus auf der Universität erklärt werden: — weil über keinen der alten Dichter ausser Homer so viel Widerstreit und Schwanken in den Ansichten, in Hinsicht der verschiedensten Fragen herrscht — und das Gegentheil geschieht.

Inhalt und Geist dieser Werke ist von der Jonischen Litteratur, der epischen wie der melischen und elegischen ganz verschieden — die Aeolische und Dorische Lyrik, die Attische Poesie haben nur die allgemeinsten nationalen Beziehungen zu dieser Böotischen Litteratur. Ihre Eigenthümlichkeit will jeder von beiden Gattungen abgelernt sein, aber die der Hesiodischen Poesieen, deren keine der andern gleicht, ist weniger sprechend und bestimmt ausgedrückt, das Gepräge undeutlicher.

Die neueste umfassende Schilderung in Bernhardy's Griech. Litter. 2, 156—210 hat den Vortheil im Zusammenhang der ganzen Litteratur zu stehn, und enthält viele der wichtigsten Charakterzüge. Und doch würde gerade der grosse Unterschied der Behandlung überhaupt und der Beurtheilung vieler einzelnen Punkte, die einem andern mit dem Stoff nicht minder vertrauten Philologen gefallen könnte, am besten zeigen, wie dieser beschaffen ist und gegenwärtig liegt. Bernhardy sagt S. 160: „die Hesiodischen Gedichte stellen ein nicht Jonisches Element der Hellenischen Bildung dar und sind desshalb niemals in allgemeinen Umlauf gekommen — woher eben ihre Gesammtheit, die Niemand als solche der gelehrten Pflege würdigte,

an jenem Grade der Dunkelheit leidet, der sie zu einem der miss-
lichsten Probleme in der alterthümlichen Poesie macht." [1])

Tact ist hier mehr als gewöhnlich erforderlich, eine Eigenschaft,
die durch die wichtigsten Uebungen der Philologen weniger gefördert
wird und bei manchen gar nicht in Betracht kommen oder gar an-
gefochten werden möchte. Der litterärhistorische Tact ist bedingt,
nicht bloss durch den Blick für ein Ganzes und überhaupt eine besondere, hier nicht näher zu erklärende Anlage, sondern auch durch Bekanntschaft mit den verschiedensten, wenn auch noch so unrichtigen
Meinungen und Combinationen über den einzelnen und durch Vergleichung mit anderen von irgend einer Seite in Betracht kommenden
Gegenständen, auch mit den einem. jeden verwandten Erscheinungen
anderer Völker und Zeiten.

Die erste Thatsache, wovon die Untersuchung auszugehen hat,
liegt in dem Namen Hesiodos, als einem Gemeinwort, welches in der
Aeolisch-Böotischen Poesie den Sänger überhaupt bedeutet. Denn
als Verfasser eines besonderen Gedichts ist mit Grund nur der eine
Askräische Hesiodos zu unterscheiden, etwa wie der seinem persön-
lichen Eigennamen nach gleichfalls unbekannte Dichter der Ilias als
Homer, der Smyrnäische, mehr noch durch seinen Geist, Grösse,
Charakter und Alter des Werks, als durch das, was in den Sagen
von Homer auf Smyrna hinweist, von allen übrigen Homeren sich
unterscheiden lässt. Der Gebrauch des Wortes Ὅμηρος als Namen
ist so belehrend, dass wir nur Anwendung auf Hesiodos zu machen
brauchen, um dann durch den Gebrauch, der von diesem Namen gemacht worden ist, Aufschluss über die Erscheinung der litterärischen
Sage zu erhalten. Auch Dädalos giebt eine lehrreiche Analogie ab.
Wie der Askräische Lehrer des Landbaus uns nicht mit seinem eigentlichen, sondern unter dem poetischen oder Standesnamen bekannt ist,

---

1) F. A. Wolf in der Ausgabe des Hesiodischen Schildes von Ranke: Omnino
maligna materies in hoc litterarum genere videtur esse Hesiodus; et cuivis eam
tractanti saepe animum subeat illud ex epigrammate: ἔργα· σύ μοι παρέχεις, ὦ
γέρον Ἡσίοδε. Willkür und Missverständnisse haben auf keinem andern Gebiet
mehr Verwirrung angerichtet, so dass Manchen die Uebung der Kritik auf diesem
traurigen Felde abschrecken könnte. — So wie Wolf haben auch Heinrich und nach
ihm Thiersch die Bearbeitung der Hesiodischen Ueberreste ernstlich in Angriff genommen, aber beide die Anfänge nicht zur Vollendung durchzuführen vermocht.

so führen diesen auch alle Verfasser der übrigen, vom Helikonischen Musenheiligthum ausgegangenen Gedichte, und von keinem unter ihnen werden persönliche Verhältnisse nur entfernt berührt: der Verfasser von keinem ausser ihm ist uns unter eigenem Namen bekannt, wie doch von Homerischen Gedichten viele. Der Böotische Landmann oder Heerdenbesitzer wurde ein Hesiodos, wenn ihn der Geist trieb.

Eine auffallende Erscheinung ist es allerdings, dass ausser dem Askräischen Dichter des Landbaus alle andern Sänger um den Helikon, den Sitz der Musen, und weiterhin, in einem gewissen Umkreis, in einer gewissen Schule unter demselben poetischen Namen 'Ησίοδος so lange Zeit hindurch gingen, der also eine doppelte Bedeutung hat, die individuelle für den Askräischen Hesiodos und die collective. Gleichgültigkeit gegen das Individuum liegt in diesem Gebrauch nicht nothwendig; denn der Sängername ist ehrenvoll, wie ein Titel. Noch merkwürdiger, dass die spätere Zeit den volksmässigen, altbefestigten Namen nur in der einen Bedeutung, als Eigennamen genommen hat, indem sie auf die Wortbedeutung nicht achtete, und sich in die Art der alten ungelehrten Zeit nicht versetzte: eine sehr begreifliche Erscheinung, deren man sich aber weder im Alterthum noch neuerer Zeit versehen hat. So geschah es, dass sehr verschiedene Werke, besonders ἔργα und Theogonie, die Eöen, derselben Person fort und fort beigelegt wurden, die geringeren epischen und didaktischen desgleichen. Kritik war nicht erwacht. Wenn Thukydides noch den Hymnus auf Apollon dem Homer der Ilias giebt, der nachmals dem Kinäthos zugeschrieben wurde (Kinäthon Ol. 6 oder 9), wenn Herodot zuerst den Zweifel äussert, ob die Epigonen von dem grossen Homer seien, und wegen eines einzelnen Umstandes die Kypria, so ist nicht zu verwundern, dass sich die Prüfung noch nicht auf die Hesiodischen Gedichte richtete. Die Neigung zu dem Gebrauch der Bezeichnung Hesiodisch, von Hesiodos, von einer zahlreichen Classe von Gedichten im Laufe ganzer Jahrhunderte, lässt sich auch von dieser Seite betrachten. Dass in diesen eine neue Litteratur sich verbreitet hatte, die elegische und melische, und viel Neues in Wissen, Geschmack und Bildung aufgekommen war, konnte bewirken, dass die Verse, welche Hesiodisch waren, nach Inhalt, Geist und Sprache im allgemeinen abstachen, wie etwa das, was wir archaisch oder archaistisch in den alten Bildwerken

zu nennen pflegen und über diesen doch sehr allgemeinen und unbestimmten Ausdruck uns hinlänglich zu verstehen meinen; mit Homerisch oder von Homeros ist diess nur entfernter ebenso.

Die Theogonie von dem Landbau loszureissen fiel um so weniger
Jemanden ein, da der Verfasser des ersten der jener vorangestellten
Hymnen sagt, dass die Musen dem Hesiodos, als er unter dem Helikon
Lämmer weidete, den Lorbeerzweig gaben und ihn Gesang lehrten,
das Göttergeschlecht zu preisen, 22—35. Also theogonische und
Hymnensänger unterm Helikon waren auch authentisch. Aber der
Askräer war nach seiner Poesie nicht Hirt, und diesen Hirtenstand
erklärt Max. Tyr. 22, p. 224 Dav. für poetisch — $\delta\iota\grave{\alpha}\ \tau\grave{o}\ \alpha\dot{\upsilon}\tau o\varphi\upsilon\grave{\epsilon}\varsigma$
$\tau\tilde{\eta}\varsigma\ \pi o\iota\dot{\eta}\sigma\epsilon\omega\varsigma$. Auch Zaleukos der Lokrer heisst Hirt Sch. Pind.
Ol. 11 (10), 17 — auch die Thrakischen Sänger zum Theil — auch
Stifter von Dynastieen. Es liegt aber wohl etwas mehr in der Tra-
dition, dass die Hesiodischen Rhapsoden aus dem Hirtenstand hervorgegangen seien.

Die richtige Auffassung des Namens, nicht nach dem volksmässigen Gebrauch des Alterthums und seinen Missverständnissen, ist
der Schlüssel und einzig richtige Ausgangspunkt für alle Hesiodische
Kritik. Die litterärhistorische Gleichgültigkeit und Unfähigkeit so
vieler Jahrhunderte, bei der Leichtigkeit für uns heute, über diese
ganze Litteratur in Hauptpunkten richtiger und sicherer zu urtheilen,
ist näher zu betrachten. Die alten Autoren haben sich gemächlich
dem alten Volksgebrauch in Betitelung so vieler Werke derselben
Herkunft und desselben Unterschiedes vom Homerischen hingegeben.
Das ganze Alterthum hat sich geirrt mit einer grossen Ausnahme,
die wir durch Pausanias erfahren; es hat den Standesnamen als indivi-
duellen genommen und dadurch die verschiedenartigsten Werke nach
demselben Namen als Verfasser genannt.

Es gehört zu den auffallendsten, auf dem heutigen Standpunkte
der Kritik schwer begreiflichen Dingen, dass alle die grossen Schriftsteller der guten Zeit Griechenlands nur von Einem Hesiodos reden,
so wie das Alterthum vor ihnen alle Verse einer gewissen Art, Mundart
und Herkunft, ohne weiters Werke des Hesiodos, des Sängers, genannt
hatte. Bei diesem volksmässigen Gebrauch blieb man stehen und
dachte nicht daran zu prüfen, ob er richtig sei, und zu unterscheiden.

Wenn man untersucht, wie viele unglaubliche Dinge die biblische Kritik an das Licht gezogen hat, die nur darum Jahrhunderte lang unveränderlich als wahr und geschichtlich gelten konnten, weil alle Verständigen sich der Prüfung enthielten, so wird man vielleicht sich weniger wundern, dass alle Verständigen vor der Periode der Alexandrinischen Gelehrsamkeit, in welcher die Kritik zuerst tiefer eindrang, so gläubig oder so nachgiebig sein konnten. Es war ihnen Orthodoxie nicht Pflicht; aber von selbst überliessen sie sich der Tradition, dem Herkommen, willig und bequem.

Das Wort Ἡσίοδος ist zusammengesetzt aus ᾠδή, ἀοιδή oder ᾠδός, wie Terpander Λέσβιος ᾠδός genannt wird, und ἰέναι ᾠδήν. Der Hymnus vor der Theogonie gebraucht es z. B. an die Musen (22), welche den Hesiodos lehrten καλὴν ἀοιδήν. Der Vokal wird verkürzt wie in εὐρύχορος, καλλίχορος, Ἰόνιον πέλαγος, so wie verlängert in Διώνυσος und vielen anderen, ὀρέσκως wird ὀρέσκοος. Der Gebrauch so schöner Worte im Hexameter war ohne diese Licenz nicht möglich, ohne die der Aussprache sich fügende Prosodie der Periode der mündlichen Verbreitung. Das Verbum ἰέναι aber in dem hier gemachten Gebrauch ist bekannt genug. Dreimal (10. 43. 67.) kommt in der Theogonie ὄσσαν ἰεῖσαι vor; Solon sagt: γλῶσσαν οὐκέτ' Ἀττικὴν ἰέτται (fr. 35), Aeschylus: φωνὴν ἥσομεν Παρνασσίδα (Choeph. 557). Mit dem Compositum Ἡσίοδος stimmt genau überein ἡσιεπής, (Etym. M. p. 669, 7), was sogar eine Nachahmung desselben zu sein scheint. Ἡσίοδος ist also nur ein feierlicherer, zierlicherer Ausdruck als der einfache, gemeine ἀοιδός, der gleichsam zum Standestitel erhoben wird [1]. Dass schon Aristoteles von dem Namen Orpheus bemerkt, er sei nicht als ein persönlicher Name zu verstehen, hätte bei dem Ueberblick der

---

[1] Falsch ist die Ableitung von ὁδός im Etym. M. p. 438, 24 ὄνομα κύριον ὁ τὴν αἰσίαν ὁδὸν πορευόμενος κτλ. Αἰσίοδος p. 452, 36. Güttling von ἵημι und ὁδός, ἡγεμὼν ὁδοῦ, was Nitzsch Hist. Hom. 2, 62 mit Recht zurückweist; oder in der zweiten Ausgabe p. XXIII von ἥδομαι und ὁδός, qui gaudet ea via, quam rectam demonstravit. Nitzsch behauptet übrigens mit Hohn gegen Güttling, dass Ἡσίοδος Eigenname sei, nicht den Böotischen Barden bedeute, wie er sich auch in Ὅμηρος nicht finden konnte. Faesi dagegen, Odyssee S. 8. not. 4. A., sagt von jenem übereinstimmend mit Güttling: »wohl ursprünglich eine allgemeine Bezeichnung für Sänger.« G. Hermann de Aesch. Prom. 18, p. 15 vergleicht ἡσιεπής, ἡσίχειρ, Ἡσιόνη (ab ὄνη, ὄνησις?): aber Ἡσίοδος von ὁδός oder ᾠδή?

den Namen Hesiodos tragenden Gedichte darauf führen sollen, zu bemerken, dass es mit diesem Namen sich im Wesentlichen ganz ähnlich verhalte. Es ist möglich, dass die unstreitig sehr viel späteren Orphiker, indem sie ihren Schriften den Namen des Orpheus als einen gemeinsamen beilegten, hierbei die damals allgemein durchgedrungenen und üblichen Namen Homeros und Hesiodos als Gattungsnamen vor Augen gehabt haben, und es wäre des Aristoteles nicht unwürdig und zu seiner Zeit auch gar wohl möglich gewesen, wenn er auf litterärische Kritik nach dieser Seite hin hätte eingehen wollen, seine Bemerkung über den Namen Orpheus auch auf die beiden anderen Namen auszudehnen. Wir können uns denken, dass die Orphiker den Namen Orpheus, Eumolpos, Musäos zum Theil mit dem Bewusstsein voranstellten, dass es Gattungsnamen seien, während andere allerdings die Absicht hatten zu täuschen, der Schrift durch die Behauptung des Alterthums Ansehn zu geben, wie im Weinhandel der falsche Name einer edlen Sorte den Flaschen aufgeklebt wird, nach welchem dann auch viele ihren Wein sich schmecken lassen: und so mögen auch unter denen, welche verschiedenartige Hesiodische Verse schrieben, manche ganz ehrlich nur Hesiodische Sprache und im Allgemeinen Hesiodische Art und Inhalt gedacht haben, was die lallende Mittelmässigkeit und der allgemeine Volksgebrauch willig und bequem von alt Hesiodisch nicht unterschied.

Auch die Erscheinung in der Tradition über Homerische Gedichte, dass z. B. die Kyprien den Namen Homeros oder Stasinos trugen, wiederholt sich im Kreise der Hesiodischen Poesieen, indem der Aegimios, worin Herakles der Held war, und wovon wenigstens ein zweites Buch angeführt wird, nach Hesiodos oder nach Kerkops dem Milesier genannt wurde, der um die dreissigste Olympiade gesetzt wird. Hierauf bezieht sich auch Aristoteles περὶ ποιητῶν bei Diog. 2, 46, wenn er sagt Κέρκωψ Ἡσιόδῳ ζῶντι ἐφιλονείκει. Athenäus sagt „der Dichter des Aegimios, sei es Hesiodos oder Kerkops der Milesier“ (11 p. 503 d.). Bei diesem Kerkops an den Pythagoreer des Namens zu denken, war man ebenso unberechtigt, als Orphisches in der Hesiodischen Theogonie zu wittern, während allerdings in den verschiedenen Orphischen Theogonieen natürlich gar Vieles auf das Hesiodische Alterthum zurückgeht. Auch der gelehrte Scholiast des Apollonius verschmäht den Namen Hesiodos, indem auch er von dem Epos sagt: ὁ τὸν Αἰγίμιον ποιήσας (3, 587. 4, 816), wenn nicht etwa auch ihm schon Hesiodos ein altherkömmlicher allgemeiner und unbestimmter Name für unbekannte Verfasser von Gedichten einer gewissen Schule zu sein schien. Nur der Fall liegt nicht vor, dass eine bestimmte Person als Verfasser eines nach Inhalt, Beziehung zu anderen Gedichten oder nach irgend welchen anderen Kriterien Hesiodischen Gedichtes genannt würde, wie Arktinos von Milet als Verfasser der Aethiopis und (oder mit) der Iliupersis, wiewohl auch diesen Artemon, der Milesier, einen Schüler des Homer nannte.

Die ältesten Namen überhaupt sind wenigstens zum Theil nicht von Individuen zu verstehen. Die ältesten Formeln und Weisen sind mehr Sache des ganzen Standes oder des Familienordens wie eines Einzelnen. Zuerst die Namen, die allgemeinen Bestimmungen, die Verhältnisse unter einander, dann das Local, worauf sie sich befestigt und verbreitet haben. Träger des aus allgemeinen Gründen vorauszusetzenden geistlichen Liedes fehlen nicht, — sie sind durchaus mythisch. Noch jetzt Volkslieder, zum Theil sehr alte, von so vielen Nationen, und nirgend Namen der Verfasser. Das Allgemeine, das Menschliche, nicht die Person eines unbekannten Dritten, eines zufälligen Verfassers, ist der Menge bedeutend. Die Wissbegierde muss schon sehr verbreitet sein, um nach den Urhebern von Gesängen, Liedweisen, Bildern zu fragen. Bis in die Mitte des vierzehnten Jahrhunderts hört man in Spanien, dem Land der Lieder und Gesänge, noch keine Dichternamen, ungeachtet schon lange Castilianische Lieder, also ächte Volkspoesie, da war. Bei den Hebräern haben wir (nach Eichhorn) 300 Jahre lang Prophetenschulen (1090—790), bis der erste namhafte Prophet aufstand, Joel, von dem etwas erhalten ist. Die Hymnensänger Orpheus, Olen, Pamphoos, hängen mit bestimmten Culten zusammen, wie längst bemerkt worden ist.

Die Namen bezeichnen entweder Begriffe, Eigenschaften, Classen, idealische Ahnherrn: können demnach als Beinamen auf mehrere von gleichen Verrichtungen übertragen werden, oder sind von dem Dienstnamen oder Familienrecht abstrahirt, wie Eumolpos, Musäos der Sängerfamilie als Ahnherrn gegeben sind; oder von einer Art des Gesanges oder der Kunst, wie Linos. Wenngleich bezeichnende Beinamen

im Leben auch als Eigennamen dienen, da die altväterliche Zeit sich darin gefällt, jeden nach seinem Thun und Wesen zu nennen, so unterscheiden sie auch nur für den engsten Raum und die Gegenwart hinlänglich. Besonders mussten auch die Namen nach den Berufsarten, als Sänger, Seher, Wahrsager, Schnitzler, Schmied sehr häufig sein, da diese Künste meist in den Familien blieben; sind doch, wo diess weniger allgemein war, dennoch die Handwerke zu Familiennamen geworden. So wenig das Kind fragt, wer das Märchen, das ihm erzählt wird, gemacht habe, so wenig das Volk nach dem Namen des Dichters, des Künstlers.

Die Genealogieen verrathen am deutlichsten, wie allgemein und unbestimmt diese Namen seien. Alles, was über die Vereinigung der verschiedenen Sagen zu einer Lebensgeschichte gegrübelt worden, ist überhaupt wegzuwerfen, oder das Einzelne ist aus wahrscheinlichen Motiven der Erdichtung zu erklären.

Thiersch, Ueber die Gedichte des Hesiodus, ihren Ursprung und Zusammenhang mit denen des Homer, in den Münchener Denkschriften 1813, hat bereits bemerkt, dass eine uralte Böotische Sängerschule, von mehr ethischem als epischem Charakter, anzunehmen sei, zu der sich Hesiodus verhalte wie Homer zur Jonischen, und Passow in Jahns Jahrbüchern für Philologie 1, 1, 153 urtheilt, Thiersch scheine diess so gut als erwiesen zu haben. Durch die Rückkehr der Aeolischen Sänger nach dem Mutterlande zeigt sich theils, wie die Kolonieen fortgeschritten waren — denn die Böotische Schule blüht doch erst durch den eingewanderten Gesang auf — theils, dass es unnöthig ist, mit Thiersch die Verwandtschaft der Hesiodischen mit der Homerischen Poesie aus einer festen Bildung der Sprache und Poesie schon vor der Auswanderung zu erklären, wonach ganze Rhapsodicen der Ilias und Odyssee sich im Mutterland erhalten haben könnten und nicht erst von Asien herüberzukommen brauchten. In Asien könnte sich diese Sprache ja ausgebildet haben, wo die Aeolier und Jonier nicht entfernter von einander wohnten als im Mutterland. Umgekehrt, in Asien könnten auch beide sich neben einander fortgebildet haben. Der Askräische arme Sänger könnte leicht gegen die in Kyme wohnenden ein kleines Licht gewesen sein. Warum sollten die Besten auswandern? Von der Asiatisch-Aeolischen Heldensängerschule ist die Böotische didaktische, ethische und historische, durchaus zu unterscheiden. Jene besteht aus Aöden in reichen Häusern und Nachahmern ihrer alten Heldenpoesie, diese aus Bürgern ländlicher Städtchen in einem bergigen Binnenlande, das gegen die Aeolischen und Jonischen Küstenstädte sehr arm und dürftig zu denken ist. In Aeolis war Kampf mit den Aeneaden, städtisches Leben, Seeverkehr, in Böotien Alles anders. Die Sagen und Lieder der Thebais sind nach Aeolis eingewandert und als gebildetes Epos zurückgekehrt. Von einer ethischen Richtung der Poesie, ausser in den im Epos eingestreuten guten Wahrheiten und Lehren, verräth in Asien sich nichts bis auf eine spätere Zeit. Aber auch in Böotien ist in der früheren Zeit nur die Königssage der Kadmeer- und Heraklessagen bekannt: und diese bloss epischen Anfänge hat Thiersch nicht genug hervorgehoben. Seitdem die Schule bekannt wird, ist die Richtung gänzlich verändert — die Königzeit muss im Lande nicht in gutem Andenken gestanden haben. Zwischen den Aöden der Kadmea und der Askräischen Schule ist die Blüthe des Asiatisch-Aeolischen Gesangs. Dass der ganze Inhalt des Homerischen Epos nicht in das Böotische eingedrungen ist, muss zur Hauptursache haben, dass keine Homerischen Rhapsoden nach Böotien gekommen sind, das seine Hesiode hatte. Oder sollte dort auch eine gewisse national-politische Abneigung gegen die Helden des Homerischen Kreises bestanden haben?

Der Stammvater der Hesiode, d. i. der Sänger am Helikon, von wo sie weiter in Böotien, auch Lokris sich verbreiteten, ist Hirt. Im Stande liegt der nächste gegensätzliche Unterschied der Hesiode von den Aöden, deren eigener Stand zwar nicht in Betracht kommt, die aber durchaus im Geiste der heroischen Classe dichten, poetisch die Thaten und Schicksale der Edlen verherrlichen. Die Hesiode aber singen nicht, was anderswo Volkspoesie ist, das Gemüthsleben und die Umstände des Volks, sondern was auch dem Volk mit den Edlen gemein ist, Religion und das menschlich Gute und Tüchtige. In Hinsicht des Religiösen sind sie uns Quelle wichtiger Ueberbleibsel der Urzeit, die von den vorgeschrittenen, minder ernsten Joniern nicht oder obenhin berührt wurden. Im Ethischen zeigt sich neben dem Allgemeinsten, das gemeinschaftlich ist, eine besondere Entwicklung der Begriffe und Lebensregeln, wie die Verhältnisse auf der einen und auf der andern Seite sie mit sich brachten. Sie thun diess aber nicht im Fluge der von Thaten und glänzendem Leben begeisterten Phantasie der Homeriden, die hohen Aufschwung nehmen, sondern in einer niederen Region, wo die Luft drückender ist und nur dem Verstand eine ernste Thätigkeit gestattet. Auch sie erheben sich jedoch aus der Menge zum Dienste der Olympischen Musen, und die Muse reicht ihnen einen Lorbeerast, den sie im Vortrag halten; aber diese Muse ist eine andere als die, welche den Heldengesang eingiebt. Demnach ist der Unterschied ganz allgemein betrachtet näher zu bestimmen als Prosa im Verhältniss zur Poesie, didaktisch, das Wissenschaftliche der Zeit, auch dieses in weitester Bedeutung verstanden. In der That ist die Prosa so alt bei den Griechen, obwohl sie immerhin jünger ist als jene. Denn dass sie von ihr die äussere Gestalt in Rhythmus und Sprache beibehielt, macht sie so wenig zur eigentlichen Poesie, — wie schon Aristoteles in Bezug auf die früheren Philosophen bemerkt — als sie eigentliche Prosa ist, worin der strenger durchgebildete und harmonisch und folgerecht verfahrende Verstand sich auch eine prosaische Sprache gestaltet. Das Poetische in diesen Werken, das wir im Einzelnen leicht unterscheiden, ist in soweit untergeordnet, dass dadurch nicht der allgemeine hier behauptete vorherrschende Charakter aufgehoben wird.

Von dem ältesten der Hesiode, dem Askräischen, haben wir auch einige historische Kunde, die uns von dem ersten Homeros fehlt. Wir schöpfen sie aus einer alten Interpolation der ἔργα 633 ff. Danach wandert der Vater des Hesiodos und des Perses aus Kyme in Aeolis aus Mangel nach Askra, nahe dem Helikon. So meldet auch Strabo (9 p. 409, 413). Ephoros der Kymäer giebt an, der Vater des Hesiodos sei nicht wegen Armuth, sondern wegen eines Mordes ausgewandert und habe erst in Askra die Pykimede geheirathet. So sagten vermuthlich die Kymäer um Vorwurf darüber von sich abzuwenden, dass sie sich den Dichter hatten entgehn lassen, oder dass wegen Armuth einer zu fliehen genöthigt gewesen sei. Dass die Bewohner von Kyme auf den Hesiodos stolz waren, ist ganz natürlich, auch wenn der Ruf von ihrem Sohne erst später, nachdem der Askräische Bürger berühmt geworden, zu ihnen gelangt war. Diesen Stolz sieht man auch aus der spitzfindigen Dichtung, die dem Hesiodos ein Klage-

lied auf einen von ihm geliebten Frosch beilegt, was Suidas anführt [1]). Denn Kyme, worunter wenigstens Mehrere die Asiatische Kyme
verstehen, hatte auf ihren Münzen einen Frosch. Der Erfinder ge-
nügte sich also nicht damit, dass der Dichter aus Kyme stammte,
wenn auch erst in Askra geboren, oder jung von den Eltern dahin
gebracht, sondern er sollte ihm auch schon in Kyme Dichter gewesen
sein. Ebensoviel werth ist die andere Erfindung bei Suidas, dass der
Vater des Dichters Dios, die Mutter Pykimede geheissen habe, von
denen er jung aus Kyme nach Askra gebracht worden sei. Denn der
Name der Mutter, der den feinen Geist des Sohnes bezeichnet, führt
darauf, dass auch der Vater Dios bedeutsam ist, göttlich, $\vartheta\varepsilon o\varepsilon i\varkappa\varepsilon\lambda o\varsigma$,
und dem liegt vielleicht die Stelle der $\xi\varrho\gamma\alpha$: $\text{'}E\varrho\gamma\acute\alpha\zeta\varepsilon\nu\ \Pi\acute\varepsilon\varrho\sigma\eta,\ \delta\tilde\iota o\nu$
$\gamma\acute\varepsilon\nu o\varsigma$ (297) zu Grunde [2]).

Askra (d. i. Akra) ist als Heimath des Hesiodos genannt auch
in der Grabschrift in Naupaktos bei Pausanias (9, 38, 3), und Virgil
nennt ihn mehrmals Ascraeus, wenngleich er in der vierten Ecloge
das letzte der Hesiodischen Weltalter andeutet unter der Bezeichnung
Cumaeum carmen. So sagt Steph. Byz. unter $K\acute\upsilon\mu\eta$: $\grave\varepsilon\nu\tau\varepsilon\tilde\upsilon\vartheta\varepsilon\nu\ \tilde\eta\nu$
$\text{'}E\varphi o\varrho o\varsigma\ \acute o\ \acute\iota\sigma\tau o\varrho\iota\varkappa\grave o\varsigma\ \varkappa\alpha\grave\iota\ \text{'}H\sigma\acute\iota o\delta o\varsigma\ K\upsilon\mu\alpha\tilde\iota o\iota$. An den Perses richten
sich die Sprüche wiederholt. Früher schien mir, dass Perses nach der
alten poetischen Form des an eine bestimmte Person gerichteten Lehr-
gedichts zu beurtheilen sein möchte, was Göttling (p. XIX) nicht miss-
billigt. Ich dachte, dass der Streit über die Theilung erdichtet sei
als ein Beispiel, um durch das Individuelle mehr anzusprechen, wie
im Hitopadesa der König Perspicax von seinen Kindern beispielsweise
spricht. Allein die Thatsache ist in ihren Besonderheiten glaublich
und das Wirkliche der Prosa des Dichters gemäss. Es ist nicht zu
glauben, dass dies erdichtet sei, um die Vermuthung, dass nach Böotien
die Poesie aus der durch epische Poesie früher berühmten stammverwandten Colonie verpflanzt worden sei, in concreter Sage schicklich einzukleiden. Jemand hat daran gedacht, dass die Abstammung

---

1) Wyttenbach ad Plutarch. p. 164 a.
2) S. Göttling und Lennep zu der Stelle. Man hat sogar emendirt $\varDelta\acute\iota o\upsilon$
$\gamma\acute\varepsilon\nu o\varsigma$, was Ruhnkenius für richtig hielt und Brunck aufnahm. Was Vell. P.
1, 7 sagt — patriamque et parentes testatus est, giebt zu mancherlei Fragen
Anlass. S. Robinson in der Leipziger Ausgabe 1778, p. XXVI ss.

aus Kyme erdichtet worden sei, um zu erklären, dass so viel vom Jonischen Charakter in den Gesängen sei. Aber Hypothesen solcher Art fallen in die Zeit der Grammatiker, nicht der alten Tradition. Eine in sich wahrscheinliche Sage von dem Dichter ist ihm selbst in den Mund gelegt, mit der auch keine andere im entferntesten Widerspruch steht. Ein anderes Beispiel einer interpolirten Sage in den Werken und Tagen aus dem Leben des Dichters, die aber umgekehrt keinen historischen Grund gehabt haben kann, ist die von dem Wettstreit in Chalkis, worin Hesiodos den Preis über Homeros davongetragen habe (650—663), der zwar in den Versen nicht genannt, aber doch höchst wahrscheinlich gemeint, und nur ausgelassen ist, weil gerade diese Sage herrschend war, die nur aus der Vergleichung der Homerischen und Hesiodischen Gattung, bei der schon angenommenen Gleichzeitigkeit beider Dichter, hervorgegangen sein kann. Kein anderer Dichter oder kein Eigenname eines Dichters lässt sich denken. Der von Pausanias erwähnte und auch von Varro gesehene Dreifuss auf dem Helikon wurde ausgegeben als ein Siegspreis des Hesiodos über den Homeros bei den Leichenspielen des Königs Amphidamas zu Chalkis, zu einer Zeit, als man schon gelehrterweise Homer und Hesiodus verglich und vielleicht am Helikon schon, wie zur Zeit des Pausanias, dem Askräischen Lehrdichter alle anderen Hesiodischen Gedichte absprach. Durch den Abschnitt über die Sage von Chalkis im Gedichte selbst sollte die Sage eine urkundliche Bestätigung erhalten, die vielleicht veranlasst worden ist durch die Thespischen Wettspiele, die auf dem Helikon gehalten wurden. Plutarch bei Proklos erklärt ἔργα 652—662 für untergeschoben, πάντα ταῦτα ἰτρώδη λέγων und Convivium sept. sap. p. 153 (dass sie erst von Grammatikern in Umlauf gesetzt worden seien). Diess ist gewiss unrichtig, nur dass auch er die Interpolation so bestimmt fühlte, ist zu bemerken. Eine Nachahmung dieser Sage von Chalkis ist die von dem Wettstreite der beiden Dichter in Delos nach einem Epigramm, das sogar unter die Fragmente des Hesiodus aufgenommen ist, nach der gemeinen Form der Epigramme, dass die Sache, wovon die Rede ist, der Person in den Mund gelegt wurde.

Auch nicht alle Stellen, worin Perses angeredet wird, sind frei von dem Verdachte der Interpolationen. So ist er höchst wahrscheinlich eingeschoben V. 9. 10 zur Verknüpfung des Hymnus mit dem Stück über die beiden Eris. Dann V. 27—36, und daran schliesst sich wahrscheinlich als eine Fortbildung der Tradition V. 37—41 und zur Verschmelzung mit dem zweiten Stück über Prometheus. Diese Verse aber sind vielleicht entsprungen aus dem Bildlichen V. 40 ὅσῳ πλέον ἥμισυ παντός, was man eigentlich nahm. Vgl. mit ἐργάζευ 297. 380. 395.

Ausser dem Askräischen Dichter der ἔργα ist kein andrer der vielen Hesiode persönlich bekannt. Der besondere Sängername und — was die hervorragendsten betrifft, — das gemeinsame Vaterland verknüpft sie zu einer Familie oder Schule. Thiersch S. 32 setzt alles den Hesioden Zugeschriebene nach Böotien, was zu viel gesagt ist. Sollten nicht auch im Nachbarland, in Kolonieen Dichter aufgestanden sein, die, weil sie sich nicht an die Homerischen Poesieen anschlossen, den Hesiodischen Namen trugen?

Gräber des Hesiodos waren in Askra, in Naupaktos und Oenone unter den Lokrern, in Orchomenos [1]). Diese Gräber zeigen Verbreitung der Hesiodischen Poesie, indem ein Grab zu gründen durch Verehrung und durch Antheil eingegeben wird, wie die Sagen von Homers Besuch der Städte als fahrender Sänger, und Nachahmung, Fortsetzung entstehen natürlich am leichtesten an solchen Orten. Hesiodos unter Lokrern zeigt sich auch darin, dass Stesichoros, der von Lokrischer Abkunft war, Sohn des Hesiodos genannt wird. Auch in Chalkis deutet die Sage von dem Wettstreit auf Hesiodische Poesie; ein Kyme ist in Euböa. Denn es scheint Stephanus von Byzanz nicht zu irren, indem er unter Κύμη aufzählt πέμπτη τῆς Ἐυβοίας, wenngleich diess Kyme sonst in der Geschichte nicht vorkommt [2]).

Eine Schule wie des Genos der Homeriden, der Kreophylier ist freilich nicht bekannt. Aber man muss den weiten Begriff sich erst willkürlich in Secte, Lehranstalt verengern, oder gegen Windmühlen zu streiten lieben, um gegen das Hesiodische als eine Einheit zu

---

1) Vgl. meine Kl. Schr. 1, 154.
2) In der Allgem. Schulzeitung 1832 S. 1024 wird darauf hingewiesen, dass mit Chalkidiern verbunden Kymäer in der Geschichte der Gründung des Opischen Kyme vorkommen, sowie, dass ein Kumi noch heute in Euböa gefunden worden sein solle.

neben dem Einen Homeros zu nennen, beweisen am besten die Logographen Pherekydes und Hellanikos, die sie in dem frühesten Versuch eines Schematismus der alten Culturgeschichte als Vettern neben einander stellen ¹). Nichts könnte einen stärkeren Beweis davon abgeben, wie oberflächlich hinsichtlich des Litterärhistorischen die alte Welt ihre ältesten Dichtwerke behandelte: denn nichts scheint gewisser, als dass die Theogonie nicht denselben Verfasser hatte, als die ἔργα. Auch unter allen anderen Hesiodisch genannten Gedichten sind nicht zwei, die denselben Verfasser verriethen. Nach Asklepiades (Ep. 34) singt Hesiodos als Hirt auf den Bergen, nachdem ihm die Musen den Lorbeerzweig gegeben, ihn aus der Helikonischen Quelle getränkt, μακάρων γένος, ἔργα τε und γένος ἀρχαίων ἡμιθέων d. i. die Ahnfrauen. Diese drei als die Hauptwerke stellt auch Lucian (διαλ. πρὸς Ἡσ. 1) zusammen: die kleinen epischen Gedichte übergehen diese, sowie die mancherlei späteren Gedichte, gnomischer, mantischer Art. Allerdings haben diejenigen Conservativen, die gleich anderen in allen Kreisen und Classen auch als falsch erkennbare, gleich Krankheiten angeerbte und fortgepflanzte falsche Meinungen und Grundsätze zu vertheidigen für heilsam und ihres Berufes halten, einen grossen Rückhalt in der glänzenden und übereinstimmenden Reihe Griechischer und Römischer vor Augen liegender Zeugnisse, eine festere Burg, als in den allermeisten Fällen ihre Geistesgenossen als Vertheidiger des Buchstabens gegen innere und allgemeine Gründe, des wissenschaftlich betrachtet Wahrscheinlichen und Wirklichen gegen das Sagenhafte und Gemachte vorfinden.

Die Hesiodische Kritik scheint im Alterthum, mit Ausnahme der Böoter am Helikon, die vielleicht in einem gewissen religiösen Sectengeiste sich auf Sachgründe stützten und also mehr zufällig das Richtige trafen und schwerlich ein vollständiges Urtheil abzugeben im Stande gewesen wären, nicht viel über die Alexandriner hinauszureichen. Aristarchos verwarf das Proömion der ἔργα und schon ein Schüler des Theophrast fand ein βιβλίον ἀπροοιμίαστον derselben vor, so wie es gewisse Böoter am Helikon zur Zeit des Pausanias

---

10, 1, 32, Dionys von Halikarnass de rhet. p. 227, die Fr. A. Wolf Scutum p. 81 der Rankeschen Ausgabe zusammenstellt, zum Theil übergangen sind.

1) Ep. Cycl. 1, 146 f.

verwarfen. Bis zur Theogonie hat, so viel wir wissen, die Alexandrinische Kritik nicht hinaufgereicht. Zenodot bei dem Scholiasten zur Ilias (18, 39) findet in einer Aufzählung von Nereiden Hesiodischen Charakter, bezieht sich also auf die Theogonie als von dem einen alten Hesiodus. Doch beweist diess nicht, dass er die Theogonie dem Askräischen Hesiodos beilegte, noch das Gegentheil, da man auch sich zuweilen in der Kürze nach dem gewöhnlichen Gebrauch richtet. Aber die Citate so vieler nachfolgenden Autoren zeigen, dass wenn auch Hesiodische Chorizonten in Alexandria gewesen wären, sie keinen Erfolg gehabt hätten, wie auch Hellanikos und Xenon in Bezug auf Ilias und Odyssee nicht. In den Scholien zum Pindar (P. 3, 14) sind drei Verse angeführt als ἐν τοῖς εἰς Ἡσίοδον ἀναφερομένοις ἔπεσιν, wo doch nicht eine Interpolation, sondern nur das Gedicht selbst, das genealogische verstanden werden kann. So sagt Plutarch ὁ τὸν Κήυκος γάμον εἰς τὰ Ἡσιόδου παρεμβαλών (Symp. 8, 8). Die ὑποθήκας an Achilleus, die Andre statt des Hesiodus dem Chiron selbst zuschrieben, während, wie auch Pausanias sie anführt (9, 31, 5), Hesiodos sie dem Chiron in den Mund gelegt hatte, sprach der Grammatiker Aristophanes dem Hesiodus ab [1]), ebenso den Schild nach der dritten ὑπόθεσις, wo wir auch lesen, dass Apollonius Rhodius die Hesiodische Aechtheit desselben vertheidigte, die auch Megakles von Athen angenommen hatte, und dass Stesichoros den Schild als Dichtung des Hesiodus erwähnt habe [2]). Die ὀρνιθομαντεία, die den ἔργοις angehängt war, verwarf zuerst Apollonius Rhodius [3]).

Aus einem Worte Lucians hat man geschlossen auf eine an sich gar nicht unwahrscheinliche Zusammenstellung der Hesiodischen oder wenigstens Hesiodischer Werke. Er führt nämlich die um die Hippokrene tanzenden Musen als ἐν ἀρχῇ ἐπῶν an, wonach die Theogonie schicklich voran gestanden haben würde in dem τεῦχος oder dem

---

1) Quinct. 1, 1, 15.
2) Longin 9, 25 p. 29 Toup. εἴγε Ἡσιόδου καὶ τὴν Ἀσπίδα θετέον. Ael. V. H. 12, 36. Theodos. Alex. Gramm. p. 54 ed. Göttl. cf. p. XI s. ἡ Ἀσπὶς Ἡσιόδου, ἥτις οὐκ ἔστιν Ἡσιόδου, ἀλλ᾽ ἑτέρου τινός. Auch Athenäus 4. p. 180 e schreibt nur ὁ μὲν Ἡσίοδος ἐν τῇ Ἀσπίδι, der vermuthlich auch hätte hinzufügen können ἥτις οὐκ ἔστιν Ἡσιόδου.
3) Schol. Hes. ἔργα 824.

Corpus Hesiodeorum (De saltat. 24). An die Theogonie schlossen
sich an die Kataloge [1]); Sammlungen entstehen überall, aber verschieden nach Umfang und Folge; die Frage ist, ob eine Hauptaus-
gabe bestanden habe, welche der Kritik hätte zur Grundlage dienen
können. Suidas führt die Sage an, dass schon der Attische Pherekydes
die Orphischen Gedichte zusammengebracht habe. Der Zustand der Hesiodischen Kritik im Allgemeinen im Vergleich mit der Homerischen,
muss ebensosehr von der Beschaffenheit des Inhalts, als von dem
Grade der Vollkommenheit der Sprache abhängig gedacht werden.
Der Inhalt verursachte grössere, schwerer zu beseitigende Varianten,
die Sprache nahm leichter Verderbnisse auf. Von Aristarch werden
angeführt fünf Lesarten oder Auslegungen, von Seleukos drei; sie
hatten vermuthlich ἐκδόσεις gemacht; Commentarien hatten gemacht
der jüngere Zenodot, Krates und einige jüngere. Unter den auf uns
gekommenen Bemerkungen der Alexandrinischen Grammatiker scheint
kaum eine triftig.

Zeitalter der Hesiodischen Poesie überhaupt.

Die Annahme der Neueren muss in dieser Hinsicht von den Aus-
sprüchen der Alten sich ganz unabhängig erhalten. Zu der Zeit, als
das Alterthum seine Litteratur mit historischem Blick zu betrachten
anfing, standen Hesiod und Homer beide als alterthümlich so sehr ab
von der Gegenwart, dass man dagegen den Unterschied zwischen beiden
als geringer auffasste, sie gleich alt sein liess. Dann ist Hesiodus
um wenig jünger, oder auch älter. Doch drang man endlich zu
besserer Einsicht vor. Der hellsehende Grammatiker Proklos im
zweiten Jahrhundert im Leben Homers nennt diejenigen, welche den
Homer einen Vetter des Hesiodus nannten, unkundig der Poesie
(ἀτριβεῖς ὄντας ποιήσεως): „denn sie seien so entfernt dem Geschlechte
nach sich anzugehen, als ihre Poesieen von einander abstünden. Uebrigens seien sie auch in den Zeiten nicht zusammengetroffen." Die
Frage der Zeit nimmt eine ganz andere Gestalt an für diejenigen,

---

1) Mützell p. 504. Vgl. Epischer Cycl. 1, S. X extr.

welche, freilich nach ihrem eigenen Gefühl und besonderen Gründen, mit der Volksmeinung, wenn man sie so nennen will, der Böoter am Helikon übereinstimmen, dass nur das Lehrgedicht der Bleihandschrift auf dem Helikon ohne das Proömion von Hesiodos, als einem Askräer dieses Namens, herrühre, während die alten Autoren mit Ausnahme des Pausanias an Hesiodos als Collectivnamen gar nicht zu denken, sondern höchstens an Unächtheit untergeordneter von dem Lehrgedicht und der Theogonie gar sehr verschiedener Hesiodischer Gedichte gedacht zu haben scheinen. Von beiden Hauptwerken aber liegen die übrigen Hesiodischen Werke und noch weit mehr verschieden unter sich ab, als von den Homerischen Heldengedichten Hymnen und Epigramme. Da denn die Alten nicht verschiedene Verfasser und also auch Zeiten der einzelnen Gedichte unterschieden, so mögen ihnen leicht einzelne Stellen in einem oder dem anderen dieser verschiedenartigen Gedichte zu der Bestimmung der Hesiodischen Periode überhaupt gedient haben. Ist es ja doch nicht wenigen Neueren ebenso ergangen. So setzt Joh. Heinr. Voss den Hesiodos in die 20. Olympiade, 200 Jahre jünger als Homer in der Abhandlung Alte Weltkunde, und wiederholt diess nachher fast unzähligemal. Als Grund lesen wir in den Mythologischen Briefen (2), dass Hesiodus nackte Wettkämpfer kenne, so wie schon bei Eustathius (p. 1324, 17) aus dem nackt kämpfenden Hippomenes geschlossen wird, dass Hesiodus jünger sei als Homer, wozu freilich zu bemerken ist, dass Heyne auf das Schwankende in dem Merkmale der Nacktheit mit Recht hinweist (Apollodor. Tom. II, p. 270). Der Scholiast der Ilias (23, 683) sagt, ein jüngerer Hesiodos habe den nackten Hippomenes eingeführt. Doch sagte mir Voss 1824, er könne jetzt den Homer nicht mehr wie sonst, für 200 Jahre älter als den Hesiodos halten, wohl aber 100. O. Müller bemerkt, dass Hesiodische Lieder, welche die Argo berühren, später sein müssten als Ol. 35 (Orchom. S. 358), woraus geschlossen scheint, was er in der Archäologie (§ 77, 1) sagt: „Die Hesiodischen Sänger reichen etwa bis Ol. 40." Heinrich war der Meinung, dass die Hesiodischen Poesieen vielleicht durch zwei Jahrhunderte gehen (ad Scut. p. XLIV). Die Meinungen der alten Autoren über die Zeit hier aufzuzählen, würde überflüssig sein, da sie alle nur von Einem Hesiodus ausgehen, wir aber der Volksmeinung der Böoter am

Helikon, welche Pausanias anführt, wenn auch unabhängig auf unserem eigenen Standpunkt in Gründen und Gefühl, beipflichten. Muret, der jene unter Anderen ziemlich vollständig zusammenstellt, zieht daraus nur den negativen Schluss, den er aus Cicero entlehnt, dass nach Aller Uebereinstimmung wahr sei, Homer und Hesiodus haben vor Erbauung Roms gelebt (Oper. 3, 793). Besonders anführungswerth scheinen die Worte des Suidas über Hesiodus: „Er war nach Einigen älter als Homer, nach Anderen aber sein Zeitgenosse." Porphyrius und Andere, sehr viele, setzen ihn um 100 Jahre jünger, so dass er nur 32 Jahre der 1. Olympiade vorausgehe. Charakteristisch ist es für den Streit, in welchen die Litteraturgeschichte der Alten über das Alter des Homer und Hesiodus gerathen war, dass Pausanias gesteht, dass er, obgleich er über das Zeitalter des Homer und Hesiodus sich auf das genaueste alle Mühe gegeben habe, doch nicht gern darüber schreiben möge, weil er die Tadelsucht oder Streitlust Anderer und besonders der zu seiner Zeit sich auf die epische Poesie Werfenden kenne (9, 30, 2), wobei man sich auch seiner Nachfragen unterhaltenden Antworten am Fusse des Helikon erinnern wird. Er führt dort an, nach der Meinung der Anderen, dass Hesiodus eine grosse Anzahl von Gedichten gemacht habe, „das auf die Frauen Gesungene, und was man die grossen Eöen nenne, und die Theogonie, und auf den Wahrsager Melampus, und wie Theseus sammt den Pirithoos in den Hades hinabstieg, die Ermahnung Chirons zur Belehrung des Achilleus und was an die Werke und Tage (angehängt werde)" [1]. Diese selben sagten ihm auch, dass Hesiodus in der Mantik belehrt worden sei von den Akarnanen, und es giebt ein mantisches Gedicht (die Ὀρνιθομαντεῖα) und, „so viel wir auch selbst gelesen haben, auch ἐξηγήσεις ἐπὶ τέρασιν."

***

Der Hesiodische Charakter.

Weit grösser ist die Verschiedenheit des Hesiodischen vom Homerischen im Gegenstand als in der Sprache, der Mundart, dem dichterischen Ausdruck und Ton, dem Styl überhaupt. Was Alexander

---

1) Nach Schol. Ἐργ. 824.

der Grosse gesagt haben soll, Homer sei grossartig und hochherzig, Hesiodus für Handwerker, Hirten, Landleute [1]), und so, was man dem Kleomenes von Sparta, des Anaxandridas Sohn, also dem ersten, zur Zeit Darius I, beilegt: Homer sei ein Dichter für die Lakedämonier, indem er sage, wie man Krieg führen müsse, Hesiodus aber für die Heloten, indem er sage, wie man das Feld bauen müsse [2]), geht nur das eine Gedicht vom Landbau an. Aber der Gegensatz ist durchgreifend, wenn man den didaktischen und prosaischen Geist der Hesiodischen Poesie im Allgemeinen, mit Ausnahme etwa der Epyllien, als einer vierten Classe, in's Auge fasst. Auch nennt den Hesiodos Hermesianax $\pi\acute{\alpha}\sigma\eta\varsigma\ \acute{\epsilon}\varrho\alpha\nu o\nu\ \iota\sigma\tau o\varrho\acute{\iota}\eta\varsigma$ und sagt von ihm $\pi\lambda\acute{\alpha}\sigma\alpha\varsigma\ \delta\grave{\epsilon}$ $\lambda\acute{o}\gamma\omega\nu\ \acute{\alpha}\nu\epsilon\gamma\varrho\acute{\alpha}\psi\alpha\tau o\ \beta\acute{\iota}\beta\lambda o\nu\varsigma$, und wie $\lambda\acute{o}\gamma o\varsigma$ sich zu $\mu\tilde{\nu}\vartheta o\varsigma$ verhalte, ist bekannt, wie $\iota\sigma\tau o\varrho\acute{\iota}\eta$ sich zu $\pi o\acute{\iota}\eta\sigma\iota\varsigma$ verhalte, von Aristoteles berührt in der Poetik (9, 2, 3). Auch bemerkt schon Maximus Tyrius, dass Hesiodus abgesondert ($\chi\omega\varrho\grave{\iota}\varsigma$) die Geschlechter der Heroen und die der Götter und die nützlichen Vorschriften geschrieben habe im Gegensatze des Homerischen Zusammenhangs (32, 4 p. 381). Schon Vossius spricht dem Hesiod den Namen eines Dichters ab, indem er Theolog und Physiker sei (de artis poeticae natura).

Auch auf das Sachliche wird von den Grammatikern der Hesiodische Charakter ausgedehnt; so von Zenodot mit Recht auf die Reihe der namentlich zusammengestellten Nereiden im achtzehnten Gesang der Ilias. Aber Hesiodisch dürfen wir nennen überhaupt die grosse Menge schöner Namen, welche so vielen Dämonen in bestimmten Zahlen gegeben werden. Dem Plural der Musen und andrer Dämonen Homers lag gewiss Nachdenken über das Wesen und Walten eines jeden zu Grunde, und einen grossen Fortschritt der Mythologie lässt die Erscheinung der vielen schönen Namen annehmen, aus denen sich auf tiefes Nachsinnen über die das Menschenleben regelnden und erfüllenden Dämonen, klare Anschauung, Beweglichkeit der Phantasie und Gewandtheit im Ausdruck vielfach ergiebt. Diese Entwicklung ist so bedeutend, dass sie nur nach und nach in einem langen Zeitraum erfolgt sein wird. Gleichzeitig vermehrten sich natürlich auch in den Sagen die Namen und erweiterten und vermehrten sich die einzelnen

---

1) Dio de regno 2.
2) Plutarch. Apophth, Lac. p. 230.

Züge. In der Ilias tödtet Bellerophon die Chimära; in der Theogonie besteigt er dazu den Pegasos (325), der wahrscheinlicher neu hinzugekommen, als von Homer ausgelassen war; die Chimära schildert die Theogonie 319—323 ausführlicher als Homer in den dort interpolirten zwei Versen, und ähnlich wird es sich vermuthlich unzähligemal verhalten haben.

Ueberraschend bei der Dunkelheit der älteren Jahrhunderte, über die uns die vielen köstlichen erhaltenen, nach ihnen und Fragmenten einigermassen zu errathenden Dichtwerke, die gleich einzelnen Trümmern aus verwüstetem Boden hervorragen, und die Fülle meist verworrener und unsicherer Sagen der Stämme nicht täuschen dürfen, ist, wie sehr im Allgemeinen die Sprache der Hesiodischen Poesieen mit der epischen, kunstmässig in Kleinasien festgestellten und festgehaltenen Sprache übereinstimmt. Kaum dass wir eine kleine Anzahl eigentlicher Dialektverschiedenheiten zusammenstellen können, ungefähr wie Joh. Heinr. Voss Atticismen in dem Hymnus auf Demeter aufsuchte. Schätzbar ist der Versuch sie auszusondern in Dr. Islers Quaestionum Hesiodearum specimen, Bonnae 1830. Posidonius bemerkte, dass Hesiodos, der später geborne, viele Homerische Verse verdorben habe [1]. In den Werken und Tagen 567 verstösst ἀκροκνεφαῖος gegen die Homerische Prosodie, und eine durchgehende grammatische Vergleichung aller Ueberreste beider Dichtarten würde nicht ohne Ausbeute sein [2].

Den Charakter der Hesiodischen Rede hatten die Alten nach den beiden Hauptwerken bestimmt. Die Meisten nennen ihn lieblich. Alkäos von Messene vergleicht ihn mit Milch und Honig (ep. 29). Kallimachos nennt ihn honigsüss (μελιχρότατον), wesshalb man auch auf ihn übertrug, dass Bienen dem Hesiodos in der Wiege Honig in den Mund einflössten [3]. Von dem sinnigen Vellejus wird Hesiodus genannt vir perelegantis ingenii et mollissima dulcedine carminum memorabilis (1, 7). Athenäus nennt ihn μουσικώτατον (3 p. 116). Auch Demetrius führt Beispiele des Anmuthigen und Feinen aus ihm

---

1) Tzetzes zur Ilias p. 19.
2) Einen beachtenswerthen Anfang der Art s. in Petersen's Programm: Ursprung und Alter der Hes. Th. Hamburg 1862, S. 20—24.
3) Vit. Ann. Lucani.

an, und Hermogenes sagt, das Süsse sei vorzüglich im Jonischen, in Homer und Hesiodus. Auch Dionysius von Halikarnass ertheilt ihm wiederholt das Lob der anmuthigen Darstellung und *ἡδονῆς καὶ ὀνομάτων λειότητος καὶ συνϑέσεως ἐμμελοῦς*. Damit stimmt ganz überein Quinctilian: Raro assurgit Hesiodus magnaque pars eius in nominibus est occupata, tamen utiles circa praecepta sententiae lenitasque verborum et compositionis probabilis; daturque ei palma in illo medio genere dicendi (10, 1). Wie wenig erschöpfend und genau bezeichnend diese Beurtheilung des Styls sei, bedarf kaum der Bemerkung. So hebt Buttmann bei V. 214 des Landbaus die dort herrschende, offenbar unbeholfene Volkssprache hervor. (Gramm. 1, 205). Ganz verkehrt war nur Fr. Schlegel's Urtheil, dass er die Hesiodische ethisch-didaktische Sprache mit der dichterischen des Homer vergleicht, wie man Gleichartiges gegen einander misst, und dass er alle Verschiedenheit der veränderten Zeit zuschiebt, nirgends die Verschiedenheit der Arten und Tendenzen gehörig erwägt, wesshalb er auch besser von epischer Anordnung bei Hesiodus gar nicht gesprochen hätte. Noch wunderlicher ist, dass derselbe das Eigenthümliche des Hesiodus der späteren zweiten Masse in das Ungeheure und Wilde setzt. Dass in der Theogonie die Titanenschlacht mit der angemessenen Erhabenheit geschildert ist, worauf Quinctilian mit den Worten raro assurgit zielt, und den Charakter mancher alterthümlich symbolischen Natursagen scheint der hier, wie so häufig, allzu rasch über grosse Namen und Sachen aburtheilende Kritiker ebenso wenig vom richtigen Standpunkt aus beurtheilt zu haben, als die Hesiodische Mythologie, welcher er eine trübe Farbe leiht.

Hesiodi Theogonia.

ΗΣΙΟΔΟΥ ΘΕΟΓΟΝΙΑ.

Μουσάων Ἑλικωνιάδων ἀρχώμεϑ' ἀείδειν,
αἵϑ' Ἑλικῶνος ἔχουσιν ὄρος μέγα τε ζάϑεόν τε,
καί τε περὶ κρήνην ἰοειδέα πόσσ' ἀπαλοῖσιν
ὀρχεῦνται καὶ βωμὸν ἐρισϑενέος Κρονίωνος·
[καί τε λοεσσάμεναι τέρενα χρόα Περμησσοῖο   5
ἢ Ἵππου κρήνης ἢ Ὀλμειοῦ ζαϑέοιο,
ἀκροτάτῳ Ἑλικῶνι χοροὺς ἐνεποιήσαντο
καλούς, ἱμερόεντας· ἐπεῤῥώσαντο δὲ ποσσίν.]
ἔνϑεν ἀπορνύμεναι, κεκαλυμμέναι ἠέρι πολλῇ,
ἐννύχιαι στεῖχον περικαλλέα ὄσσαν ἱεῖσαι,   10
ὑμνεῦσαι Δία τ' αἰγίοχον καὶ πότνιαν Ἥρην
Ἀργείην, χρυσέοισι πεδίλοις ἐμβεβαυῖαν,
κούρην τ' αἰγιόχοιο Διὸς γλαυκῶπιν Ἀϑήνην
Φοῖβόν τ' Ἀπόλλωνα καὶ Ἄρτεμιν ἰοχέαιραν
ἠδὲ Ποσειδάωνα γαιήοχον, ἐννοσίγαιον,   15
καὶ Θέμιν αἰδοίην ἑλικοβλέφαρόν τ' Ἀφροδίτην
Ἥβην τε χρυσοστέφανον καλήν τε Διώνην
Ἠῶ τ' Ἠέλιόν τε μέγαν λαμπράν τε Σελήνην
Λητώ τ' Ἰαπετόν τε ἰδὲ Κρόνον ἀγκυλομήτην
Γαῖάν τ' Ὠκεανόν τε μέγαν καὶ Νύκτα μέλαιναν,   20
ἄλλων τ' ἀϑανάτων ἱερὸν γένος αἰὲν ἐόντων·
αἵ νύ ποϑ' Ἡσίοδον καλὴν ἐδίδαξαν ἀοιδὴν
ἄρνας ποιμαίνονϑ' Ἑλικῶνος ὕπο ζαϑέοιο.
τόνδε δέ με πρώτιστα ϑεαὶ πρὸς μῦϑον ἔειπον,

Μοῦσαι Ὀλυμπιάδες, κοῦραι Διὸς αἰγιόχοιο·   25
ποιμένες ἄγραυλοι, κάκ᾽ ἐλέγχεα, γαστέρες οἶον,
ἴδμεν ψεύδεα πολλὰ λέγειν ἐτύμοισιν ὁμοῖα·
ἴδμεν δ᾽, εὖτ᾽ ἐθέλωμεν, ἀληθέα μυθήσασθαι.
ὥς ἔφασαν κοῦραι μεγάλου Διὸς ἀρτιέπειαι,
καί μοι σκῆπτρον ἔδον δάφνης ἐριθηλέος ὄζον   30
δρέψασθαι θηητόν· ἐνέπνευσαν δέ μοι αὐδὴν
θείαν, ἵνα κλείοιμι τά τ᾽ ἐσσόμενα πρό τ᾽ ἐόντα,
καί με κέλονθ᾽ ὑμνεῖν μακάρων γένος αἰὲν ἐόντων,
σφᾶς δ᾽ αὐτὰς πρῶτόν τε καὶ ὕστερον αἰὲν ἀείδειν.
ἀλλὰ τίη μοι ταῦτα περὶ δρῦν ἢ περὶ πέτρην;   35

Τύνη Μουσάων ἀρχώμεθα, ταὶ Διὶ πατρὶ
ὑμνεῦσαι τέρπουσι μέγαν νόον ἐντὸς Ὀλύμπου,
εἰρεῦσαι τά τ᾽ ἐόντα τά τ᾽ ἐσσόμενα πρό τ᾽ ἐόντα,
φωνῇ ὁμηρεῦσαι· τῶν δ᾽ ἀκάματος ῥέει αὐδὴ
ἐκ στομάτων ἡδεῖα· γελᾷ δέ τε δώματα πατρὸς   40
Ζηνὸς ἐριγδούποιο θεᾶν ὀπὶ λειριοέσσῃ
σκιδναμένῃ· ἠχεῖ δὲ κάρη νιφόεντος Ὀλύμπου,
δώματα τ᾽ ἀθανάτων. αἱ δ᾽ ἄμβροτον ὄσσαν ἱεῖσαι
θεῶν γένος αἰδοῖον πρῶτον κλείουσιν ἀοιδῇ
ἐξ ἀρχῆς, οὓς Γαῖα καὶ Οὐρανὸς εὐρὺς ἔτικτεν,   45
οἵ τ᾽ ἐκ τῶν ἐγένοντο θεοὶ, δωτῆρες ἐάων.
δεύτερον αὖτε Ζῆνα, θεῶν πατέρ᾽ ἠδὲ καὶ ἀνδρῶν,
ἀρχόμεναί θ᾽ ὑμνεῦσι θεαὶ λήγουσαί τ᾽ ἀοιδῆς,
ὅσσον φέρτατός ἐστι θεῶν κράτεΐ τε μέγιστος.
αὖτις δ᾽ ἀνθρώπων τε γένος κρατερῶν τε Γιγάντων   50
ὑμνεῦσαι τέρπουσι Διὸς νόον ἐντὸς Ὀλύμπου
Μοῦσαι Ὀλυμπιάδες, κοῦραι Διὸς αἰγιόχοιο··
τὰς ἐν Πιερίῃ Κρονίδῃ τέκε πατρὶ μιγεῖσα
Μνημοσύνη, γουνοῖσιν Ἐλευθῆρος μεδέουσα,
λησμοσύνην τε κακῶν ἄμπαυμά τε μερμηράων.   55
ἐννέα γάρ οἱ νύκτας ἐμίσγετο μητίετα Ζεὺς
νόσφιν ἀπ᾽ ἀθανάτων ἱερὸν λέχος εἰσαναβαίνων·
ἀλλ᾽ ὅτε δή ῥ᾽ ἐνιαυτὸς ἔην, περὶ δ᾽ ἔτραπον ὧραι

μηνῶν φθινόντων, περὶ δ' ἤματα πόλλ' ἐτελέσθη,
ἣ δ' ἔτεκ' ἐννέα κούρας ὁμόφρονας, ᾗσιν ἀοιδὴ   60
μέμβλεται ἐν στήθεσσιν ἀκηδέα θυμὸν ἐχούσαις,
τυτθὸν ἀπ' ἀκροτάτης κορυφῆς νιφόεντος Ὀλύμπου,
ἔνθα σφὶ λιπαροί τε χοροὶ καὶ δώματα καλά·
πὰρ δ' αὐτῆς Χάριτές τε καὶ Ἵμερος οἰκί' ἔχουσιν,
ἐν θαλίῃς· [δ'] ἐρατὴν γὲ διὰ στόμα ὄσσαν ἱεῖσαι,   65
μέλπονται πάντων τε νόμους καὶ ἤθεα κεδνὰ
ἀθανάτων κλείουσιν, ἐπήρατον ὄσσαν ἱεῖσαι.
αἳ τότ' ἴσαν πρὸς Ὄλυμπον ἀγαλλόμεναι ὀπὶ καλῇ,
ἀμβροσίῃ μολπῇ· περὶ δ' ἴαχε γαῖα μέλαινα
ὑμνεύσαις, ἐρατὸς δὲ ποδῶν ὕπο δοῦπος ὀρώρει,   70
νισσομένων πατέρ' εἰς ὅν· ὁ δ' οὐρανῷ ἐμβασιλεύει,
αὐτὸς ἔχων βροντὴν ἠδ' αἰθαλόεντα κεραυνόν,
κάρτεϊ νικήσας πατέρα Κρόνον· εὖ δὲ ἕκαστα
ἀθανάτοις διέταξεν ὁμῶς καὶ πέφραδε τιμάς.
ταῦτ' ἄρα Μοῦσαι ἄειδον Ὀλύμπια δώματ' ἔχουσαι,   75
ἐννέα θυγατέρες μεγάλου Διὸς ἐκγεγαυῖαι,
Κλειώ τ' Εὐτέρπη τε Θάλειά τε Μελπομένη τε
Τερψιχόρη τ' Ἐρατώ τε Πολύμνιά τ' Οὐρανίη τε
Καλλιόπη θ'· ἣ δὲ προφερεστάτη ἐστὶν ἀπασέων.
ἣ γὰρ καὶ βασιλεῦσιν ἅμ' αἰδοίοισιν ὀπηδεῖ,   80
ὅντινα τιμήσουσι Διὸς κοῦραι μεγάλοιο,
γεινόμενόν τ' ἐσίδωσι διοτρεφέων βασιλήων,
τῷ μὲν ἐπὶ γλώσσῃ γλυκερὴν χείουσιν ἐέρσην,
τοῦ δ' ἔπε' ἐκ στόματος ῥεῖ μείλιχα· οἱ δέ νυ λαοὶ
πάντες ἐς αὐτὸν ὁρῶσι διακρίνοντα θέμιστας   85
ἰθείῃσι δίκῃσιν· ὁ δ' ἀσφαλέως ἀγορεύων
αἶψά τε καὶ μέγα νεῖκος ἐπισταμένως κατέπαυσε·
τοὔνεκα γὰρ βασιλῆες ἐχέφρονες, οὕνεκα λαοῖς
βλαπτομένοις ἀγορῆφι μετάτροπα ἔργα τελεῦσι
ῥηϊδίως, μαλακοῖσι παραιφάμενοι ἐπέεσσιν.   90
ἐρχόμενον δ' ἀνὰ ἄστυ θεὸν ὣς ἱλάσκονται
αἰδοῖ μειλιχίῃ, μετὰ δὲ πρέπει ἀγρομένοισιν·
οἷά τε Μουσάων ἱερὴ δόσις ἀνθρώποισιν·
[ἐκ γὰρ Μουσάων καὶ ἑκηβόλου Ἀπόλλωνος

ἄνδρες ἀοιδοὶ ἔασιν ἐπὶ χθόνα καὶ κιθαρισταί·   95
ἐκ δὲ Διὸς βασιλῆες. ὁ δ᾽ ὄλβιος, ὅντινα Μοῦσαι
φίλωνται· γλυκερή οἱ ἀπὸ στόματος ῥέει αὐδή.
εἰ γάρ τις καὶ πένθος ἔχων νεοκηδέϊ θυμῷ
ἄζηται κραδίην ἀκαχήμενος, αὐτὰρ ἀοιδὸς
Μουσάων θεράπων κλεῖα προτέρων ἀνθρώπων   100
ὑμνήσῃ μάκαράς τε θεοὺς οἳ Ὄλυμπον ἔχουσιν·
αἶψ᾽ ὅγε δυσφρονέων ἐπιλήθεται, οὐδέ τι κηδέων
μέμνηται, ταχέως δὲ παρέτραπε δῶρα θεάων.]

   Χαίρετε τέκνα Διός, δότε δ᾽ ἱμερόεσσαν ἀοιδήν·
κλείετε δ᾽ ἀθανάτων ἱερὸν γένος αἰὲν ἐόντων,   105
οἳ Γῆς ἐξεγένοντο καὶ Οὐρανοῦ ἀστερόεντος,
Νυκτός τε δνοφερῆς, οὕς θ᾽ ἁλμυρὸς ἔτρεφε Πόντος.
εἴπατε δ᾽, ὡς ταπρῶτα θεοὶ καὶ γαῖα γένοντο
καὶ ποταμοὶ καὶ πόντος ἀπείριτος, οἴδματι θύων,
ἄστρα τε λαμπετόωντα καὶ οὐρανὸς εὐρὺς ὕπερθεν,   110
οἵ τ᾽ ἐκ τῶν ἐγένοντο θεοί, δωτῆρες ἐάων·
ὥς τ᾽ ἄφενος δάσσαντο καὶ ὡς τιμὰς διέλοντο,
ἠδὲ καὶ ὡς ταπρῶτα πολύπτυχον ἔσχον Ὄλυμπον.
ταῦτά μοι ἔσπετε Μοῦσαι Ὀλύμπια δώματ᾽ ἔχουσαι
ἐξ ἀρχῆς, καὶ εἴπαθ᾽ ὅ τι πρῶτον γένετ᾽ αὐτῶν.   115

   Ἤτοι μὲν πρώτιστα Χάος γένετ᾽, αὐτὰρ ἔπειτα
Γαῖ᾽ εὐρύστερνος, πάντων ἕδος ἀσφαλὲς αἰεὶ
[ἀθανάτων, οἳ ἔχουσι κάρη νιφόεντος Ὀλύμπου.]
τάρταρά τ᾽ ἠερόεντα μυχῷ χθονὸς εὐρυοδείης,
ἠδ᾽ Ἔρος, ὃς κάλλιστος ἐν ἀθανάτοισι θεοῖσιν,   120
λυσιμελής πάντων τε θεῶν πάντων τ᾽ ἀνθρώπων
δάμναται ἐν στήθεσσι νόον καὶ ἐπίφρονα βουλήν.
   Ἐκ Χάεος δ᾽ Ἔρεβός τε μέλαινά τε Νὺξ ἐγένοντο·
Νυκτὸς δ᾽ αὖτ᾽ Αἰθήρ τε καὶ Ἡμέρη ἐξεγένοντο,
οὓς τέκε κυσαμένη, Ἐρέβει φιλότητι μιγεῖσα.   125

Γαῖα δέ τοι πρῶτον μὲν ἐγείνατο ἶσον ἑαυτῇ
Οὐρανὸν ἀστερόενθ᾽, ἵνα μιν περὶ πάντα καλύπτοι,
ὄφρ᾽ εἴη μακάρεσσι θεοῖς ἕδος ἀσφαλὲς αἰεί.
γείνατο δ᾽ οὔρεα μακρά, θεῶν χαρίεντας ἐναύλους
Νυμφέων, αἳ ναίουσιν ἀν᾽ οὔρεα βησσήεντα,   130
ἠδὲ καὶ ἀτρύγετον πέλαγος τέκεν, οἴδματι θῦον,
Πόντον, ἄτερ φιλότητος ἐφιμέρου· αὐτὰρ ἔπειτα
Οὐρανῷ εὐνηθεῖσα τέκ᾽ Ὠκεανὸν βαθυδίνην,
Κοῖόν τε Κρῖόν θ᾽ Ὑπερίονά τ᾽ Ἰαπετόν τε
Θείαν τε Ῥείαν τε Θέμιν τε Μνημοσύνην τε   135
Φοίβην τε χρυσοστέφανον Τηθύν τ᾽ ἐρατεινήν. ·
τοὺς δὲ μέθ᾽ ὁπλότατος γένετο Κρόνος ἀγκυλομήτης,
δεινότατος παίδων· θαλερὸν δ᾽ ἤχθηρε τοκῆα.
γείνατο δ᾽ αὖ Κύκλωπας ὑπέρβιον ἦτορ ἔχοντας,
Βρόντην τε Στερόπην τε καὶ Ἄργην ὀβριμόθυμον,   140
οἳ Ζηνὶ βροντήν τ᾽ ἔδοσαν τεῦξάν τε κεραυνόν·
[οἳ δ᾽ ἤτοι τὰ μὲν ἄλλα θεοῖς ἐναλίγκιοι ἦσαν·]
μοῦνος δ᾽ ὀφθαλμὸς μέσσῳ ἐπέκειτο μετώπῳ·
[οἵδ᾽ ἐξ ἀθανάτων θνητοὶ τράφεν αὐδήεντες·]
Κύκλωπες δ᾽ ὄνομ᾽ ἦσαν ἐπώνυμον, οὕνεκ᾽ ἄρα σφέων
κυκλοτερὴς ὀφθαλμὸς ἕεις ἐνέκειτο μετώπῳ.   145
ἰσχύς τ᾽ ἠδὲ βίη καὶ μηχαναὶ ἦσαν ἐπ᾽ ἔργοις.
ἄλλοι δ᾽ αὖ Γαίης τε καὶ Οὐρανοῦ ἐξεγένοντο,
τρεῖς παῖδες μεγάλοι τε καὶ ὄβριμοι, οὐκ ὀνομαστοί,
Κόττος τε Βριάρεώς τε Γύγης θ᾽, ὑπερήφανα τέκνα.
τῶν ἑκατὸν μὲν χεῖρες ἀπ᾽ ὤμων ἀίσσοντο   150
ἄπλαστοι, κεφαλαὶ δὲ ἑκάστῳ πεντήκοντα
ἐξ ὤμων ἐπέφυκον ἐπὶ στιβαροῖσι μέλεσσιν·
ἰσχύς τ᾽ ἄπλητος κρατερὴ μεγάλῳ ἐπὶ εἴδει.
ὅσσοι γὰρ Γαίης τε καὶ Οὐρανοῦ ἐξεγένοντο,
δεινότατοι παίδων, σφετέρῳ δ᾽ ἤχθοντο τοκῆι   155
ἐξ ἀρχῆς. καὶ τῶν μὲν ὅπως τις πρῶτα γένοιτο,
πάντας ἀποκρύπτασκε καὶ ἐς φάος οὐκ ἀνίεσκε
Γαίης ἐν κευθμῶνι, κακῷ δ᾽ ἐπετέρπετο ἔργῳ
Οὐρανός. ἡ δ᾽ ἐντὸς στεναχίζετο Γαῖα πελώρη
στεινομένη· δολίην δὲ κακὴν ἐπεφράσσατο τέχνην.   160

Αἶψα δὲ ποιήσασα γένος πολιοῦ ἀδάμαντος
τεῦξε μέγα δρέπανον καὶ ἐπέφραδε παισὶ φίλοισιν·
εἶπε δὲ θαρσύνουσα, φίλον τετιημένη ἦτορ·

Παῖδες ἐμοὶ καὶ πατρὸς ἀτασθάλου, αἴ κ' ἐθέλητε
πείθεσθαι, πατρός κε κακὴν τισαίμεθα λώβην   165
ὑμετέρου· πρότερος γὰρ ἀεικέα μήσατο ἔργα.

Ὣς φάτο· τοὺς δ' ἄρα πάντας ἕλεν δέος, οὐδέ τις αὐτῶν
φθέγξατο· θαρσήσας δὲ μέγας Κρόνος, ἀγκυλομήτης
ἂψ αὖτις ·μύθοισι προσηύδα μητέρα κεδνήν·

Μῆτερ, ἐγώ κεν τοῦτό γ' ὑποσχόμενος τελέσαιμι   170
ἔργον, ἐπεὶ πατρός γε δυσωνύμου οὐκ ἀλεγίζω
ἡμετέρου· πρότερος γὰρ ἀεικέα μήσατο ἔργα.

Ὣς φάτο· γήθησεν δὲ μέγα φρεσὶ Γαῖα πελώρη,
εἶσε δέ μιν κρύψασα λόχῳ· ἐνέθηκε δὲ χειρὶ
ἅρπην καρχαρόδοντα· δόλον δ' ὑπεθήκατο πάντα.   175

Ἦλθε δὲ Νύκτ' ἐπάγων μέγας Οὐρανὸς, ἀμφὶ δὲ Γαίη
ἱμείρων φιλότητος ἐπέσχετο καί ῥ' ἐτανύσθη
πάντη· ὁ δ' ἐκ λοχεοῖο πάϊς ὠρέξατο χειρὶ
σκαιῇ, δεξιτερῇ δὲ πελώριον ἔλλαβεν ἅρπην,
μακρὴν, καρχαρόδοντα, φίλου δ' ἀπὸ μήδεα πατρὸς   180
ἐσσυμένως ἤμησε, πάλιν δ' ἔρριψε φέρεσθαι
ἐξοπίσω. τὰ μὲν οὔτι ἐτώσια ἔκφυγε χειρός·
ὅσσαι γὰρ ῥαθάμιγγες ἀπέσσυθεν αἱματόεσσαι,
πάσας δέξατο Γαῖα· περιπλομένων δ' ἐνιαυτῶν,
γείνατ' Ἐρινῦς τε κρατερὰς μεγάλους τε Γίγαντας,   185
τεύχεσι λαμπομένους, δολίχ' ἔγχεα χερσὶν ἔχοντας,
Νύμφας θ', ἃς Μελίας καλέουσ' ἐπ' ἀπείρονα γαῖαν.
μήδεα δ', ὡς τοπρῶτον ἀποτμήξας ἀδάμαντι,
κάββαλ' ἀπ' ἠπείροιο πολυκλύστῳ ἐνὶ πόντῳ·
ὣς φέρετ' ἂμ πέλαγος πουλὺν χρόνον, ἀμφὶ δὲ λευκὸς   190
ἀφρὸς ἀπ' ἀθανάτου χροὸς ὤρνυτο· τῷ δ' ἔνι κούρη·

ἐθρέφθη. πρῶτον δὲ Κυθήροισι ζαθέοισιν
ἔπλητ', ἔνθεν ἔπειτα περίῤῥυτον ἵκετο Κύπρον.
ἐκ δ' ἔβη αἰδοίη καλὴ θεός, ἀμφὶ δὲ ποίη
ποσσὶν ὕπο ῥαδινοῖσιν ἀέξετο· τὴν δ' Ἀφροδίτην   195
Ἀφρογενέα τε θεὰν καὶ ἐϋστέφανον Κυθέρειαν
κικλήσκουσι θεοί τε καὶ ἀνέρες, οὕνεκ' ἐν ἀφρῷ
θρέφθη· ἀτὰρ Κυθέρειαν, ὅτι προσέκυρσε Κυθήροις.
Κυπρογενέα δ', ὅτι γέντο πολυκλύστῳ ἐνὶ Κύπρῳ,
ἠδὲ φιλομμηδέα, ὅτι μηδέων ἐξεφαάνθη.   200
τῇ δ' Ἔρος ὡμάρτησε καὶ Ἵμερος ἕσπετο καλὸς
γεινομένῃ ταπρῶτα θεῶν τ' ἐς φῦλον ἰούσῃ.
ταύτην δ' ἐξ ἀρχῆς τιμὴν ἔχει ἠδὲ λέλογχεν
μοῖραν ἐν ἀνθρώποισι καὶ ἀθανάτοισι θεοῖσιν,
παρθενίους τ' ὀάρους μειδήματα τ' ἐξαπάτας τε   205
τέρψιν τε γλυκερὴν φιλότητά τε μειλιχίην τε.
[Τοὺς δὲ πατὴρ Τιτῆνας ἐπίκλησιν καλέεσκεν,
παῖδας νεικείων μέγας Οὐρανός, οὓς τέκεν αὐτός·
φάσκε δὲ τιταίνοντας ἀτασθαλίῃ μέγα ῥέξαι
ἔργον, τοῖο δ' ἔπειτα τίσιν μετόπισθεν ἔσεσθαι.]   210
Νὺξ δ' ἔτεκε στυγερόν τε Μόρον καὶ Κῆρα μέλαιναν
καὶ Θάνατον, τέκε δ' Ὕπνον, ἔτικτε δὲ φῦλον Ὀνείρων·
οὔτινι κοιμηθεῖσα θεὰ τέκε Νὺξ ἐρεβεννή.
δεύτερον αὖ Μῶμον καὶ Ὀϊζὺν ἀλγινόεσσαν,
Ἑσπερίδας θ', αἷς μῆλα πέρην κλυτοῦ Ὠκεανοῖο   215
χρύσεα καλὰ μέλουσι φέροντά τε δένδρεα καρπόν·
καὶ Μοίρας καὶ Κῆρας ἐγείνατο νηλεοποίνους
Κλωθώ τε Λάχεσίν τε καὶ Ἄτροπον, αἵτε βροτοῖσιν
γεινομένοισι διδοῦσιν ἔχειν ἀγαθόν τε κακόν τε,
αἵτ' ἀνδρῶν τε θεῶν τε παραιβασίας ἐφέπουσιν   220
οὐδέ ποτε λήγουσι θεαὶ δεινοῖο χόλοιο,
πρίν γ' ἀπὸ τῷ δώωσι κακὴν ὄπιν, ὅστις ἁμάρτῃ.
τίκτε δὲ καὶ Νέμεσιν, πῆμα θνητοῖσι βροτοῖσιν,
Νὺξ ὀλοή· μετὰ τὴν δ' Ἀπάτην τέκε καὶ Φιλότητα,
Γῆράς τ' οὐλόμενον καὶ Ἔριν τέκε καρτερόθυμον.   225
Αὐτὰρ Ἔρις στυγερὴ τέκε μὲν Πόνον ἀλγινόεντα,
Λήθην τε Λιμόν τε καὶ Ἄλγεα δακρυόεντα,

Ὑσμίνας τε Φόνους τε Μάχας τ' Ἀνδροκτασίας τε,
Νείκεά τε Ψευδέας τε λόγους Ἀμφιλογίας τε,
Δυσνομίην Ἄτην τε, συνήθεας ἀλλήλησιν,   230
Ὅρκον θ', ὃς δὴ πλεῖστον ἐπιχθονίους ἀνθρώπους
πημαίνει, ὅτε κέν τις ἑκὼν ἐπίορκον ὀμόσσῃ.
Νηρέα δ' ἀψευδέα καὶ ἀληθέα γείνατο Πόντος,
πρεσβύτατον παίδων· αὐτὰρ καλέουσι γέροντα,
οὕνεκα νημερτής τε καὶ ἤπιος, οὐδὲ θεμιστέων   235
λήθεται, ἀλλὰ δίκαια καὶ ἤπια δήνεα οἶδεν.
αὖτις δ' αὖ Θαύμαντα μέγαν καὶ ἀγήνορα Φόρκυν,
Γαίῃ μισγόμενος, καὶ Κητὼ καλλιπάρῃον
Εὐρυβίην τ' ἀδάμαντος ἐνὶ φρεσὶ θυμὸν ἔχουσαν.
Νηρῆος δ' ἐγένοντο μεγήριτα τέκνα θεάων   240
πόντῳ ἐν ἀτρυγέτῳ καὶ Δωρίδος ἠϋκόμοιο,
κούρης Ὠκεανοῖο, τελήεντος ποταμοῖο·
Πρωτώ τ' Εὐκράντη τε Σαώ τ' Ἀμφιτρίτη τε
Εὐδώρη τε Θέτις τε Γαλήνη τε Γλαύκη τε,
Κυμοθόη Σπειώ τε Θόη θ' Ἁλίη τ' ἐρόεσσα,   245
καὶ Μελίτη χαρίεσσα καὶ Εὐλιμένη καὶ Ἀγαυὴ
Πασιθέη τ' Ἐρατώ τε καὶ Εὐνίκη ῥοδόπηχυς
Δωτώ τε Πρωτώ τε Φέρουσά τε Δυναμένη τε,
Νησαίη τε καὶ Ἀκταίη, καὶ Πρωτομέδεια,
Δωρὶς καὶ Πανόπη καὶ εὐειδὴς Γαλάτεια   250
Ἱπποθόη τ' ἐρόεσσα καὶ Ἱππονόη ῥοδόπηχυς,
Κυμοδόκη θ', ἣ κύματ' ἐν ἠεροειδέι πόντῳ
πνοιάς τε ζαθέων ἀνέμων σὺν Κυματολήγῃ
ῥεῖα πρηΰνει καὶ ἐϋσφύρῳ Ἀμφιτρίτῃ·
Κυμώ τ' Ἠϊόνη τε ἐϋστέφανός θ' Ἁλιμήδη   255
Γλαυκονόμη τε φιλομμειδὴς καὶ Ποντοπόρεια
Λειαγόρη τε καὶ Εὐαγόρη, καὶ Λαομέδεια
Πουλυνόμη τε καὶ Αὐτονόη καὶ Λυσιάνασσα
Εὐάρνη τε φυήν τ' ἐρατὴ καὶ εἶδος ἄμωμος
καὶ Ψαμάθη χαρίεσσα δέμας δῖη τε Μενίππη   260
Νησώ τ' Εὐπόμπη τε Θεμιστώ τε Προνόη τε
Νημερτής θ', ἣ πατρὸς ἔχει νόον ἀθανάτοιο.
αὗται μὲν Νηρῆος ἀμύμονος ἐξεγένοντο

κοῦραι πεντήκοντα, ἀμύμονα ἔργ᾽ εἰδυῖαι.

Θαύμας δ᾽ Ὠκεανοῖο βαθυρρείταο θύγατρα 265
ἠγάγετ᾽ Ἠλέκτρην· ἡ δ᾽ ὠκεῖαν τέκεν Ἶριν,
ἠϋκόμους θ᾽ Ἅρπυιας, Ἀελλώ τ᾽ Ὠκυπέτην τε,
αἵ ῥ᾽ ἀνέμων πνοιῇσι καὶ οἰωνοῖς ἅμ᾽ ἕπονται
ὠκείῃς πτερύγεσσι· μεταχρόνιαι γὰρ ἴαλλον.

Φόρκυϊ δ᾽ αὖ Κητώ Γραίας τέκε καλλιπαρήους 270
ἐκ γενετῆς πολιάς, τὰς δὴ Γραίας καλέουσιν
ἀθάνατοί τε θεοὶ χαμαὶ ἐρχόμενοί τ᾽ ἄνθρωποι,
Πεφρηδώ τ᾽ εὔπεπλον Ἐννώ τε κροκόπεπλον·
Γοργούς θ᾽, αἳ ναίουσι πέρην κλυτοῦ Ὠκεανοῖο,
ἐσχατιῇ πρὸς νυκτός, ἵν᾽ Ἑσπερίδες λιγύφωνοι, 275
Σθεινώ τ᾽ Εὐρυάλη τε Μέδουσά τε λυγρὰ παθοῦσα.
ἡ μὲν ἔην θνητή, αἱ δ᾽ ἀθάνατοι καὶ ἀγήρῳ,
αἱ δύο· τῇ δὲ μιῇ παρελέξατο Κυανοχαίτης
ἐν μαλακῷ λειμῶνι καὶ ἄνθεσιν εἰαρινοῖσι.
τῆς δ᾽ ὅτε δὴ Περσεὺς κεφαλὴν ἀπεδειροτόμησεν, 280
ἔκθορε Χρυσάωρ τε μέγας καὶ Πήγασος ἵππος.
τῷ μὲν ἐπώνυμον ἦν, ὅτ᾽ ἄρ᾽ Ὠκεανοῦ περὶ πηγὰς
γένθ᾽· ὁ δ᾽ ἄορ χρύσειον ἔχεν μετὰ χερσὶ φίλῃσι·
χὠ μὲν ἀποπτάμενος, προλιπὼν χθόνα μητέρα μήλων,
ἵκετ᾽ ἐς ἀθανάτους· Ζηνὸς δ᾽ ἐν δώμασι ναίει, 285
βροντήν τε στεροπήν τε φέρων Διὶ μητιόεντι.

Χρυσάωρ δ᾽ ἔτεκε τρικέφαλον Γηρυονῆα,
μιχθεὶς Καλλιρόῃ κούρῃ κλυτοῦ Ὠκεανοῖο.
τὸν μὲν ἄρ᾽ ἐξενάριξε βίη Ἡρακληείη
βουσὶ παρ᾽ εἰλιπόδεσσι περιρρύτῳ εἰν Ἐρυθείῃ, 290
ἤματι τῷ, ὅτε περ βοῦς ἤλασεν εὐρυμετώπους
Τίρυνθ᾽ εἰς ἱερήν, διαβὰς πόρον Ὠκεανοῖο,
Ὄρθ(ρ)ον τε κτείνας καὶ βουκόλον Εὐρυτίωνα,
σταθμῷ ἐν ἠερόεντι πέρην κλυτοῦ Ὠκεανοῖο.

Ἡ δ᾽ ἔτεκ᾽ ἄλλο πέλωρον, ἀμήχανον, οὐδὲν ἐοικὸς 295
θνητοῖς ἀνθρώποις οὐδ᾽ ἀθανάτοισι θεοῖσιν,
σπῆϊ ἔνι γλαφυρῷ, θείην κρατερόφρον᾽ Ἔχιδναν·
ἥμισυ μὲν νύμφην ἑλικώπιδα, καλλιπάρηον,
ἥμισυ δ᾽ αὖτε πέλωρον ὄφιν, δεινόν τε μέγαν τε.

3*

ποικίλον, ὠμηστὴν, ζαθέης ὑπὸ κεύθεσι γαίης.   300
ἔνθα δέ οἱ σπέος ἐστὶ κάτω κοίλη ὑπὸ πέτρῃ,
τηλοῦ ἀπ' ἀθανάτων τε θεῶν θνητῶν τ' ἀνθρώπων·
ἔνθ' ἄρα οἱ δάσσαντο θεοὶ κλιτὰ δώματα ναίειν.
ἡ δ' ἔρυτ' εἰν Ἀρίμοισιν ὑπὸ χθόνα λυγρὴ Ἔχιδνα,
ἀθάνατος νύμφη καὶ ἀγήραος ἤματα πάντα.   305
τῇ δὲ Τυφάονά φασι μιγήμεναι ἐν φιλότητι,
δεινόν θ' ὑβριστήν τ' ἄνομον ἑλικώπιδι κούρῃ·
ἡ δ' ὑποκυσαμένη τέκετο κρατερόφρονα τέκνα.
Ὀρθ(ρ)ον μὲν πρῶτον κύνα γείνατο Γηρυονῆϊ·
δεύτερον αὖτις ἔτικτεν ἀμήχανον, οὔτι φατειὸν,   310
Κέρβερον ὠμηστὴν, Ἀΐδεω κύνα χαλκεόφωνον,
πεντηκοντακέφαλον, ἀναιδέα τε κρατερόν τε.
τοτρίτον Ὕδρην αὖτις ἐγείνατο, λύγρ' εἰδυῖαν,
Λερναίην, ἣν θρέψε θεὰ λευκώλενος Ἥρη,
ἄπλητον κοτέουσα βίῃ Ἡρακληείῃ.   315
καὶ τὴν μὲν Διὸς υἱὸς ἐνήρατο νηλέϊ χαλκῷ
Ἀμφιτρυωνιάδης σὺν ἀρηϊφίλῳ Ἰολάῳ,
Ἡρακλέης βουλῇσιν Ἀθηναίης ἀγελείης.
ἡ δὲ Χίμαιραν ἔτικτε, πνέουσαν ἀμαιμάκετον πῦρ,
δεινήν τε μεγάλην τε ποδώκεά τε κρατερήν τε.   320
τῆς δ' ἦν τρεῖς κεφαλαί· μία μὲν χαροποῖο λέοντος,
ἡ δὲ χιμαίρης, ἡ δ' ὄφιος, κρατεροῖο δράκοντος.
[πρόσθε λέων, ὄπιθεν δὲ δράκων, μέσση δὲ χίμαιρα,
δεινὸν ἀποπνείουσα πυρὸς μένος αἰθομένοιο.]
τὴν μὲν Πήγασος εἷλε καὶ ἐσθλὸς Βελλεροφόντης.   325
ἡ δ' ἄρα Φῖχ' ὀλοὴν τέκε Καδμείοισιν ὄλεθρον,
Ὀρθ(ρ)ῳ ὑποδμηθεῖσα, Νεμειαῖόν τε λέοντα,
τόν ῥ' Ἥρη θρέψασα, Διὸς κυδρὴ παράκοιτις,
γουνοῖσιν κατένασσε Νεμείης, πῆμ' ἀνθρώποις.
ἔνθ' ἄρ' ὅγ' οἰκείων ἐλεφαίρετο φῦλ' ἀνθρώπων,   330
κοιρανέων Τρητοῖο Νεμείης ἠδ' Ἀπέσαντος·
ἀλλά ἑ ἲς ἐδάμασσε βίης Ἡρακληείης.
Κητὼ δ' ὁπλότατον, Φόρκυϊ φιλότητι μιγεῖσα,
γείνατο δεινὸν ὄφιν, ὃς ἐρεμνῆς κεύθεσι γαίης
πείρασιν ἐν μεγάλοις παγχρύσεα μῆλα φυλάσσει.   335

τοῦτο μὲν ἐκ Κητοῦς καὶ Φόρκυνος γένος ἐστίν.

Τηθὺς δ᾽ Ὠκεανῷ Ποταμοὺς τέκε δινήεντας,
Νεῖλόν τ᾽ Ἀλφειόν τε καὶ Ἠριδανὸν βαθυδίνην,
Στρυμόνα Μαίανδρόν τε καὶ Ἴστρον καλλιρέεθρον,
Φᾶσίν τε Ῥῆσόν τ᾽ Ἀχελώϊόν τ᾽ ἀργυροδίνην,   340
Νέσσον τε Ῥοδίον θ᾽ Ἁλιάκμονά θ᾽ Ἑπτάπορόν τε
Γρήνικόν τε καὶ Αἴσηπον θεῖόν τε Σιμόεντα
Πηνειόν τε καὶ Ἕρμον εὐῤῥείτην τε Κάϊκον
Σαγγάριόν τε μέγαν Λάδωνά τε Παρθένιόν τε
Εὐηνόν τε καὶ Ἄλδησκον θεῖόν τε Σκάμανδρον.   345

Τίκτε δὲ θυγατέρων ἱερὸν γένος, αἵ κατὰ γαῖαν
ἄνδρας κουρίζουσι σὺν Ἀπόλλωνι ἄνακτι
καὶ Ποταμοῖς· ταύτην δὲ Διὸς πάρα μοῖραν ἔχουσιν,
Πειθώ τ᾽ Ἀδμήτη τε Ἰάνθη τ᾽ Ἠλέκτρη τε
Δωρίς τε Πρυμνώ τε καὶ Οὐρανίη θεοειδὴς   350
Ἱππώ τε Κλυμένη τε Ῥόδειά τε Καλλιρόη τε
Ζευξώ τε Κλυτίη τε Ἰδυῖά τε Πασιθέη τε
Πληξαύρη τε Γαλαξαύρη τ᾽ ἐρατή τε Διώνη
Μηλόβοσίς τε Θόη τε καὶ εὐειδὴς Πολυδώρη
Κερκηΐς τε φυὴν ἐρατὴ Πλουτώ τε βοῶπις   355
Περσηΐς τ᾽ Ἰάνειρά τ᾽ Ἀκάστη τε Ξάνθη τε
Πετραίη τ᾽ ἐρόεσσα Μενεσθώ τ᾽ Εὐρώπη τε·
Μῆτις τ᾽ Εὐρυνόμη τε Τελεσθώ τε κροκόπεπλος
Χρυσηΐς τ᾽ Ἀσίη τε καὶ ἱμερόεσσα Καλυψὼ
Εὐδώρη τε Τύχη τε καὶ Ἀμφιρὼ Ὠκυρόη τε   360
καὶ Στύξ, ἣ δή σφεων προφερεστάτη ἐστὶν ἁπασέων.
αὗται δ᾽ Ὠκεανοῦ καὶ Τηθύος ἐξεγένοντο
πρεσβύταται κοῦραι· πολλαί γε μέν εἰσι καὶ ἄλλαι.
τρὶς γὰρ χίλιαί εἰσι τανύσφυροι Ὠκεανῖναι,
αἵ ῥα πολυσπερέες γαῖαν καὶ βένθεα λίμνης   365
πάντη ὁμῶς ἐφέπουσι, θεάων ἀγλαὰ τέκνα.
τόσσοι δ᾽ αὖθ᾽ ἕτεροι Ποταμοὶ καναχηδὰ ῥέοντες,
υἱέες Ὠκεανοῦ, τοὺς γείνατο πότνια Τηθύς·
τῶν ὄνομ᾽ ἀργαλέον πάντων βροτὸν ἄνδρα ἐνισπεῖν,
οἱ δὲ ἕκαστα ἴσασιν, οἳ ἂν περιναιετάωσιν.   370

Θεία δ᾽ Ἥλιόν τε μέγαν λαμπράν τε Σελήνην,

Ἠῶ θ᾽, ἣ πάντεσσιν ἐπιχθονίοισι φαείνει
ἀθανάτοις τε θεοῖσι, τοὶ οὐρανὸν εὐρὺν ἔχουσιν,
γείναθ᾽ ὑποδμηθεῖσ᾽ Ὑπερίονος ἐν φιλότητι.
 Κρείῳ δ᾽ Εὐρυβίη τίκτεν φιλότητι μιγεῖσα   375
Ἀστραῖόν τε μέγαν Πάλλαντά τε δῖα θεάων
Πέρσην θ᾽, ὃς καὶ πᾶσι μετέπρεπεν ἰδμοσύνῃσιν.
 Ἀστραίῳ δ᾽ Ἠὼς Ἀνέμους τέκε καρτεροθύμους,
ἀργέστην Ζέφυρον Βορέην τ᾽ αἰψηροκέλευθον
καὶ Νότον, ἐν φιλότητι θεὰ θεῷ εὐνηθεῖσα.   380
τοὺς δὲ μέτ᾽ ἀστέρα τίκτεν Ἑωσφόρον Ἠριγένεια,
ἄστρα τε λαμπετόωντα, τά τ᾽ οὐρανὸς ἐστεφάνωται.
 Στὺξ δ᾽ ἔτεκ᾽ Ὠκεανοῦ θυγάτηρ Πάλλαντι μιγεῖσα
Ζῆλον καὶ Νίκην καλλίσφυρον ἐν μεγάροισι·
καὶ Κράτος ἠδὲ Βίην ἀριδείκετα γείνατο τέκνα· 385
τῶν οὐκ ἔστ᾽ ἀπάνευθε Διὸς δόμος οὐδέ τις ἕδρη
οὐδ᾽ ὁδός, ὅππῃ μὴ κείνοις θεὸς ἡγεμονεύῃ,
ἀλλ᾽ αἰεὶ πὰρ Ζηνὶ βαρυκτύπῳ ἑδριόωνται.
ὣς γὰρ ἐβούλευσε Στὺξ ἄφθιτος Ὠκεανίνη
ἤματι τῷ, ὅτε πάντας Ὀλύμπιος ἀστεροπητὴς 390
ἀθανάτους ἐκάλεσσε θεοὺς ἐς μακρὸν Ὄλυμπον,
εἶπε δ᾽, ὃς ἂν μετὰ εἷο θεῶν Τιτῆσι μάχοιτο,
μή τιν᾽ ἀποῤῥαίσειν γεράων, τιμὴν δὲ ἕκαστον
ἐξέμεν, ἣν τοπάρος γε, μετ᾽ ἀθανάτοισι θεοῖσι·
τὸν δ᾽ ἔφαθ᾽, ὅστις ἄτιμος ὑπὸ Κρόνου ἠδ᾽ ἀγέραστος 395
τιμῆς καὶ γεράων ἐπιβησέμεν, ἧ θέμις ἐστίν.
ἦλθε δ᾽ ἄρα πρώτη Στὺξ ἄφθιτος Οὐλυμπόνδε
σὺν σφοῖσιν παίδεσσι φίλου διὰ μήδεα πατρός.
τὴν δὲ Ζεὺς τίμησε, περισσὰ δὲ δῶρα ἔδωκεν.
αὐτὴν μὲν γὰρ ἔθηκε θεῶν μέγαν ἔμμεναι ὅρκον, 400
παῖδας δ᾽ ἤματα πάντα ἑοὺς μεταναιέτας εἶναι.
ὣς δ᾽ αὔτως πάντεσσι διαμπερές, ὥσπερ ὑπέστη
ἐξετέλεσσ᾽· αὐτὸς δὲ μέγα κρατεῖ ἠδὲ ἀνάσσει.
 Φοίβη δ᾽ αὖ Κοίου πολυήρατον ἦλθεν ἐς εὐνήν·
κυσαμένη δὴ ἔπειτα θεὰ θεοῦ ἐν φιλότητι   405
Λητὼ κυανόπεπλον ἐγείνατο, μείλιχον αἰεί,
ἤπιον ἀνθρώποισι καὶ ἀθανάτοισι θεοῖσιν,

39

μείλιχον ἐξ ἀρχῆς, ἀγανώτατον ἐντὸς Ὀλύμπου.
γείνατο δ' Ἀστερίην εὐώνυμον, ἥν ποτε Πέρσης
ἠγάγετ' ἐς μέγα δῶμα φίλην κεκλῆσθαι ἄκοιτιν.   410
ἡ δ' ὑποκυσαμένη Ἑκάτην τέκε, τὴν περὶ πάντων
Ζεὺς Κρονίδης τίμησε· πόρεν δέ οἱ ἀγλαὰ δῶρα,
μοῖραν ἔχειν γαίης τε καὶ ἀτρυγέτοιο θαλάσσης.
ἡ δὲ καὶ ἀστερόεντος ὑπ' οὐρανοῦ ἔμμορε τιμῆς,
ἀθανάτοις τε θεοῖσι τετιμένη ἐστὶ μάλιστα.   415
καὶ γὰρ νῦν ὅτε πού τις ἐπιχθονίων ἀνθρώπων
ἔρδων ἱερὰ καλὰ κατὰ νόμον ἱλάσκηται,
κικλήσκει Ἑκάτην· πολλή τέ οἱ ἕσπετο τιμὴ
ῥεῖα μάλ', ᾧ πρόφρων γε θεὰ ὑποδέξεται εὐχάς·
καί τέ οἱ ὄλβον ὀπάζει, ἐπεὶ δύναμίς γε πάρεστιν.   420
ὅσσοι γὰρ Γαίης τε καὶ Οὐρανοῦ ἐξεγένοντο
καὶ τιμὴν ἔλαχον, τούτων ἔχει αἶσαν ἁπάντων,
οὐδέ τί μιν Κρονίδης ἐβιήσατο οὐδέ τ' ἀπηύρα,
ὅσσ' ἔλαχεν Τιτῆσι μετὰ προτέροισι θεοῖσιν,
ἀλλ' ἔχει ὡς τὸ πρῶτον ἀπ' ἀρχῆς ἔπλετο δασμός.   425
οὐδ' ὅτι μουνογενής, ἧσσον θεὰ ἔμμορε τιμῆς,
καὶ γέρας ἐν γαίῃ τε καὶ οὐρανῷ ἠδὲ θαλλάσσῃ·
ἀλλ' ἔτι καὶ πολὺ μᾶλλον, ἐπεὶ Ζεὺς τίεται αὐτήν.
ᾧ δ' ἐθέλει, μεγάλως παραγίγνεται ἠδ' ὀνίνησιν,
ἐν δ' ἀγορῇ λαοῖσι μεταπρέπει ὅν κ' ἐθέλῃσιν.   430
ἡ δ' ὁπότ' ἐς πόλεμον φθισήνορα θωρήσσωνται
ἀνέρες, ἔνθα θεὰ παραγίγνεται, οἷς κ' ἐθέλῃσιν,
νίκην προφρονέως ὀπάσαι καὶ κῦδος ὀρέξαι·
ἔν τε δίκῃ βασιλεῦσι παρ' αἰδοίοισι καθίζει.
ἐσθλὴ δ' αὖθ', ὁπότ' ἄνδρες ἀγῶνι ἀεθλεύωσιν·   435
ἔνθα θεὰ καὶ τοῖς παραγίγνεται ἠδ' ὀνίνησιν.
νικήσας δὲ βίῃ καὶ κάρτεϊ καλὸν ἄεθλον
ῥεῖα φέρει χαίρων τε τοκεῦσι δὲ κῦδος ὀπάζει.
ἐσθλὴ δ' ἱππήεσσι παρεστάμεν, οἷς κ' ἐθέλῃσι,
καὶ τοῖς, οἳ γλαυκὴν δυσπέμφελον ἐργάζονται·   440
εὔχονται δ' Ἑκάτῃ καὶ ἐρικτύπῳ Ἐννοσιγαίῳ,
ῥηϊδίως δ' ἄγρην κυδρὴ θεὸς ὤπασε πολλήν,
ῥεῖα δ' ἀφείλετο φαινομένην, ἐθέλουσά γε θυμῷ.

ἐσθλὴ δ᾽ ἐν σταθμοῖσι σὺν Ἑρμῆ ληΐδ᾽ ἀέξειν·
βουκολίας τ᾽ ἀγέλας τε καὶ αἰπόλια πλατέ᾽ αἰγῶν   445
ποίμνας τ᾽ εἰροπόκων ὀίων, θυμῷ γ᾽ ἐθέλουσα,
ἐξ ὀλίγων βριάει κἀκ πολλῶν μείονα θῆκεν.
οὕτω τοι καὶ μουνογενὴς ἐκ μητρὸς ἐοῦσα
πᾶσι μετ᾽ ἀθανάτοισι τετίμηται γεράεσσι. ,
θῆκε δέ μιν Κρονίδης κουροτρόφον, οἳ μετ᾽ ἐκείνην   450
ὀφθαλμοῖσιν ἴδοντο φάος πολυδερκέος Ἠοῦς.
οὕτως ἐξ ἀρχῆς κουροτρόφος· αἵδε τε τιμαί.
  Ῥείη δ᾽ αὖ δμηθεῖσα Κρόνῳ τέκε φαίδιμα τέκνα,
Ἱστίην, Δήμητρα καὶ Ἥρην χρυσοπέδιλον,
ἴφθιμόν τ᾽ Ἀίδην, ὃς ὑπὸ χθονὶ δώματα ναίει   455
νηλεὲς ἦτορ ἔχων, καὶ ἐρίκτυπον Ἐννοσίγαιον,
Ζῆνά τε μητιόεντα, θεῶν πατέρ᾽ ἠδὲ καὶ ἀνδρῶν,
τοῦ καὶ ὑπὸ βροντῆς πελεμίζεται εὐρεῖα χθών.
καὶ τοὺς μὲν κατέπινε μέγας Κρόνος, ὅστις ἕκαστος
νηδύος ἐξ ἱερῆς μητρὸς πρὸς γούναθ᾽ ἵκοιτο·   460
τὰ φρονέων, ἵνα μή τις ἀγαυῶν Οὐρανιώνων
ἄλλος ἐν ἀθανάτοισιν ἔχοι βασιληΐδα τιμήν.
πεύθετο γὰρ Γαίης τε καὶ Οὐρανοῦ ἀστερόεντος,
οὕνεκά οἱ πέπρωτο ἑῷ ὑπὸ παιδὶ δαμῆναι
καὶ κρατερῷ περ ἐόντι, Διὸς μεγάλου διὰ βουλάς.   465
τῷ ὅγε οὐκ ἀλαοσκοπιὴν ἔχεν, ἀλλὰ δοκεύων
παῖδας ἑοὺς κατέπινε· Ῥέην δ᾽ ἔχε πένθος ἄλαστον.
ἀλλ᾽ ὅτε δὴ Δί᾽ ἔμελλε θεῶν πατέρ᾽ ἠδὲ καὶ ἀνδρῶν
τέξεσθαι, τότ᾽ ἔπειτα φίλους λιτάνευε τοκῆας
τοὺς αὐτῆς, Γαῖάν τε καὶ Οὐρανὸν ἀστερόεντα,   470
μῆτιν συμφράσσασθαι, ὅπως λελάθοιτο τεκοῦσα
παῖδα φίλον, τίσαιτο δ᾽ ἐρινῦς πατρὸς ἑοῖο
παίδων, οὓς κατέπινε μέγας Κρόνος ἀγκυλομήτης.
οἱ δὲ θυγατρὶ φίλῃ μάλα μὲν κλύον ἠδ᾽ ἐπίθοντο·
καί οἱ πεφραδέτην, ὅσαπερ πέπρωτο γενέσθαι   475
ἀμφὶ Κρόνῳ βασιλῆι καὶ υἱέι καρτεροθύμῳ.
πέμψαν δ᾽ ἐς Λύκτον, Κρήτης ἐς πίονα δῆμον,
ὁππότ᾽ ἄρ᾽ ὁπλότατον παίδων ἤμελλε τεκέσθαι
Ζῆνα μέγαν· τὸν μέν οἱ ἐδέξατο Γαῖα πελώρη

Κρήτῃ ἐν εὐρείῃ τρεφέμεν ἀτιταλλέμεναί τε.   480
ἔνϑα μιν ἷκτο φέρουσα ϑοὴν διὰ νύκτα μέλαιναν,
πρώτην ἐς Λύκτον· κρύψεν δέ ἑ χερσὶ λαβοῦσα
ἄντρῳ ἐν ἠλιβάτῳ, ζαϑέης ὑπὸ κεύϑεσι γαίης,
Αἰγαίῳ ἐν ὄρει, πεπυκασμένῳ, ὑλήεντι.
τῷ δὲ σπαργανίσασα μέγαν λίϑον ἐγγυάλιξεν   485
Οὐρανίδῃ μέγ᾽ ἄνακτι, ϑεῶν προτέρῳ βασιλῆϊ·
τὸν τόϑ᾽ ἑλὼν χείρεσσιν ἑὴν ἐγκάτϑετο νηδύν,
σχέτλιος, οὐδ᾽ ἐνόησε μετὰ φρεσὶν, ὥς οἱ ὀπίσσω
ἀντὶ λίϑου ἑὸς υἱὸς ἀνίκητος καὶ ἀκηδὴς
λείπεϑ᾽, ὅ μιν τάχ᾽ ἔμελλε βίῃ καὶ χερσὶ δαμάσσας   490
τιμῆς ἐξελάαν, ὁ δ᾽ ἐν ἀϑανάτοισιν ἀνάξειν.
    Καρπαλίμως δ᾽ ἄρ᾽ ἔπειτα μένος καὶ φαίδιμα γυῖα
ηὔξετο τοῖο ἄνακτος· ἐπιπλομένων δ᾽ ἐνιαυτῶν
Γαίης ἐννεσίῃσι πολυφραδέεσσι δολωϑεὶς
ὃν γόνον ἄψ ἀνέηκε μέγας Κρόνος ἀγκυλομήτης   495
νικηϑεὶς τέχνῃσι βίηφί τε παιδὸς ἑοῖο.
πρῶτον δ᾽ ἐξήμεσσε λίϑον, πύματον καταπίνων·
τὸν μὲν Ζεὺς στήριξε κατὰ χϑονὸς εὐρυοδείης
Πυϑοῖ ἐν ἠγαϑέῃ γυάλοις ὑπὸ Παρνησοῖο,
σῆμ᾽ ἔμεν ἐξοπίσω, ϑαῦμα ϑνητοῖσι βροτοῖσιν.   500
Λῦσε δὲ πατροκασιγνήτους ὀλοῶν ἀπὸ δεσμῶν
Οὐρανίδας, οὓς δῆσε πατὴρ ἀεσιφροσύνῃσιν·
οἵ οἱ ἀπεμνήσαντο χάριν εὐεργεσιάων,
δῶκαν δὲ βροντὴν ἠδ᾽ αἰϑαλόεντα κεραυνὸν
καὶ στεροπήν· τοπρὶν δὲ πελώρη Γαῖα κεκεύϑει·   505
τοῖς πίσυνος ϑνητοῖσι καὶ ἀϑανάτοισιν ἀνάσσει.
    Κούρην δ᾽ Ἰαπετὸς καλλίσφυρον Ὠκεανίνην
ἠγάγετο Κλυμένην καὶ ὁμὸν λέχος εἰσανέβαινεν.
ἡ δέ οἱ Ἄτλαντα κρατερόφρονα γείνατο παῖδα,
τίκτε δ᾽ ὑπερκύδαντα Μενοίτιον ἠδὲ Προμηϑέα   510
ποικίλον, αἰολόμητιν, ἁμαρτίνοόν τ᾽ Ἐπιμηϑέα,
ὃς κακὸν ἐξ ἀρχῆς γένετ᾽ ἀνδράσιν ἀλφηστῇσιν·
πρῶτος γάρ ῥα Διὸς πλαστὴν ὑπέδεκτο γυναῖκα
παρϑένον. ὑβριστὴν δὲ Μενοίτιον εὐρύοπα Ζεὺς
εἰς Ἔρεβος κατέπεμψε βαλὼν ψολόεντι κεραυνῷ   515

εἵνεκ' ἀτασθαλίης τε καὶ ἠνορέης ὑπερόπλου.
"Ἄτλας δ' οὐρανὸν εὐρὺν ἔχει κρατερῆς ὑπ' ἀνάγκης,
πείρασιν ἐν γαίης, πρόπαρ Ἑσπερίδων λιγυφώνων
ἑστηὼς, κεφαλῇ τε καὶ ἀκαμάτοισι χέρεσσιν.
ταύτην γὰρ οἱ μοῖραν ἐδάσσατο μητίετα Ζεύς.   520
δῆσε δ' ἀλυκτοπέδῃσι Προμηθέα ποικιλόβουλον
δεσμοῖς ἀργαλέοισι μέσον διὰ κίον' ἐλάσσας·
καὶ οἱ ἐπ' αἰετὸν ὦρσε τανύπτερον· αὐτὰρ ὅγ' ἧπαρ
ἤσθιεν ἀθάνατον· τὸ δ' ἀέξετο ἶσον ἀπάντῃ
νυκτός, ὅσον πρόπαν ἦμαρ ἔδοι τανυσίπτερος ὄρνις.   525
τὸν μὲν ἄρ' Ἀλκμήνης καλλισφύρου ἄλκιμος υἱὸς
Ἡρακλέης ἔκτεινε, κακὴν δ' ἀπὸ νοῦσον ἄλαλκεν
Ἰαπετιονίδῃ καὶ ἐλύσατο δυσφροσυνάων·
οὐκ ἀέκητι Ζηνὸς Ὀλυμπίου ὑψιμέδοντος,
ὄφρ' Ἡρακλῆος Θηβαγενέος κλέος εἴη   530
πλεῖον ἔτ' ἢ τοπάροιθεν ἐπὶ χθόνα πουλυβότειραν.
ταῦτ' ἄρα ἀζόμενος τίμα ἀριδείκετον υἱόν·
καίπερ χωόμενος παῦθη χόλου ὃν πρὶν ἔχεσκεν,
οὕνεκ' ἐρίζετο βουλὰς ὑπερμενέϊ Κρονίωνι.
καὶ γὰρ ὅτ' ἐκρίνοντο θεοὶ θνητοί τ' ἄνθρωποι   535
Μηκώνῃ, τότ' ἔπειτα μέγαν βοῦν πρόφρονι θυμῷ
δασσάμενος προὔθηκε, Διὸς νόον ἐξαπαφίσκων.
τῷ μὲν γὰρ σάρκας τε καὶ ἔγκατα πίονι δημῷ
ἐν ῥινῷ κατέθηκε, καλύψας γαστρὶ βοείῃ·
τῷ δ' αὖτ' ὀστέα λευκὰ βοὸς δολίῃ ἐπὶ τέχνῃ   540
εὐθετίσας κατέθηκε, καλύψας ἀργέτι δημῷ.
δὴ τότε μιν προσέειπε πατὴρ ἀνδρῶν τε θεῶν τε·
        Ἰαπετιονίδη, πάντων ἀριδείκετ' ἀνάκτων,
ὦ πέπον, ὡς ἑτεροζήλως διεδάσσαο μοίρας.
        "Ὡς φάτο κερτομέων Ζεὺς ἄφθιτα μήδεα εἰδώς. 545
τὸν δ' αὖτε προσέειπε Προμηθεὺς ἀγκυλομήτης,
ἦκ' ἐπιμειδήσας, δολίης δ' οὐ λήθετο τέχνης·
        Ζεῦ κύδιστε, μέγιστε θεῶν αἰειγενετάων,
τῶν δ' ἔλευ, ὁπποτέρην σε ἐνὶ φρεσὶ θυμὸς ἀνώγει.
        Φῆ ῥα δολοφρονέων· Ζεὺς δ' ἄφθιτα μήδεα εἰδὼς 550
γνῶ ῥ' οὐδ' ἠγνοίησε δόλον· κακὰ δ' ὄσσετο θυμῷ

ϑνητοῖς ἀνϑρώποισι, τὰ καὶ τελέεσϑαι ἔμελλεν·
χερσὶ δ᾿ ὅγ᾿ ἀμφοτέρῃσιν ἀνείλετο λευκὸν ἄλειφα.
χώσατο δὲ φρένας, ἀμφὶ χόλος δέ μιν ἵκετο ϑυμὸν,
ὡς ἴδεν ὀστέα λευκὰ βοὸς δολίῃ ἐπὶ τέχνῃ.   555
ἐκ τοῦ δ᾿ ἀϑανάτοισιν ἐπὶ χϑονὶ φῦλ᾿ ἀνϑρώπων
καίουσ᾿ ὀστέα λευκὰ ϑυηέντων ἐπὶ βωμῶν.
τὸν δὲ μέγ᾿ ὀχϑήσας προσέφη νεφεληγερέτα Ζεύς·
    Ἰαπετιονίδη, πάντων πέρι μήδεα εἰδὼς,
ὦ πέπον, οὐκ ἄρα πω δολίης ἐπελήϑεο τέχνης.   560
    Ὣς φάτο χωόμενος Ζεὺς ἄφϑιτα μήδεα εἰδώς·
ἐκ τούτου δ᾿ ἔπειτα, δόλου μεμνημένος αἰεὶ,
οὐκ ἐδίδου μελέοισι πυρὸς μένος ἀκαμάτοιο
ϑνητοῖς ἀνϑρώποις, οἳ ἐπὶ χϑονὶ ναιετάουσιν.
ἀλλά μιν ἐξαπάτησεν ἐῢς παῖς Ἰαπετοῖο,   565
κλέψας ἀκαμάτοιο πυρὸς τηλέσκοπον αὐγὴν
ἐν κοίλῳ νάρϑηκι· δάκεν δ᾿ ἄρα νειόϑι ϑυμὸν
Ζῆν᾿ ὑψιβρεμέτην, ἐχόλωσε δέ μιν φίλον ἦτορ,
ὡς ἴδεν ἀνϑρώποισι πυρὸς τηλέσκοπον αὐγήν.
αὐτίκα δ᾿ ἀντὶ πυρὸς τεῦξεν κακὸν ἀνϑρώποισιν.   570
γαίης γὰρ σύμπλασσε περικλυτὸς Ἀμφιγυήεις
παρϑένῳ αἰδοίῃ ἴκελον Κρονίδεω διὰ βουλάς.
ζῶσε δὲ καὶ κόσμησε ϑεὰ γλαυκῶπις Ἀϑήνη
ἀργυφέῃ ἐσϑῆτι· κατὰ κρῆϑεν δὲ καλύπτρην
δαιδαλέην χείρεσσι κατέσχεϑε, ϑαῦμα ἰδέσϑαι.   575
ἀμφὶ δέ οἱ στεφάνους νεοϑηλέας ἄνϑεσι ποίης
ἱμερτοὺς περέϑηκε καρήατι Παλλὰς Ἀϑήνη·
ἀμφὶ δέ οἱ στεφάνην χρυσέην κεφαλῆφιν ἔϑηκε,
τὴν αὐτὸς ποίησε περικλυτὸς Ἀμφιγυήεις,
ἀσκήσας παλάμῃσι, χαριζόμενος Διὶ πατρί.   580
τῇ δ᾿ ἐνὶ δαίδαλα πολλὰ τετεύχατο, ϑαῦμα ἰδέσϑαι,
κνώδαλ᾿, ὅσ᾿ ἤπειρος πολλὰ τρέφει ἠδὲ ϑάλασσα,
τῶν ὅγε πόλλ᾿ ἐνέϑηκε, χάρις δ᾿ ἀπελάμπετο πολλὴ,
ϑαυμάσια, ζωοῖσιν ἐοικότα φωνήεσσιν.
    Αὐτὰρ ἐπειδὴ τεῦξε καλὸν κακὸν ἀντ᾿ ἀγαϑοῖο,   585
ἐξάγαγ᾿, ἔνϑαπερ ἄλλοι ἔσαν ϑεοὶ ἠδ᾿ ἄνϑρωποι,
κόσμῳ ἀγαλλομένην Γλαυκώπιδος ὀβριμοπάτρης.

θαῦμα δ' ἔχ' ἀθανάτους τε θεοὺς θνητούς τ' ἀνθρώπους,
ὡς εἶδον δόλον αἰπὺν, ἀμήχανον ἀθρώποισιν.
Ἐκ τῆς γὰρ γένος ἐστὶ γυναικῶν θηλυτεράων.   590
τῆς γὰρ ὀλώϊόν ἐστι γένος καὶ φῦλα γυναικῶν
πῆμα μέγα θνητοῖσι μετ' ἀνδράσι ναιετάουσιν,
οὐλομένης πενίης οὐ σύμφοροι, ἀλλὰ κόροιο.
ὡς δ' ὁπότ' ἐν σμήνεσσι κατηρεφέεσσι μέλισσαι
κηφῆνας βόσκωσι, κακῶν ξυνήορας ἔργων,   595
αἱ μέν τε πρόπαν ἦμαρ ἐς ἠέλιον καταδύντα
ἠμάτιαι σπεύδουσι, τιθεῖσί τε κηρία λευκὰ,
οἱ δ' ἔντοσθε μένοντες ἐπηρεφέας κατὰ σίμβλους
ἀλλότριον κάματον σφετέρην ἐς γαστέρ' ἀμῶνται·
ὣς δ' αὔτως ἄνδρεσσι κακὸν θνητοῖσι γυναῖκας   600
Ζεὺς ὑψιβρεμέτης θῆκε, ξυνήορας ἔργων
ἀργαλέων· ἕτερον δὲ πόρεν κακὸν ἀντ' ἀγαθοῖο·
ὅς κε γάμον φεύγων καὶ μέρμερα ἔργα γυναικῶν
μὴ γῆμαι ἐθέλῃ, ὀλοὸν δ' ἐπὶ γῆρας ἵκηται
χήτει γηροκόμοιο· ὃ δ' οὐ βιότου ἐπιδευὴς   605
ζώει, ἀποφθιμένου δὲ διὰ κτῆσιν δατέονται
χηρωσταί· ᾧ δ' αὖτε γάμου μετὰ μοῖρα γένηται,
κεδνὴν δ' ἔσχεν ἄκοιτιν, ἀρηρυῖαν πραπίδεσσιν,
τῷ δέ τ' ἀπ' αἰῶνος κακὸν ἐσθλῷ ἀντιφερίζει
ἔμμεναι· ὃς δέ κε τέτμῃ ἀταρτηροῖο γενέθλης,   610
ζώει ἐνὶ στήθεσσιν ἔχων ἀλίαστον ἀνίην
θυμῷ καὶ κραδίῃ, καὶ ἀνήκεστον κακόν ἐστιν.
Ὣς οὐκ ἔστι Διὸς κλέψαι νόον οὐδὲ παρελθεῖν.
οὐδὲ γὰρ Ἰαπετιονίδης ἀκάκητα Προμηθεὺς
τοῖό γ' ὑπεξήλυξε βαρὺν χόλον, ἀλλ' ὑπ' ἀνάγκης   615
καὶ πολύϊδριν ἐόντα μέγας κατὰ δεσμὸς ἐρύκει.
Βριάρεῳ δ' ὡς πρῶτα πατὴρ ὠδύσσατο θυμῷ,
Κόττῳ τ' ἠδὲ Γύγῃ, δῆσε κρατερῷ ἐνὶ δεσμῷ,
ἠνορέην ὑπέροπλον ἀγώμενος ἠδὲ καὶ εἶδος
καὶ μέγεθος· κατένασσε δ' ὑπὸ χθονὸς εὐρυοδείης·   620
ἔνθ' οἵγ' ἄλγε' ἔχοντες ὑπὸ χθονὶ ναιετάοντες
εἷατ' ἐπ' ἐσχατιῇ, μεγάλης ἐν πείρασι γαίης,
δηθὰ μάλ' ἀχνύμενοι, κραδίῃ μέγα πένθος ἔχοντες.

ἀλλά σφεας Κρονίδης τε καὶ ἀθάνατοι θεοὶ ἄλλοι,
οὓς τέκεν ἠΰκομος Ῥείη Κρόνου ἐν φιλότητι,   625
Γαίης φραδμοσύνῃσιν ἀνήγαγον ἐς φάος αὖτις·
αὐτὴ γάρ σφιν ἅπαντα διηνεκέως κατέλεξεν,
σὺν κείνοις νίκην τε καὶ ἀγλαὸν εὖχος ἀρέσθαι.
δηρὸν γὰρ μάρναντο, πόνον θυμαλγέ᾽ ἔχοντες,
Τιτῆνές τε θεοὶ καὶ ὅσοι Κρόνου ἐξεγένοντο,   630
ἀντίον ἀλλήλοισι διὰ κρατερὰς ὑσμίνας·
οἱ μὲν ἀφ᾽ ὑψηλῆς Ὄθρυος Τιτῆνες ἀγαυοὶ,
οἱ δ᾽ ἄρ᾽ ἀπ᾽ Οὐλύμποιο θεοὶ, δωτῆρες ἐάων,
οὓς τέκεν ἠΰκομος Ῥείη Κρόνῳ εὐνηθεῖσα·
οἵ ῥα τότ᾽ ἀλλήλοισι μάχην θυμαλγέ᾽ ἔχοντες   635
συνεχέως ἐμάχοντο δέκα πλείους ἐνιαυτούς.
οὐδέ τις ἦν ἔριδος χαλεπῆς λύσις οὐδὲ τελευτὴ
οὐδετέροις, ἴσον δὲ τέλος τέτατο πτολέμοιο.
ἀλλ᾽ ὅτε δὴ κείνοισι παρέσχεθεν ἄρμενα πάντα,
νέκταρ τ᾽ ἀμβροσίην τε, τάπερ θεοὶ αὐτοὶ ἔδουσιν,   640
πάντων ἐν στήθεσσιν ἀέξετο θυμὸς ἀγήνωρ.
ὡς νέκταρ δ᾽ ἐπάσαντο καὶ ἀμβροσίην ἐρατεινὴν,
δὴ τότε τοῖς μετέειπε πατὴρ ἀνδρῶν τε θεῶν τε·

   Κέκλυτέ μευ, Γαίης τε καὶ Οὐρανοῦ ἀγλαὰ τέκνα,
ὄφρ᾽ εἴπω τά με θυμὸς ἐνὶ στήθεσσι κελεύει.   645
ἤδη γὰρ μάλα δηρὸν ἐναντίοι ἀλλήλοισιν
νίκης καὶ κράτεος πέρι μαρνάμεθ᾽ ἤματα πάντα
Τιτῆνές τε θεοὶ καὶ ὅσοι Κρόνου ἐκγενόμεσθα.
ὑμεῖς δὲ μεγάλην τε βίην καὶ χεῖρας ἀάπτους
φαίνετε Τιτήνεσσιν ἐναντίοι ἐν δαῒ λυγρῇ,   650
μνησάμενοι φιλότητος ἐνηέος, ὅσσα παθόντες
ἐς φάος ἂψ ἀφίκεσθε δυσηλεγέος ἀπὸ δεσμοῦ,
ἡμετέρας διὰ βουλὰς ὑπὸ ζόφου ἠερόεντος.

   Ὥς φάτο· τὸν δ᾽ ἐξαῦτις ἀμείβετο Κόττος ἀμύμων·
δαιμόνι᾽, οὐκ ἀδάητα πιφαύσκεαι· ἀλλὰ καὶ αὐτοὶ   655
ἴδμεν, ὅ τοι περὶ μὲν πραπίδες, περὶ δ᾽ ἐστὶ νόημα,
ἀλκτὴρ δ᾽ ἀθανάτοισιν ἀρῆς γένεο κρυεροῖο·
σῇσι δ᾽ ἐπιφροσύνῃσιν ὑπὸ ζόφου ἠερόεντος
ἄψορρον ἐξαῦτις ἀμειλίκτων ὑπὸ δεσμῶν

ἠλύθομεν, Κρόνου υἱὲ ἄναξ, ἀνάελπτα παθόντες.   660
τῷ καὶ νῦν ἀτενεῖ τε νόῳ καὶ ἐπίφρονι βουλῇ
ῥυσόμεθα κράτος ὑμὸν ἐν αἰνῇ δηϊοτῆτι,
μαρνάμενοι Τιτῆσιν ἀνὰ κρατερὰς ὑσμίνας.

Ὣς φάτ᾽· ἐπήνησαν δὲ θεοί, δωτῆρες ἑάων,
μῦθον ἀκούσαντες· πολέμου δὲ λιλαίετο θυμὸς   665
μᾶλλον ἔτ᾽ ἢ τοπάροιθε· μάχην δ᾽ ἀμέγαρτον ἔγειραν
πάντες, θήλειαί τε καὶ ἄρσενες, ἤματι κείνῳ,
Τιτῆνές τε θεοὶ καὶ ὅσοι Κρόνου ἐξεγένοντο,
οὕς τε Ζεὺς Ἐρέβευσφιν ὑπὸ χθονὸς ἧκε φόωσδε,
δεινοί τε κρατεροί τε, βίην ὑπέροπλον ἔχοντες,   670
τῶν ἑκατὸν μὲν χεῖρες ἀπ᾽ ὤμων ἀΐσσοντο
πᾶσιν ὁμῶς, κεφαλαὶ δὲ ἑκάστῳ πεντήκοντα
ἐξ ὤμων ἐπέφυκον ἐπὶ στιβαροῖσι μέλεσσιν.
οἳ τότε Τιτήνεσσι κατέσταθεν ἐν δαῒ λυγρῇ,
πέτρας ἠλιβάτους στιβαρὰς ἐν χερσὶν ἔχοντες.   675
Τιτῆνες δ᾽ ἑτέρωθεν ἐκαρτύναντο φάλαγγας
προφρονέως, χειρῶν τε βίης θ᾽ ἅμα ἔργον ἔφαινον
ἀμφότεροι· δεινὸν δὲ περίαχε πόντος ἀπείρων,
γῆ δὲ μέγ᾽ ἐσμαράγησεν, ἐπέστενε δ᾽ οὐρανὸς εὐρὺς
σειόμενος, πεδόθεν δὲ τινάσσετο μακρὸς Ὄλυμπος   680
ῥιπῇ ὑπ᾽ ἀθανάτων· ἔνοσις δ᾽ ἵκανε βαρεῖα
Τάρταρον ἠερόεντα, ποδῶν τ᾽ αἰπεῖα ἰωὴ
ἀσπέτου ἰωχμοῖο βολάων τε κρατεράων·
ὣς ἄρ᾽ ἐπ᾽ ἀλλήλοις ἵεσαν βέλεα στονόεντα.
φωνὴ δ᾽ ἀμφοτέρων ἵκετ᾽ οὐρανὸν ἀστερόεντα   685
κεκλομένων· οἱ δὲ ξύνισαν μεγάλῳ ἀλαλητῷ.
οὐδ᾽ ἄρ᾽ ἔτι Ζεὺς ἴσχεν ἑὸν μένος· ἀλλά νυ τοῦγε
εἶθαρ μὲν μένεος πλῆντο φρένες, ἐκ δέ τε πᾶσαν
φαῖνε βίην· ἄμυδις δ᾽ ἄρ᾽ ἀπ᾽ οὐρανοῦ ἠδ᾽ ἀπ᾽ Ὀλύμπου
ἀστράπτων ἔστειχε συνωχαδόν· οἱ δὲ κεραυνοὶ   690
ἴκταρ ἅμα βροντῇ τε καὶ ἀστραπῇ εὖ ποτέοντο
χειρὸς ἄπο στιβαρῆς, ἱερὴν φλόγα εἰλυφόωντες
ταρφέες· ἀμφὶ δὲ γαῖα φερέσβιος ἐσμαράγιζεν
καιομένη, λάκε δ᾽ ἀμφὶ πυρὶ μεγάλ᾽ ἄσπετος ὕλη.
ἔζεε δὲ χθὼν πᾶσα καὶ Ὠκεανοῖο ῥέεθρα,   695

πόντος τ᾿ ἀτρύγετος· τοὺς δ᾿ ἄμφεπε θερμὸς ἀϋτμὴ
Τιτῆνας χθονίους· φλὸξ δ᾿ ἠέρα δῖαν ἵκανεν
ἄσπετος, ὄσσε δ᾿ ἄμερδε καὶ ἰφθίμων περ ἐόντων
αὐγὴ μαρμαίρουσα κεραυνοῦ τε στεροπῆς τε.
καῦμα δὲ θεσπέσιον κάτεχεν Χάος· εἴσατο δ᾿ ἄντα   700
ὀφθαλμοῖσιν ἰδεῖν ἠδ᾿ οὔασιν ὄσσαν ἀκοῦσαι
αὔτως, ὡς ὅτε γαῖα καὶ οὐρανὸς εὐρὺς ὕπερθεν
πίλνατο· τοῖος γάρ κε μέγιστος δοῦπος ὀρώρει
τῆς μὲν ἐρειπομένης, τοῦ δ᾿ ὑψόθεν ἐξεριπόντος·
τόσσος δοῦπος ἔγεντο θεῶν ἔριδι ξυνιόντων·   705
σὺν δ᾿ ἄνεμοι ἔνοσίν τε κονίην τ᾿ ἐσφαράγιζον,
βροντήν τε στεροπήν τε καὶ αἰθαλόεντα κεραυνόν,
κῆλα Διὸς μεγάλοιο, φέρον δ᾿ ἰαχήν τ᾿ ἐνοπήν τε
ἐς μέσον ἀμφοτέρων· ὄτοβος δ᾿ ἄπλητος ὀρώρει
σμερδαλέης ἔριδος, κάρτος δ᾿ ἀνεφαίνετο ἔργων.   710
ἐκλίνθη δὲ μάχη· πρὶν δ᾿ ἀλλήλοις ἐπέχοντες,
ἐμμενέως ἐμάχοντο διὰ κρατερὰς ὑσμίνας.
οἱ δ᾿ ἄρ᾿ ἐνὶ πρώτοισι μάχην δριμεῖαν ἔγειραν,
Κόττο τε Βριάρεώς τε Γύγης τ᾿ ἄατος πολέμοιο·
οἵ ῥα τριηκοσίας πέτρας στιβαρῶν ἀπὸ χειρῶν   715
πέμπον ἐπασσυτέρας, κατὰ δ᾿ ἐσκίασαν βελέεσσιν
Τιτῆνας· καὶ τοὺς μὲν ὑπὸ χθονὸς εὐρυοδείης
πέμψαν καὶ δεσμοῖσιν ἐν ἀργαλέοισιν ἔδησαν,
νικήσαντες χερσὶν ὑπερθύμους περ ἐόντας,
τόσσον ἔνερθ᾿ ὑπὸ γῆς, ὅσον οὐρανός ἐστ᾿ ἀπὸ γαίης,   720
ἶσον γάρ τ᾿ ἀπὸ γῆς ἐς Τάρταρον ἠερόεντα.
ἐννέα γὰρ νύκτας τε καὶ ἤματα χάλκεος ἄκμων
οὐρανόθεν κατιών, δεκάτῃ δ᾿ ἐς γαῖαν ἵκοιτο·
ἐννέα δ᾿ αὖ νύκτας τε καὶ ἤματα χάλκεος ἄκμων
ἐκ γαίης κατιών, δεκάτῃ δ᾿ ἐς Τάρταρ᾿ ἵκοιτο.   725
τὸν πέρι χάλκεον ἕρκος ἐλήλαται· ἀμφὶ δέ μιν νὺξ
τριστοιχεὶ κέχυται περὶ δειρήν· αὐτὰρ ὕπερθεν
γῆς ῥίζαι πεφύασι καὶ ἀτρυγέτοιο θαλάσσης.
ἔνθα θεοὶ Τιτῆνες ὑπὸ ζόφῳ ἠερόεντι
κεκρύφαται βουλῇσι Διὸς νεφεληγερέταο.   730
χώρῳ ἐν εὐρώεντι, πελώρης ἔσχατα γαίης.

τοῖς οὐκ ἐξιτόν ἐστι· θύρας δ᾽ ἐπέθηκε Ποσειδέων
χαλκείας, τεῖχος δὲ περοίχεται ἀμφοτέρωθεν·
ἔνθα Γύγης, Κόττος καὶ Βριάρεως μεγάθυμος
ναίουσιν, φύλακες πιστοὶ Διὸς αἰγιόχοιο.   735
ἔνθα δὲ γῆς δνοφερῆς καὶ Ταρτάρου ἠερόεντος
πόντου τ᾽ ἀτρυγέτοιο καὶ οὐρανοῦ ἀστερόεντος
ἑξείης πάντων πηγαὶ καὶ πείρατ᾽ ἔασιν,
ἀργαλέ᾽ εὐρώεντα, τάτε στυγέουσι θεοί περ,
χάσμα μέγ᾽, οὐδέ κε πάντα τελεσφόρον εἰς ἐνιαυτὸν   740
οὖδας ἵκοιτ᾽, εἰ πρῶτα πυλέων ἔντοσθε γένοιτο.
ἀλλά κεν ἔνθα καὶ ἔνθα φέροι πρὸ θύελλα θυέλλῃ
ἀργαλέη· δεινὸν δὲ καὶ ἀθανάτοισι θεοῖσιν
τοῦτο τέρας· καὶ Νυκτὸς ἐρεμνῆς οἰκία δεινὰ
ἕστηκεν, νεφέλης κεκαλυμμένα κυανέῃσιν.   745
    Τῶν πρόσθ᾽ Ἰαπετοῖο πάϊς ἔχει᾽ οὐρανὸν εὐρὺν
ἑστηὼς κεφαλῇ τε καὶ ἀκαμάτῃσι χέρεσσιν
ἀστεμφέως, ὅθι Νύξ τε καὶ Ἡμέρη ἀμφὶς ἰοῦσαι
ἀλλήλας προσέειπον, ἀμειβόμεναι μέγαν οὐδὸν
χάλκεον· ἡ μὲν ἔσω καταβήσεται, ἡ δὲ θύραζε   750
ἔρχεται, οὐδέ ποτ᾽ ἀμφοτέρας δόμος ἐντὸς ἐέργει·
ἀλλ᾽ αἰεὶ ἑτέρη γε δόμων ἔκτοσθεν ἐοῦσα
γαῖαν ἐπιστρέφεται, ἡ δ᾽ αὖ δόμου ἐντὸς ἐοῦσα
μίμνει τὴν αὐτῆς ὥρην ὁδοῦ, ἔστ᾽ ἂν ἵκηται,
ἡ μὲν ἐπιχθονίοισι φάος πολυδερκὲς ἔχουσα,   755
ἡ δ᾽ Ὕπνον μετὰ χερσὶ, κασίγνητον Θανάτοιο,
Νὺξ ὀλοή, νεφέλῃ κεκαλυμμένη ἠεροειδεῖ.
    Ἔνθα δὲ Νυκτὸς παῖδες ἐρεμνῆς οἰκί᾽ ἔχουσιν,
Ὕπνος καὶ Θάνατος, δεινοὶ θεοί· οὐδέ ποτ᾽ αὐτοὺς
Ἥλιος φαέθων ἐπιδέρκεται ἀκτίνεσσιν   760
οὐρανὸν εἰσανιὼν οὐδ᾽ οὐρανόθεν καταβαίνων.
τῶν ἕτερος μὲν γῆν τε καὶ εὐρέα νῶτα θαλάσσης
ἥσυχος ἀνστρέφεται καὶ μείλιχος ἀνθρώποισι,
τοῦ δὲ σιδηρέη μὲν κραδίη, χάλκεον δέ οἱ ἦτορ
νηλεὲς ἐν στήθεσσιν ἔχει δ᾽ ὃν πρῶτα λάβῃσιν   765
ἀνθρώπων. ἐχθρὸς δὲ καὶ ἀθανάτοισι θεοῖσιν.
    Ἔνθα θεοῦ χθονίου πρόσθεν δόμοι ἠχήεντες,
ἰφθίμου τ᾽ Ἀΐδεω καὶ ἐπαινῆς Περσεφονείης,

ἑστᾶσιν, δεινὸς δὲ κύων προπάροιθε φυλάσσει,
νηλειής, τέχνην δὲ κακὴν ἔχει· ἐς μὲν ἰόντας 770
σαίνει ὁμῶς οὐρῇ τε καὶ οὔασιν ἀμφοτέροισιν,
ἐξελθεῖν δ' οὐκ αὖτις ἐᾷ πάλιν, ἀλλὰ δοκεύων
ἐσθίει ὅν κε λάβῃσι πυλέων ἔκτοσθεν ἰόντα
ἰφθίμου τ' Ἀΐδεω καὶ ἐπαινῆς Περσεφονείης.

Ἔνθα δὲ ναιετάει στυγερὴ θεὸς ἀθανάτοισι, 775
δεινὴ Στύξ, θυγάτηρ ἀψορρόου Ὠκεανοῖο
πρεσβυτάτη· νόσφιν δὲ θεῶν κλυτὰ δώματα ναίει
μακρῇσιν πέτρῃσι κατηρεφέ· ἀμφὶ δὲ πάντη
κίοσιν ἀργυρέοισι πρὸς οὐρανὸν ἐστήρικται.
παῦρα δὲ Θαύμαντος θυγάτηρ πόδας ὠκέα Ἶρις 780
ἀγγελίης πωλεῖται ἐπ' εὐρέα νῶτα θαλάσσης,
ὁππότ' ἔρις καὶ νεῖκος ἐν ἀθανάτοισιν ὄρηται
καὶ ῥ' ὅστις ψεύδηται Ὀλύμπια δώματ' ἐχόντων·
Ζεὺς δέ τε Ἶριν ἔπεμψε θεῶν μέγαν ὅρκον ἐνεῖκαι
τηλόθεν ἐν χρυσέῃ προχόῳ, πολυώνυμον ὕδωρ, 784
ψυχρόν, ὅ τ' ἐκ πέτρης καταλείβεται ἠλιβάτοιο,
ὑψηλῆς· πολλὸν δέ θ' ὑπὸ χθονὸς εὐρυοδείης
ἐξ ἱεροῦ ποταμοῖο ῥέει διὰ νύκτα μέλαιναν,
Ὠκεανοῖο κέρας· δεκάτη δ' ἐπὶ μοῖρα δέδασται.
ἐννέα μὲν περὶ γῆν τε καὶ εὐρέα νῶτα θαλάσσης 790
δίνῃς ἀργυρέῃς εἱλιγμένος εἰς ἅλα πίπτει·
ἡ δὲ μί' ἐκ πέτρης προρέει μέγα πῆμα θεοῖσιν.
ὅς κεν τὴν ἐπίορκον ἀπολείψας ἐπομόσσῃ
ἀθανάτων, οἳ ἔχουσι κάρη νιφόεντος Ὀλύμπου,
κεῖται νήϋτμος τετελεσμένον εἰς ἐνιαυτόν, 795
οὐδέ ποτ' ἀμβροσίης καὶ νέκταρος ἔρχεται ἆσσον
βρώσιος, ἀλλά τε κεῖται ἀνάπνευστος καὶ ἄναυδος
στρωτοῖς ἐν λεχέσσι, κακὸν δ' ἐπὶ κῶμα καλύπτει.
αὐτὰρ ἐπὴν νοῦσον τελέσῃ μέγαν εἰς ἐνιαυτόν,
ἄλλος δ' ἐξ ἄλλου δέχεται χαλεπώτερος ἆθλος. 800
ἐννάετες δὲ θεῶν ἀπαμείρεται αἰὲν ἐόντων,
οὐδέ ποτ' ἐς βουλὴν ἐπιμίσγεται οὐδ' ἐπὶ δαῖτας
ἐννέα πάντ' ἔτεα· δεκάτῳ δ' ἐπιμίσγεται αὖτις
εἰρέας ἀθανάτων, οἳ Ὀλύμπια δώματ' ἔχουσι.

τοῖον ἄρ' ὅρκον ἔθεντο θεοὶ Στυγὸς ἄφθιτον ὕδωρ,   805
ὠγύγιον, τό ϑ' ἵησι καταστυφέλου διὰ χώρου.
Ἔνθα δὲ γῆς δνοφερῆς καὶ Ταρτάρου ἠερόεντος,
πόντου τ' ἀτρυγέτοιο καὶ οὐρανοῦ ἀστερόεντος,
ἑξείης πάντων πηγαὶ καὶ πείρατ' ἔασιν,
ἀργαλέ', εὐρώεντα, τάτε στυγέουσι θεοί περ.   810
ἔνθα δὲ μαρμάρεαί τε πύλαι καὶ χάλκεος οὐδός,
ἀστεμφής, ῥίζῃσι διηνεκέεσσιν ἀρηρώς,
αὐτοφυής· πρόσθεν δὲ θεῶν ἔκτοσθεν ἁπάντων
Τιτῆνες ναίουσι, πέρην Χάεος ζοφεροῖο.
[αὐτὰρ ἐρισμαράγοιο Διὸς κλειτοὶ ἐπίκουροι   815
δώματα ναιετάουσιν ἐπ' Ὠκεανοῖο θεμέθλοις,
Κόττος τ' ἠδὲ Γύγης· Βριάρεών γε μὲν ἠΰν ἐόντα·
γαμβρὸν ἑὸν ποίησε βαρύκτυπος Ἐννοσίγαιος,
δῶκε δὲ Κυμοπόλειαν ὀπυίειν, θυγατέρα ἥν.]
Αὐτὰρ ἐπεὶ Τιτῆνας ἀπ' οὐρανοῦ ἐξέλασε Ζεύς,   820
ὁπλότατον τέκε παῖδα Τυφωέα Γαῖα πελώρη,
Ταρτάρου ἐν φιλότητι διὰ χρυσέην Ἀφροδίτην.
οὗ χεῖρες μὲν ἔασιν ἐπ' ἰσχύϊ ἔργματ' ἔχουσαι
καὶ πόδες ἀκάματοι κρατεροῦ θεοῦ· ἐκ δέ οἱ ὤμων
ἦν ἑκατὸν κεφαλαὶ ὄφιος, δεινοῖο δράκοντος,   825
γλώσσῃσι δνοφερῇσι λελιχμότες· ἐκ δέ οἱ ὄσσων
θεσπεσίης κεφαλῇσιν ὑπ' ὀφρύσι πῦρ ἀμάρυσσε·
πασέων δ' ἐκ κεφαλέων πῦρ καίετο δερκομένοιο.
φωναὶ δ' ἐν πάσῃσιν ἔσαν δεινῆς κεφαλῇσι
παντοίην ὑπ' ἰεῖσαι, ἀθέσφατον· ἄλλοτε μὲν γὰρ   830
φθέγγονθ', ὥστε θεοῖσι συνιέμεν· ἄλλοτε δ' αὖτε
ταύρου ἐριβρύχεω, μένος ἀσχέτου, ὄσσαν ἀγαύρου,
ἄλλοτε δ' αὖτε λέοντος ἀναιδέα θυμὸν ἔχοντος,
ἄλλοτε δ' αὖ σκυλάκεσσιν ἐοικότα, θαύματ' ἀκοῦσαι·
ἄλλοτε δ' αὖ ῥοίζασχ', ὑπὸ δ' ἤχεεν οὔρεα μακρά.   835
καί νύ κεν ἔπλετο ἔργον ἀμήχανον ἤματι κείνῳ,
καί κεν ὅγε θνητοῖσι καὶ ἀθανάτοισιν ἄναξεν,
εἰ μὴ ἄρ' ὀξὺ νόησε πατὴρ ἀνδρῶν τε θεῶν τε.
σκληρὸν δ' ἐβρόντησε καὶ ὄβριμον, ἀμφὶ δὲ γαῖα
σμερδαλέον κονάβησε καὶ οὐρανὸς εὐρὺς ὕπερθεν   840

πόντος τ' Ὠκεανοῦ τε ῥοαὶ καὶ τάρταρα γαίης,
ποσσὶ δ' ὑπ' ἀθανάτοισι μέγας πελεμίζετ' Ὄλυμπος
ὀρνυμένοιο ἄνακτος· ὑπεστενάχιζε δὲ γαῖα.
καῦμα δ' ὑπ' ἀμφοτέρων κάτεχεν ἰοειδέα πόντον
βροντῆς τε στεροπῆς τε πυρός τ' ἀπὸ τοῖο πελώρου,   845
πρηστήρων τ' ἀνέμων τε κεραυνοῦ τε φλεγέθοντος.
ἔζεε δὲ χθὼν πᾶσα καὶ οὐρανὸς ἠδὲ θάλασσα·
θῦε δ' ἄρ' ἀμφ' ἀκτὰς περί τ' ἀμφί τε κύματα μακρὰ
ῥιπῇ ὕπ' ἀθανάτων, ἔνοσις δ' ἄσβεστος ὀρώρει·
τρέε δ' Ἀίδης ἐνέροισι καταφθιμένοισιν ἀνάσσων,   850
Τιτῆνές θ' ὑποταρτάριοι, Κρόνον ἀμφὶς ἐόντες,
ἀσβέστου κελάδοιο καὶ αἰνῆς δηϊοτῆτος.
Ζεὺς δ' ἐπεὶ οὖν κόρθυνεν ἑὸν μένος, εἵλετο δ' ὅπλα,
βροντήν τε στεροπήν τε καὶ αἰθαλόεντα κεραυνόν,
πλῆξεν ἀπ' Οὐλύμποιο ἐπάλμενος· ἀμφὶ δὲ πάσας   855
ἔπρεσε θεσπεσίας κεφαλὰς δεινοῖο πελώρου.
αὐτὰρ ἐπεὶ δή μιν δάμασε πληγῇσιν ἱμάσσας,
ἤριπε γυιωθείς, στενάχιζε δὲ γαῖα πελώρη.
φλὸξ δὲ κεραυνωθέντος ἀπέσσυτο τοῖο ἄνακτος,
οὔρεος ἐν βήσσῃσιν ἀϊδνῇς, παιπαλοέσσης,   860
πληγέντος· πολλὴ δὲ πελώρη καίετο γαῖα
ἀτμῇ θεσπεσίῃ καὶ ἐτήκετο, κασσίτερος ὣς
τέχνῃ ὕπ' αἰζηῶν, ὑπό τ' εὐτρήτου χοάνοιο
θαλφθείς, ἠὲ σίδηρος, ὅπερ κρατερώτατός ἐστιν,
οὔρεος ἐν βήσσῃσι δαμαζόμενος πυρὶ κηλέῳ   865
τήκεται ἐν χθονὶ δίῃ ὑφ' Ἡφαίστου παλάμῃσιν·
ὣς ἄρα τήκετο γαῖα σέλᾳ πυρὸς αἰθομένοιο.
ῥῖψε δέ μιν θυμῷ ἀκαχὼν ἐς Τάρταρον εὐρύν.

    Ἐκ δὲ Τυφωέος ἔστ' ἀνέμων μένος ὑγρὸν ἀέντων
νόσφι Νότου Βορέω τε καὶ ἀργέστεω Ζεφύροιο·   870
οἵ γε μὲν ἐκ θεόφιν γενεῆ, θνητοῖς μέγ' ὄνειαρ·
αἱ δ' ἄλλαι μαψαῦραι ἐπιπνείουσι θάλασσαν,
αἱ δ' ἤτοι πίπτουσαι ἐς ἠεροειδέα πόντον,
πῆμα μέγα θνητοῖσι, κακῇ θύουσιν ἀέλλῃ·
ἄλλοτε δ' ἄλλαι ἄεισι διασκιδνᾶσί τε νῆας   875
ναύτας τε φθείρουσι· κακοῦ δ' οὐ γίγνεται ἀλκὴ

4*

ἀνδράσιν οἵ κείνῃσι συνάντωνται κατὰ πόντον·
αἱ δ᾽ αὐταὶ κατὰ γαῖαν ἀπείριτον, ἀνθεμόεσσαν,
ἔργ᾽ ἐρατὰ φθείρουσι χαμαιγενέων ἀνθρώπων,
πιμπλεῦσαι κόνιός τε καὶ ἀργαλέου κολοσυρτοῦ.   880
Αὐτὰρ ἐπεί ῥα πόνον μάκαρες θεοὶ ἐξετέλεσσαν,
Τιτήνεσσι δὲ τιμάων κρίναντο βίῃφι,
δή ῥα τότ᾽ ὤτρυνον βασιλευέμεν ἠδὲ ἀνάσσειν
Γαίης φραδμοσύνῃσιν Ὀλύμπιον εὐρύοπα Ζῆν᾽
ἀθανάτων· ὁ δὲ τοῖσιν ἐῢ διεδάσσατο τιμάς.   885
Ζεὺς δὲ θεῶν βασιλεὺς πρώτην ἄλοχον θέτο Μῆτιν,
πλεῖστα θεῶν εἰδυῖαν ἰδὲ θνητῶν ἀνθρώπων.
[ἀλλ᾽ ὅτε δή ῥ᾽ ἤμελλε θεὰν γλαυκῶπιν Ἀθήνην
τέξεσθαι, τότ᾽ ἔπειτα δόλῳ φρένας ἐξαπατήσας
αἱμυλίοισι λόγοισιν ἐὴν ἐγκάτθετο νηδὺν   890
Γαίης φραδμοσύνῃσι καὶ Οὐρανοῦ ἀστερόεντος.
τὼς γάρ οἱ φρασάτην, ἵνα μὴ βασιληΐδα τιμὴν
ἄλλος ἔχῃ Διὸς ἀντὶ θεῶν αἰειγενετάων.
ἐκ γὰρ τῆς εἵμαρτο περίφρονα τέκνα γενέσθαι·
πρώτην γὰρ κούρην γλαυκώπιδα Τριτογένειαν   895
ἴσον ἔχουσαν πατρὶ μένος καὶ ἐπίφρονα βουλήν,
αὐτὰρ ἔπειτ᾽ ἄρα παῖδα θεῶν βασιλῆα καὶ ἀνδρῶν
ἤμελλεν τέξεσθαι, ὑπέρβιον ἦτορ ἔχοντα·
ἀλλ᾽ ἄρα μιν Ζεὺς πρόσθεν ἐὴν ἐγκάτθετο νηδύν,]
ὡς δή οἱ φράσσαιτο θεὰ ἀγαθόν τε κακόν τε.   900
Δεύτερον ἠγάγετο λιπαρὴν Θέμιν, ἣ τέκεν Ὥρας,
Εὐνομίην τε Δίκην τε καὶ Εἰρήνην τεθαλυῖαν,
αἵτ᾽ ἔργ᾽ ὠρεύουσι καταθνητοῖσι βροτοῖσιν·
Μοίρας θ᾽, ἧς πλείστην τιμὴν πόρε μητίετα Ζεύς,
Κλωθώ τε Λάχεσίν τε καὶ Ἄτροπον, αἵτε διδοῦσιν   905
θνητοῖς ἀνθρώποισιν ἔχειν ἀγαθόν τε κακόν τε.
Τρεῖς δέ οἱ Εὐρυνόμη Χάριτας τέκε καλλιπαρῄους,
Ὠκεανοῦ κούρη, πολυήρατον εἶδος ἔχουσα,
Ἀγλαΐην τε καὶ Εὐφροσύνην Θαλίην τ᾽ ἐρατεινήν·
[τῶν καὶ ἀπὸ βλεφάρων ἔρος εἴβετο δερκομενάων   910
λυσιμελής· καλὸν δέ θ᾽ ὑπ᾽ ὀφρύσι δερκιόωνται.]

Αὐτὰρ ὁ Δήμητρος πολυφόρβης ἐς λέχος ἦλθεν·
ἣ τέκε Περσεφόνην λευκώλενον, ἣν Ἀϊδωνεὺς
ἥρπασεν ἧς παρὰ μητρός· ἔδωκε δὲ μητίετα Ζεύς.

Μνημοσύνης δ᾽ ἐξαῦτις ἐράσσατο καλλικόμοιο,   915
ἐξ ἧς οἱ Μοῦσαι χρυσάμπυκες ἐξεγένοντο
ἐννέα, τῇσι ἅδον θαλίαι καὶ τέρψις ἀοιδῆς.

Λητὼ δ᾽ Ἀπόλλωνα καὶ Ἄρτεμιν ἰοχέαιραν,
ἱμερόεντα γόνον περὶ πάντων Οὐρανιώνων,
γείνατ᾽ ἄρ᾽ αἰγιόχοιο Διὸς φιλότητι μιγεῖσα.   920

Λοισθοτάτην δ᾽ Ἥρην θαλερὴν ποιήσατ᾽ ἄκοιτιν.
ἣ δ᾽ Ἥβην καὶ Ἄρηα καὶ Εἰλείθυιαν ἔτικτεν,
μιχθεῖσ᾽ ἐν φιλότητι θεῶν βασιλῆϊ καὶ ἀνδρῶν.

Αὐτὸς δ᾽ ἐκ κεφαλῆς γλαυκώπιδα γείνατ᾽ Ἀθήνην,
δεινήν, ἐγρεκύδοιμον, ἀγέστρατον, ἀτρυτώνην,   925
πότνιαν, ᾗ κέλαδοί τε ἅδον πόλεμοί τε μάχαι τε.

Ἥρη δ᾽ Ἥφαιστον κλυτὸν οὐ φιλότητι μιγεῖσα
γείνατο, καὶ ζαμένησε καὶ ἤρισεν ᾧ παρακοίτῃ,
ἐκ πάντων τέχνῃσι κεκασμένον Οὐρανιώνων.

Ἐκ δ᾽ Ἀμφιτρίτης καὶ ἐρικτύπου Ἐννοσιγαίου   930
Τρίτων εὐρυβίης γένετο μέγας, ὅστε θαλάσσης
πυθμέν᾽ ἔχων παρὰ μητρὶ φίλῃ καὶ πατρὶ ἄνακτι
ναίει χρύσεα δῶ, δεινὸς θεός. Αὐτὰρ Ἄρηϊ
ῥινοτόρῳ Κυθέρεια Φόβον καὶ Δεῖμον ἔτικτεν
δεινούς, οἵτ᾽ ἀνδρῶν πυκινὰς κλονέουσι φάλαγγας   935
ἐν πολέμῳ κρυόεντι σὺν Ἄρηϊ πτολιπόρθῳ·
Ἁρμονίην θ᾽, ἣν Κάδμος ὑπέρθυμος θέτ᾽ ἄκοιτιν.

Ζηνὶ δ᾽ ἄρ᾽ Ἀτλαντὶς Μαίη τέκε κύδιμον Ἑρμῆν,
κήρυκ᾽ ἀθανάτων, ἱερὸν λέχος εἰσαναβᾶσα.
Καδμείη δ᾽ ἄρα οἱ Σεμέλη τέκε φαίδιμον υἱὸν   940
μιχθεῖσ᾽ ἐν φιλότητι Διώνυσον πολυγηθέα,
ἀθάνατον θνητή· νῦν δ᾽ ἀμφότεροι θεοί εἰσιν.
Ἀλκμήνη δ᾽ ἄρ᾽ ἔτικτε βίην Ἡρακληείην,
μιχθεῖσ᾽ ἐν φιλότητι Διὸς νεφεληγερέταο.

Ἀγλαΐην δ᾽ Ἥφαιστος ἀγακλυτὸς ἀμφιγυήεις   945
ὁπλοτάτην Χαρίτων θαλερὴν ποιήσατ᾽ ἄκοιτιν.

54

χρυσοκόμης δὲ Διώνυσος ξανθὴν Ἀριάδνην,
κούρην Μίνωος, θαλερὴν ποιήσατ' ἄκοιτιν.
τὴν δέ οἱ ἀθάνατον καὶ ἀγήρω θῆκε Κρονίων.

Ἥβην δ' Ἀλκμήνης καλλισφύρου ἄλκιμος υἱὸς,   950
ἲς Ἡρακλῆος, τελέσας στονόεντας ἀέθλοις,
παῖδα Διὸς μεγάλοιο καὶ Ἥρης χρυσοπεδίλου,
αἰδοίην θέτ' ἄκοιτιν ἐν Οὐλύμπῳ νιφόεντι·
ὄλβιος, ὃς μέγα ἔργον ἐν ἀθανάτοισιν ἀνύσσας
ναίει ἀπήμαντος καὶ ἀγήραος ἤματα πάντα,   955
Ἡλίῳ δ' ἀκάμαντι τέκε κλυτὸς Ὠκεανίνη
Περσηῒς Κίρκην τε καὶ Αἰήτην βασιλῆα.
Αἰήτης δ' υἱὸς φαεσιμβρότου Ἡελίοιο
κούρην Ὠκεανοῖο τελήεντος ποταμοῖο
γῆμε θεῶν βουλῇσιν Ἰδυῖαν καλλιπάρηον.   960
ἡ δέ νύ οἱ Μήδειαν ἐΰσφυρον ἐν φιλότητι
γείναθ' ὑποδμηθεῖσα διὰ χρυσέην Ἀφροδίτην.

Ὑμεῖς μὲν νῦν χαίρετ', Ὀλύμπια δώματ' ἔχοντες
νῆσοί τ' ἤπειροί τε καὶ ἁλμυρὸς ἔνδοθι πόντος.
νῦν δὲ θεάων φῦλον ἀείσατε, ἡδυέπειαι   965
Μοῦσαι Ὀλυμπιάδες, κοῦραι Διὸς αἰγιόχοιο,
ὅσσαι δὴ θνητοῖσι παρ' ἀνδράσιν εὐνηθεῖσαι
ἀθάναται γείναντο θεοῖς ἐπιείκελα τέκνα.

Δημήτηρ μὲν Πλοῦτον ἐγείνατο, δῖα θεάων,
Ἰασίῳ ἥρωϊ μιγεῖσ' ἐρατῇ φιλότητι   970
νειῷ ἔνι τριπόλῳ Κρήτης ἐν πίονι δήμῳ,
ἐσθλὸν, ὃς εἶσ' ἐπὶ γῆν τε καὶ εὐρέα νῶτα θαλάσσης,
πᾶσαν· τῷ δὲ τυχόντι καὶ οὗ κ' ἐς χεῖρας ἵκηται,
τὸν δ' ἀφνειὸν ἔθηκε πολύν τέ οἱ ὤπασεν ὄλβον.

Κάδμῳ δ' Ἁρμονίη, θυγάτηρ χρυσέης Ἀφροδίτης,   975
Ἰνὼ καὶ Σεμέλην καὶ Ἀγαυὴν καλλιπάρηον
Αὐτονόην θ', ἣν γῆμεν Ἀρισταῖος βαθυχαίτης,
γείνατο καὶ Πολύδωρον ἐϋστεφάνῳ ἐνὶ Θήβῃ·

[Κούρη δ' Ὠκεανοῦ, Χρυσάωρι καρτεροθύμῳ
μιχθεῖσ' ἐν φιλότητι πολυχρύσου Ἀφροδίτης,   980
Καλλιρόη τέκε παῖδα βροτῶν κάρτιστον ἁπάντων,

Γηρυονέα, τὸν κτεῖνε βίῃ Ἡρακληείῃ,
βοῶν ἕνεκ' εἰλιπόδων ἀμφιῤῥύτῳ εἰν Ἐρυθείῃ.]
　Τιθωνῷ δ' Ἠὼς τέκε Μέμνονα χαλκοκορύστην,
Αἰθιόπων βασιλῆα, καὶ Ἠμαθίωνα ἄνακτα.　985
αὐτάρ τοι Κεφάλῳ φιτύσατο φαίδιμον υἱόν,
ἴφθιμον Φαέθοντα, θεοῖς ἐπιείκελον ἄνδρα.
τὸν ῥα νέον, τέρεν ἄνθος ἔχοντ' ἐρικυδέος ἥβης,
παῖδ' ἀταλὰ φρονέοντα φιλομμειδὴς Ἀφροδίτη
ὦρτ' ἀνερειψαμένη, καί μιν ζαθέοις ἐνὶ νηοῖς　990
νηοπόλον νύχιον ποιήσατο; δαίμονα δῖον.
　Κούρην δ' Αἰήταο διοτρεφέος βασιλῆος
Αἰσονίδης βουλῇσι θεῶν αἰειγενετάων
ἦγε παρ' Αἰήτεω, τελέσας στονόεντας ἀέθλους,
τοὺς πολλοὺς ἐπέτελλε μέγας βασιλεὺς ὑπερήνωρ,　995
ὑβριστὴς Πελίης καὶ ἀτάσθαλος, ὀβριμοεργός.
τοὺς τελέσας ἐς Ἰωλκὸν ἀφίκετο, πολλὰ μογήσας,
ὠκείης ἐπὶ νηὸς ἄγων ἑλικώπιδα κούρην,
Αἰσονίδης, καί μιν θαλερὴν ποιήσατ' ἄκοιτιν.
καί ῥ' ἥγε δμηθεῖσ' ὑπ' Ἰήσονι ποιμένι λαῶν　1000
Μήδειον τέκε παῖδα, τὸν οὔρεσιν ἔτρεφε Χείρων
Φιλυρίδης· μεγάλου δὲ Διὸς νόος ἐξετελεῖτο.
　Αὐτὰρ Νηρῆος κοῦραι ἁλίοιο γέροντος,
ἤτοι μὲν Φῶκον Ψαμάθη τέκε, δῖα θεάων,
Αἰακοῦ ἐν φιλότητι διὰ χρυσέην Ἀφροδίτην·　1005
Πηλεῖ δὲ δμηθεῖσα θεὰ Θέτις ἀργυρόπεζα
γείνατ' Ἀχιλλῆα ῥηξήνορα, θυμολέοντα.
　Αἰνείαν δ' ἄρ' ἔτικτεν ἐϋστέφανος Κυθέρεια,
Ἀγχίσῃ ἥρωϊ μιγεῖσ' ἐρατῇ φιλότητι,
Ἴδης ἐν κορυφῇσι πολυπτύχου, ὑληέσσης.　1010
　Κίρκη δ', Ἡελίου θυγάτηρ Ὑπεριονίδαο,
γείνατ' Ὀδυσσῆος ταλασίφρονος ἐν φιλότητι
Ἄγριον ἠδὲ Λατῖνον ἀμύμονά τε κρατερόν τε·
Τηλέγονόν τε ἔτικτε διὰ χρυσέην Ἀφροδίτην.
οἱ δ' ἤτοι μάλα τῆλε μυχῷ νήσων ἱεράων　1015
πᾶσιν Τυρσηνοῖσιν ἀγακλειτοῖσιν ἄνασσον.

Ναυσίθοον δ' Ὀδυσῆϊ Καλυψώ, δῖα θεάων,
γείνατο Ναυσίνοόν τε μιγεῖσ' ἐρατῇ φιλότητι.
Αὗται μὲν θνητοῖσι παρ' ἀνδράσιν εὐνηθεῖσαι
ἀθάναται γείναντο θεοῖς ἐπιείκελα τέκνα.　　　1020
Νῦν δὲ γυναικῶν φῦλον ἀείσατε, ἡδυέπειαι
Μοῦσαι Ὀλυμπιάδες, κοῦραι Διὸς αἰγιόχοιο.

Einleitung.

Wir gehen davon aus, dass die Theogonie von einem anderen Hesiodus abgefasst sei, als die Werke und Tage, trotzdem, dass die Griechischen und Römischen Schriftsteller, mit Ausnahme des einen Pausanias, welcher dariu der örtlichen Satzung gewisser Böoter am Helikon folgte, übereinstimmend beide demselben Einen Hesiodus beilegen. Auch noch Göttling und Lennep in ihren Ausgaben bezweifeln die Einheit des Verfassers von beiden Werken nicht. Der Letztere hilft sich bei einer Stelle der Theogonie (225), mit welcher hinsichtlich der Eris das andere Werk nicht übereinstimmt, mit der leichten Voraussetzung, dass Hesiodus die streitsüchtige Eris hier noch nicht anerkannt gehabt habe; der Andere zur Theogonie 507, in Hinsicht auf Verschiedenheiten in der Fabel des Prometheus in beiden Gedichten, hilft sich, wie er kann. Thiersch, Bernhardy (2, 185 1. A. 2, 1, 249, 2. A.), Mure haben das richtige Gefühl. K. O. Müller, Litt. Gesch. 1, 167, der übrigens den Hesiodus 800 setzt (Rhein. Museum 2, 6), hielt die Frage für nicht entscheidbar. Aehnlich Ulrici, Geschichte der Hellenischen Dichtkunst 1, 335. Das Lehrgedicht und die Theogonie nach Zeit und Verfasser zu unterscheiden, ist noch wichtiger, als Ilias und Odyssee. Die Hauptsache kommt an auf das litterärische Gefühl, welches sich klar zu machen sucht über die gänzliche Verschiedenheit des treuherzigen, nur auf das Praktische gerichteten Sinnes des Lehrdichters, mit deutlichen Spuren grosser Alterthümlichkeit und Unbeholfenheit, und eines umfassenden theologischen oder mythologischen Systems, welches zur Zeit den höchsten Gegenstand des allgemein Wissenswürdigen ausmachte, und ebensosehr durch den Reichthum und die Manigfaltigkeit, als durch die

sinnreiche Erfindung zur Ordnung und Verknüpfung seines hohen
Gegenstandes ausgezeichnet ist. Auch wird man leicht inne werden
eine gewisse freigeistige Ader, welche durch die Theogonie hinläuft
und gegen den beschränkt frommen Geist des Landgedichts sehr absticht. Um nur einige Beispiele grosser Verschiedenheiten anzuführen,
so lassen diese sich leicht nachweisen in der Behandlung des Mythus
von Prometheus und Pandora in beiden Gedichten. In dem ersten
Hymnus vor der Theogonie geben die Musen dem Hesiodos den Lor-
beerstab, und ein Nikokles sagt, dass Hesiodus zuerst rhapsodirt
habe [1]), wie denn auch später Hesiodische Gedichte nur als rhapsodirt vorkommen, z. B. zu Platons Zeit. Mit Recht tadelt Pausanias
eine Erzstatue des sitzenden Hesiodos mit einer Kithara auf den
Knieen, weil diese dem Hesiodus nicht zukomme (9, 30). Auch
wurde gesagt, dass Hesiodus von dem Kampfspiel fortgejagt worden,
weil er nicht gelernt habe, zum Gesange die Laute zu spielen, wie
derselbe anführt (10, 7, 2). Die Werke und Tage aber sind dazu
nicht geeignet, wie Pausanias, am Helikon belehrt, richtig bemerkt
(1, 2, 3). Die Musen waren die Gottheit der Rhapsoden, daher man
am Helikon auch den Hymnus vor den ἔργα nicht gelten liess. Die
ἔργα sind rein Böotisch, die Theogonie nicht ohne vielfachen Einfluss des Homer [2]).

. Die Zeit der Abfassung der Theogonie ist weder nach ihrem Abstand von den Werken und Tagen, noch überhaupt meines Erachtens
genauer zu bestimmen; doch bin ich viel eher geneigt, der Annahme
O. Müllers (um 800), als der (um 900) beizutreten, welche der letzte
Vertheidiger einer relativen Aechtheit und Ursprünglichkeit des Werks
ausspricht, Petersen in dem Hamburger Programm 1862, Ursprung und
Alter der Hesiodischen Theogonie S. 45, auf welches ich auch diejenigen verweise, die auf die schwierige Frage über den Einfluss der
Namen von fünfundzwanzig Flüssen auf das Alter und die Integrität
des Gedichtes scharf prüfend einzugehen geneigt sind S. 12 ff. —
Die Anstösse, welche einige Namen von Okeaniden gegeben hatten,
sind dort weggeräumt. Dagegen setzt Schömann in dem Programm:
De compositione Theogoniae Gryphisw. 1854, die Entstehung des

1) Schol. Pind. N. 2, 1.
, 2) Völcker, Jap. Geschl. S. 275.

Werks in dem gegenwärtigen Umfange und der jetzigen Anlage, die ein nach einem bestimmten Plan angelegtes Ganzes verrathe, wenn auch der Zusammenhang an vielen Stellen mangelhaft sei, in das sechste oder siebente Jahrhundert. Vorher schon hatte er 1843: De falsis indiciis lacunarum Theogoniae Hesiodeae, gestützt auf Mützell's gründliche Vorarbeit, nachgewiesen, dass unser Text im Wesentlichen der des Alterthums, und dass auf einen vollständigeren zu schliessen kein Grund sei, so wie er auch die Interpolationen auf ein sehr geringes Maass zurückgeführt hatte in zwei Programmen 1848 und 1849 [1]).

1. Das sogenannte Proömion.

Die der Theogonie vorangehenden 115 Verse nahmen diese Stelle vermuthlich schon in hochalter Zeit ein, obwohl aus Sextus Empirikus (10, 11) keineswegs zu folgern ist, dass Epikur die Theogonie ohne das Proömion in Händen gehabt habe, und sie behaupteten sie wenigstens in Alexandria und weiterhin. Von Grammatikern werden Stellen daraus unter dem Titel der Theogonie angeführt [2]). Aus der Bemerkung des Aristophanes von Byzanz zu V. 68 in den Scholien, dass jetzt die Musen zum Olymp aufsteigen, vorher aber die Rede

---

1) Wie verschiedene Ansichten übrigens Schömann in Programmen von 1843 bis 1854 und in einem Zusatz zu dem letzten in seinen Opusc. 1857 dargelegt hat, ist zusammengestellt in dem vorhin angeführten Programm von Petersen S. 5—7. In dem Programm: De Typhoeo glaubte Schömann die Theogonie aus verschiedenen, vielleicht sämmtlich eigenen Stücken zusammengesetzt. In seinem Prometheus 1844 sagt derselbe (S. 105): »wenn es feststünde, dass wir in der Theogonie ein in sich zusammenhängendes, von einem Punkte ausgegangenes System, nicht eine Zusammensetzung verschiedener, von verschiedenen Urhebern herrührender Ansichten hätten — «. Ebenso behauptete er, De falsis indiciis lacunarum Theogoniae Hesiodeae 1843, mit Heyne, dass der Verfasser mehr compositor, als poeta gewesen sei, was ich nur in dem Sinne zugeben kann, dass die Kunst diesen gewaltigen Stoff in dieser Form zur befriedigenden Einheit zu bringen unendlich bemerkenswerther sei, als die der Ausführung in Versen und einigen poetischen Gemälden.

2) V. 38 Hesych. εἰρεῦσαι, 64 Schol. Pind. Olymp. 9, 40 und viele andere bloss als Hesiodisch.

war von ihrem Chortanz ἐν τόπῳ αὐτῶν — was gewiss nicht Worte des Aristophanes selbst sind — nämlich auf dem Helikon in ihrem Heiligthum, sieht man, wie wenig das Verhältniss des ersten Hymnus auf die Helikonischen Musen zu dem zweiten auf die Olympischen, welcher mit ihnen Mnemosyne und deren Localcult verherrlicht, durchschaut wurde. Der heutigen Kritik ist wohl erlaubt hinter die monumentale Gestalt des Buchs freier, als in vielen anderen Fällen zurückzugehen, indem sie ein Verhältniss voraussetzt, welches nach der Beschaffenheit des ältesten Bücherwesens sehr natürlich nicht selten vorkommen musste. Wir vermuthen nämlich, dass einige Hymnen an die Musen vorher einzeln, nachher in ein Ganzes vereinigt, dem grossen Gedicht vorangestellt worden waren, da man solche Hymnen nicht wohl hinten anhängen konnte, wo man sonst kleinere Gedichte desselben Namens, gleichartige oder Fortsetzungen, in Sicherheit zu bringen gewohnt war. Eine Zeit ist, wo man sucht das Zerstreute zu binden und zu einigen, wie uns eine gekommen ist, wo am meisten das Ausscheiden und Zerreissen gilt.

Wir haben zwei Hymnenanfänge:

Μουσάων Ἑλικωνιάδων ἀρχώμεθ᾽ ἀείδειν,

und V. 36

Τύνη Μουσάων ἀρχώμεθα, ταὶ Διὶ πατρί.

Jeder von zwei Hymnen hat seinen eigenthümlichen und bedeutenden, in sich zusammenhängenden und abgeschlossenen Inhalt.

Der erste singt die Helikonischen Musen, die den Helikon haben und die Quelle und Kronions Altar umtanzen, und die, nachdem sie (jetzt) sich zum Chor gewaschen und Chöre getanzt, von der Höhe, von Luft dicht umhüllt (unsichtbar), in der Nacht herabwandeln, singend (wie der Wanderer singt), indem sie die Götter preisen, und dem Lämmer weidenden Hesiodos sich zu erkennen geben, ihn traulich, den niederen Landmann, drob anreden, ihn schönen Gesang lehren und ihn mit dem Lorbeerast, als seinem Ehrenstab, beschenken, und ihm solche Stimme einhauchen, dass er preise das Werdende und Gewesene und ihn heissen zu preisen das Geschlecht der immerdar seienden Götter, sie selbst aber zu singen zuerst und zuletzt immer, also die Weihe zum Rhapsoden des zu preisenden Göttergeschlechts und zuerst und zuletzt der Musen.

Der Böotische Rhapsodenstand scheint ganz an das Heiligthum auf dem Helikon geknüpft, und der Hymnen auf die Musen und die Götter musste es daher viele geben, worauf deutet der Vers der Theogonie 34: σφᾶς δ' αὐτὰς πρῶτόν τε καὶ ὕστερον. Auch die Aöden Asiens sind nicht aus dem Herrenstand, aber eigenthümlich ist es Böotien, dass seine Rhapsoden der Sage nach, und also wohl gewöhnlich aus dem Hirtenstand hervorgingen. Die Menge und Verbreitung der Homerischen Rhapsoden verdunkelt die Hesiodischen auch durch die vielen und an so viele einzelne Götter (vieler Feste) gerichteten Proömien, die uns vorliegen.

Der zweite enthält die Geburt der Musen von Mnemosyne, der Walterin von Eleuthers Thal in Pieria am Olymp, in der Neunzahl (56. 60) nach ihren Namen (76—79). Er schildert natürlich auch das Wesen der Musen, die dem Vater Zeus innerhalb des Olympos das Herz erfreuen und die Götter preisen. Verschiedenheit fällt darin auf, dass im ersten Hymnus die Musen Erde, Okeanos und Nacht singen (20), im zweiten Erde und Himmel von Anbeginn zeugen (45).

Pierisch oder Olympisch waren die Musen zuerst, sie sind nachher auch Helikonisch geworden, und verloren dadurch nicht angeborene Würde und Art: der eine Hymnus preist sie als die Helikonischen, der andere als die Pierischen, aber auch jener nennt sie die Olympischen (25) ¹).

Die letzten neun schönen Verse des zweiten Hymnus gleichen einem Homerischen Hymnus an die Musen, der auch abschliessen konnte mit dem Vers: χαίρετε, τέκνα Διός, δότε δ' ἱμερόεσσαν ἀοιδήν, nur in dem anderen Gebrauche des Grusses zum Schluss und des Gebets um Eingebung des Gesanges, nicht für den nächstfolgenden Hymnus, sondern für zukünftige ²). Er scheint hier mit aufgenommen zu sein, als das lange Proömion zusammengesetzt wurde, obgleich darin κλεῖα προτέρων ἀνθρώπων, der Gegenstand des Homerischen

---

1) Strab. 9, p. 420: ἐξ οὗ τεκμαίροιτ' ἄν τις Θρᾷκας εἶναι τοὺς τὸν Ἑλικῶνα ταῖς Μούσαις καθιερώσαντας, οἳ καὶ τὴν Πιερίδα καὶ τὸ Λείβηθρον καὶ τὴν Πίμπλειαν ταῖς αὐταῖς θεαῖς ἀνέδειξαν· ἐκαλοῦντο δὲ Πίερες.

2) Mützell nimmt mit Recht (p. 366) χαίρετε für Anfang, was van Lennep p. 174 für unzulässig erklärt. Noch Aratos, nachdem er begonnen: ἐκ Διὸς ἀρχώμεσθα, sagt V. 15: χαῖρε πάτερ — χαίροιτέ τε Μοῦσαι. Warum sollten die Rhapsoden nicht mit dem Grusse: χαῖρε, χαίρετε anheben?

Epos, Heroen, nicht Hesiodische Lieder an die
gekündigt werden. Auch stehen die vier Vers
dem erhaltenen Homerischen Hymnus an di
25, 2—5, und 94, dass die Sänger auch von A
Hesiodisch, und recht Homerisch sind auch di
im Gegensatze der Stelle im vorhergehenden
dass die Musen auch den Herrn auf der Ag
eingeben, wozu der Vers: οἷά τε Μουσάων ἱερ
sowie zu dem ganzen Hymnus einen recht g
während der Uebergang hiervon zu dem fol
Μουσάων καὶ ἐκηβόλου Ἀπόλλωνος entschied
sammenhanglos erscheint.

Beide Hymnen kann man nicht Proömien
wie die kleinen Homerischen, die den Vortrag
einzelnen Götter unmittelbar einleiten und da
stand anrufen, verschieden von Proömion in
kydides den Homerischen Hymnus auf den De
Proömion nennt, was sich nur auf andere Rha
keiten beziehen kann, zu denen er den Eingan

Sind nun unsere beiden ersten Hymnen an
eigentlichen Hymnus vorausgehen, etwas länge
Gegenstand des Musengesanges den Preis des
Göttergeschlechts, und der zweite schon deutlic
Theogonie, und sind daher beide Hymnen für

Der dritte dagegen, unmittelbar an die Th
ist nur zehn Verse lang, wie der vor die Wer
auch an die Musen, aber mit Bezug auf Pers
des Dichters zu ihm gedichtete nur acht, u
Proömion zur Theogonie genannt werden im
merischen Proömien.

1) K. O. Müller sagt, Gr. Litt. 1, 165: Die beid
halten kein Gebet um Beistand, wie die Proömien,
»nicht bloss ein einzelnes episches Lied, sondern, ebe
meridischen Hymnen, den ganzen Wettkampf Böotisc
Festfeier zu eröffnen«, und macht aus dem Ganzen, 1—1
den er der Theogonie zum Proömium giebt.

Im ersten Hymnus singen die Helikonischen Musen die Götter, voran die ersten der Olympischen, dann sichtbar nicht in geordneter Folge, doch im Allgemeinen die Titanischen hinter den Olympischen genannt, so dass man an die axamenta der Salier denken muss, welche die Götter in einzelnen nach einem jeden benannten Versen anriefen; sie aber zu Opfern und in priesterlichem Tanze, während die Diener der Musen nichts eigentlich Priesterliches an sich haben, auch wenn sie am festlichen Tage rhapsodiren. Die Aehnlichkeit aber bleibt, dass die Götter im Vereine, wenigstens in sehr grosser Anzahl namentlich und anderer Götter heilig Geschlecht (wobei es nicht auffällt, dass Hephästos und Hekate fehlen) verehrt werden, nur dass eine Scheidung der älteren und jüngeren, die in unserer Theogonie in genetischen Zusammenhang und durch den Streit selbst zu einer gewissen Einheit zu bringen Hauptsache ist, hier nicht ausgedrückt wird. Wohl aber geschieht diess im zweiten Hymnus, in welchem die Naturgötter und die Olympischen mit Zeus an der Spitze als Gegenstand des Musengesangs viel klarer zusammengestellt sind, auch der Sieg des Zeus über den Kronos, also der Mittelpunkt unserer Theogonie, und seine Austheilung der Aemter unter die Götter hinzugefügt ist, so dass dieser ebenso wie der kleinere dritte auch der eigentlichen Theogonie zum Eingange dienen konnte, wiewohl sein Hauptinhalt eigentlich die Geburt von Zeus und Mnemosyne und die Namen der neun Musen, so wie ihre wohlthätigen Wirkungen ist.

Theogonie entsteht eigentlich erst, wenn die älteren voranstehen, die Familie des Zeus sich anschliesst und gar viele Verbindungen ausgeführt werden; aber die strengere, mehr systematische Ordnung und Grösse der Vollständigkeit ist doch als das Spätere zu denken, und so darf man wohl annehmen, dass der eigentlichen Theogonie ein dem Saliarischen Liede verwandter Hymnus vorausgegangen sei, welchen zuerst die Diener der Helikonischen Musen, so wie auch die der Pierischen rhapsodirten, und welcher sehr verschiedene Gestalten angenommen haben mag, bis daraus die uns bekannt gewordene Theogonie erwachsen ist. Dass diese nach ihrem Umfang, ihrer gewissermassen gelehrten und künstlerischen Gestalt und manchen anderen Gründen nach nichts mehr mit den alten Götterliedern der Musendiener oder mit einem Hymnus gemein habe, ist leicht einzusehen.

Ebenso, dass sie schwerlich in ihrem ganzen Zusammenhang zum Rhapsodiren bestimmt gewesen sei, wenn es auch späterhin geschehen sein sollte, wiewohl man sich auch einzelne Stücke daraus gewählt und unter den verschiedensten Gesichtspunkten zum Vortrag zusammengesetzt vorstellen kann. Unser Wissen ist nichts, wir horchen allein dem Gerüchte. Diess kann man sich nicht genug gegenwärtig erhalten, und es ist meist eitle Mühe, durch Vermuthungen viel Einzelnes bestimmen und genau und genauer verknüpfen zu wollen, wo die Angaben allzu vereinzelt, durch Zeiten und Orte von einander geschieden, oft selbst für sich nicht bestimmt noch sicher genug sind. Wenn man sich auf dem Boden der schon von Homer genannten Städte im Peloponnes befindet, fühlt man sich unerachtet der spärlichen Ueberreste der uralten Anlage und Einrichtungen allerdings gereizt, seine Phantasie einigermassen zu beschäftigen. Die Einfälle eines jeden der etwa auf solchen von Schauern des Alterthums umwehten Stätten zusammen hin und her Wandelnden sind natürlich verschieden, und wenn manche unserer heutigen Erklärer gerade der dunkelsten und an Mitteln zu sicheren oder nur wahrscheinlichen Reconstructionen dürftigsten Gebiete ältester Einrichtungen, Sagen, Mythen, dichterischer und künstlerischer Ueberreste, sich über das: Unser Wissen ist nichts, etwas mehr ins Klare zu setzen Zeit liessen, so würde sich nicht eine so grosse, manche Mitlebenden betrübende und einer späteren Zeit wahrscheinlich als eine schwere Entwicklungskrankheit unserer Philologie erscheinende Masse der schwächlichsten und oft widrigsten Conjecturen angehäuft und oft bei vielen Getäuschten Ansehn gewonnen haben. Ein von Homer genanntes $\dot{\varepsilon}\ddot{v}\varkappa\tau\iota\mu\varepsilon\nu o\nu\ \pi\tau o\lambda\iota\varepsilon\vartheta\varrho o\nu$ auch nur nach der bestimmten Lage und Umgebung und nach dem fast ganz leeren Grunde innerhalb des Umfangs kennen zu lernen, hat seinen Reiz, und man muss sich darüber beruhigen auf den verschiedensten, fernsten und näheren Horizonten des Alterthums nur einzelne Punkte, bald klarer, bald dunkler, wahrnehmen zu können.

Betrachtenswerth sind auch die Hesiodischen Hymnen, von denen der vor den Werken und Tagen sich dadurch unterscheidet, dass er zu diesem besonderen Gedicht als Eingang gesetzt ist, von der Seite, dass sie sich auf geistliche Poesie beziehen und daher dem Orphischen entsprechen, ebenso wie die Helikonischen Musen von den Pierischen ausgegangen sind. Wir können die beiden ersten theogonische nennen, indem der zweite den Inhalt der Theogonie wie im Keime enthält und der erste wenigstens die älteren und die Olympischen Götter zusammen feiert, während er zugleich die Weihe des Hesiodos zum Rhapsoden enthält, der fortan besorgen mag, was beide Hymnen als Thun oder Amt der Musen darstellen. Nun dürfen wir uns doch den ursprünglichen Orpheus wohl nicht anders als geistlich oder priesterlich denken, wesshalb denn auch das Prophetische ein Hauptzug von ihm ist. Darum ist er, wie ein Kalchas, den Argonauten zugesellt von dem Thebischen Pindar, der uns zuerst, ausser dass schon aus Ibykos der namenberühmte Orphes angeführt wird, den Namen Orpheus nennt: dass darin Pherekydes dem Pindar widerspricht, will nichts sagen. Daher denn die beiden Hesiodischen Hymnen von den Musen rühmen, dass sie was sein wird und was vor gewesen und was ist wissen, wie denn auch auf Homer übergegangen ist, dass sie alles wissen, und eine spätere Genealogie ihnen auch die Mnemosyne zur Mutter gegeben hat. Ja es hängt hiermit noch zusammen, dass auch Hesiodische μαντικά geschrieben worden sind, obwohl hiervon die Sage, dass Hesiodus die Wahrsagung von den Akarnanen gelernt habe, nichts geahnt hat: Akarnanische Schersprüche mögen zur Zeit in Ansehn gestanden haben, und aus ihnen mag viel übergegangen sein in diese Hesiodischen μαντικά [1]).

Diesen wenigen, aber charakteristischen Kennzeichen der frühesten Pierisch-Hesiodischen Poesie, ist hinzuzufügen der negative Umstand, dass dagegen keine Spur von weltlicher oder eigentlich epischer Dichtung in jenen Gegenden zu finden ist, wie wir doch ausser Orpheus auch einen Thamyris schon von Homer erwähnt finden, der Oechalia's Einnahme singt, die Fürstenhäuser besucht. Schon in den ersten Culturanfängen ist überhaupt das Lied nicht beschränkt auf das Innerliche des Menschen, Schmerzen und Freuden, sondern nimmt auch Theil an den Ereignissen und Thaten nahe und fern. Und so hat es auch der Kadmea gewiss nicht gefehlt an Sängern, so sind die Schicksale der ältesten Thebischen Könige, die Kriege zwischen Theben und

---

1) Nicht übereinstimmen kann ich daher mit K. O. Müller, welcher in der Gr. Litteraturgeschichte 1, 165, V. 38 auf zur Zeit dieses Hymnus bereits vorhandene »mantische Lieder der Hesiodischen Epiker« bezieht.

Argos, die feindlichen Brüder, die, wie es in den Werken und Tagen heisst, um die Schafe des Oedipus stritten, gewiss lange Zeiten hindurch ein anziehender Gegenstand von Sagen und Liedern gewesen. Aber höhere epische Ausbildung haben sie erst unter den Stammgenossen in Kleinasien und den Joniern, so viel wir wissen, erhalten, nachdem unter Mitwirkung einer höchst ausgezeichneten Gegend der Troische Krieg und vielleicht Fehden mit den Aeneaden den Heldengeist auf die Spitze getrieben und die eigentlich Homerische Muse in das Dasein gerufen hatten, und dass diese ihrerseits nichts mit der Orphisch-Hesiodischen Muse gemein hat, ist ebenso klar. Diese scheint vielmehr von den ältesten Kriegsliedern des Landes sich nicht weniger als von den Achäerhelden bestimmt abgewendet zu haben. Diese Homerische Muse aber war natürlich auch in Böotien längst bekannt, als in den Gedichten auf die Frauen, welche Göttern gefallen hatten, den Eöen, dem Katalogos, gar manche reizende Romanzen ausgeführt worden sein mögen, und auch in den Epyllien aus dem Kreise der Heraklessagen dem Strom der epischen Poesie viele Nebenflüsse und Bäche zugeflossen sind. Unter diesem Gesichtspunkt angesehn scheint die Muse des Helikon der Pierischen viel mehr verwandt geblieben zu sein, als in Theben Ares und Dionysos ihren nördlichen Stammverwandten.

Die Unterscheidung dreier Hymnen in dem sogenannten Proömion ist keineswegs neu. Osann, welchen Kayser damals in einer Recension zu widerlegen suchte, hat sogar dieselben drei Proömien unterschieden wie ich, nur dass er sie alle drei als Proömien zur Theogonie betrachtet, ich nur im dritten Hymnus ein Proömion zu dieser anerkennen würde, wiewohl er sich auch anders denken lässt, und selbständige Hymnen in den beiden anderen Stücken erblicke [1]). Bernhardy spricht von zwei Reihen, in die das Proömion eigentlich zerfalle [2]), obgleich er vorher von einem Aggregat verschiedener Proömien von ungleichem Charakter und sonst ziemlich unbestimmt über das Ganze spricht (S. 247. 253). Eine Folge der Wirrungen, in die unter uns die Auffassung und Kritik eines Theils der alten Poesie gerathen ist, durch

1) In seiner Schrift: Quaestt. Hom. P. 1, und diess wiederholt Anecd. Rom. 1851, p. 267.
2) Gr. Litt. 2, 1 S. 254 2. A.

Gottfried Hermanns Hypothese, dass die Homerischen Hymnen, und warum denn nicht auch gewisse andere Poesieen, in Zerrüttung gerathen seien dadurch, dass sie ihre Redaction erhalten hätten durch Männer, die aus verschiedenen Recensionen derselben Gedichte Alles, was ihnen gefiel, zu erhalten und, so gut es gehen wollte, zusammenzufügen suchten, hat zuerst die beiden grossen Hesiodischen Gedichte getroffen. Die auf gute Gründe und ein gesundes historisches Gefühl beruhende Einsprache C. F. Ranke's im Eingange zu seinem Programm: De Hesiodi Operibus et Diebus, Göttingen 1838, vermochte nicht, die durch das grosse Anselm des berühmten Grammatikers und Schulhaupts gegebene Anregung zu Versuchen in einer für Viele verführerischen Art der Conjecturalkritik sofort zu ermässigen. Im Proömion erkannte Hermann eine Verschmelzung aus sieben Recensionen, was nicht ohne baldige Anwendung auf das ältere Hesiodische Hauptgedicht blieb [1]). Dass die Kühnheiten eines Mannes, wie Hermann, der dabei niemals dazu aufmunterte, die Erscheinungen des Alterthums durch genaue und langsame Erforschung des Einzelnen zu allgemeineren Anschauungen und Begriffen so viel thunlich zu vereinigen, und eher die Phantasie durch die Logik ganz aus dem Gebiete der Alterthumsforschung verscheuchen zu wollen schien, eine Periode der litterarischen Kritik nach sich gezogen haben, wie wir sie erlebten, ist erklärlich, wenn man andere mitwirkende Ursachen hinzunimmt. Nachdem zu dem rein hypothetischen Hermann'schen Prinzip die Entdeckung von gewissen Strophen in der Theogonie, die von jedem Unbefangenen wirklich angenommen werden, wie wenig er auch geneigt sein möge über das Vorliegende oder aus guten Gründen Nachweisbare hinaus die Erscheinung willkürlich und gewaltsam zu einer Art von durchgehender Umdichtung zu missbrauchen, gemacht worden war, schnitt Soetbeer, durch welchen jene richtige

---

1) Hiergegen s. Gruppe, Theogonie S. 5 ff. Einen neuen Versuch, das Proömion in Ordnung zu bringen, stellt K. Lehrs an in seinen Populären Aufsätzen 1856, S. 235 f., dessen Bruder, F. S. Lehrs, in der Vorrede zur Didotschen Ausgabe des Hesiodus, Apollonius u. s. w. 1840, auf G. Hermanns dreifache Recension des Schildes beifällig hinweist. Die vorhergehenden Meinungen über das Proömion seit Heyne, der zuerst erkannte, dass es aus mehreren Gesängen der Rhapsoden zusammengesetzt sei, stellt v. Lennep zusammen in seiner Ausgabe p. 129—133.

Bemerkung zuerst bekannt wurde, aus dem Proömion zwei Musen-
hymnen aus 1—22, 68—74 und 36—65, so wie auch Hermann später
nicht bezweifelte, „dass das Proömion der Theogonie aus mehreren
Proömien bestehe [1]."

Man kann nicht behaupten, dass die beiden Hymnen durchaus
keine Erweiterung erfahren hätten. An sich streitet die Annahme,
dass sie durch Reminiscenzen und Ideenassociation der Rhapsoden
Zusätze erhielten, gewiss nicht gegen die uns ungefähr bekannten
Verhältnisse, da eine Menge verwandter und leicht zusammen schlies-
sender Gedanken in schönen Versen im Gedächtniss der Sänger lagen.
Diese Zusätze thun nicht bloss einer anmuthigen Kürze und Einfach-
heit der Durchführung Eintrag, sondern konnten auch durch etwas
zufällig an den sonst harmonischen Worten Haftendes den Zusammenhang stören. So möchte im ersten Hymnus (27) die Erklärung interpolirt sein, welche die Musen von sich geben, dass sie wissen viele
Lügen zu sagen, dem Wirklichen ähnlich, wissen aber auch, wenn
sie wollen, Wahres zu sagen. Diese aus Reflexion hervorgegangene,
nur im Ausdruck naive Erklärung, drückt sehr wohl das Wesen der
im engeren Sinn epischen oder Sagenpoesie aus, passt aber keineswegs auf die theogonischen Musen. Eine so gute Definition mag in
ältesten Zeiten eine seltene Sache gewesen sein und ist daher hier
vermuthlich als eine Perle zum Schmuck eingereiht worden. Der
Ausdruck ψεύδεα πολλὰ λέγων ἐτύμοισιν ὁμοῖα (od. 19, 203) ist
wiederholt auch von Theognis (413). Da aber ein guter Zusammenhang in beiden Hymnen erkennbar, und da jeder andre, den wir hinein-
bringen könnten, durchaus unsicher ist, so ist es unweise an dem
Ueberlieferten mit Versversetzungen zu mäkeln, ohne alle Aussicht,
dass man je sich vereinigen werde. Um so mehr ist diese Mühe
vergeblich, als die Ansichten und Motive der Alten sehr verschiedener
Jahrhunderte ganz andre gewesen sein könnten, als die unsrigen.

2. Charakter der Theogonie.

Keine Gattung der Griechischen Poesie ist nach Geist und Stim-
mung, sowie nach Form und Art so schwierig zu fassen, als die He-

[1] Opusc. 6, 183 zu V. 726 der Theogonie.

siodische Theogonie. Zunächst gibt sich das Werk als theologisch
zu erkennen, wie denn Aristoteles den Hesiodos zu den Theologen,
im Sinne des von Pherekydes zuerst gebrauchten Ausdrucks *ϑεολογία*,
zählt, die sämmtlich nur sich um das ihnen Wahrscheinliche be-
kümmerten, indem sie das Ursprüngliche (*τὰς ἀρχὰς*) zu Göttern
machten, aus denen die Götter entspringen, und was nicht Nektar und
Ambrosia geschmeckt habe, sterblich nennten, und indem er diesen
gegenüberstellt die alten Dichter, welche nicht die Nacht und den
Himmel oder das Chaos oder den Okeanos regieren und herrschen
liessen, sondern den Zeus. Aber, setzt er hinzu, über das mythisch
Ausgeklügelte ist es nicht der Mühe werth, mit Ernst zu forschen [1]).
Dass er die Wesen seiner Theologen mythisch nennt, stimmt nicht
mit unseren Begriffen überein, da wir vielmehr Zeus oder die Gottes-
idee und die sämmtlichen, ihm auf einer grossen Entwicklungsstufe
untergeordneten Naturgötter, als ins Mythische umgewandelt erblicken,
welche Aristoteles als die positiven Götter nicht mythisch nennen
konnte, aber auch nicht theologisch nennen wollte; wir hingegen
müssen auch in Hinsicht dieser den Hesiodus als Theologen anerkennen. Viele haben sogar die Theogonie hieratisch genannt und
Mystisches darin gefunden, ohne zu bedenken, dass das Hieratische
nicht von dem Religiösen getrennt werden kann, und es fragt sich,
ob man nicht die Götterlehre von Moritz ebenso gut hieratisch nennen
könnte, als die Theogonie. Diese ist eine Zusammenstellung von Göttern
von einem Ende zum andern und in einem genealogischen Zusammenhang; aber Götter zum Theil nur dem Namen oder der Form nach,
wie die kosmologischen im Anfang, die wir als erste Anfänge einer
die Welt in ihren grossen Erscheinungen betrachtenden und der Natur,
nach ihren physischen und selbst ethischen Zusammenhängen und
Gesetzen nachsinnenden Philosophie, ansehen können [2]).

1) Met. 2, 4 p. 1000. 13, 4 p. 1091.
2) Parmenides schrieb eine *Κοσμογονία* (Plut. Mor. p. 756 s.), bei Kleomedes
kommt das Wort vor p. 7. 8 ed. Bake; durch die Philosophen ward aus Theogonie Kosmogonie. Davon ist die Hesiodische Theogonie weit entfernt, obgleich
sie Kosmogonie vorbereitet, durch Einschiebung von Potenzen und durch viele
allegorische nach Analogie der positiven Dämonen hinzugefügte Personen, worin
die lyrischen Dichter ihr nachfolgen. Platon leitet die Götterlehre von genealogischen Dichtern ab, de rep. 2, p. 365 e, und nennt die Hesiodische Theogonie
γενεαλογία Cratyl. 396 c.

Das Geschlechtsregister aller Dinge ist sehr eigenthümlich angelegt und planmässig durchgeführt, aber nur nach einer sehr allgemeinen Betrachtung, noch ohne alle Speculation über inneres Wesen und Gesetze der Natur, wie z. B. nur über Elemente. Wenn man daher diese immerhin viel spätere Stufe der Völkerbildung im Gegensatze der ersten, die von Religion und Anbetung ausgeht, Naturphilosophie nennen will, so ist diese im engsten Sinne zu verstehen. Zuerst ist Chaos Raum, dann die Erde mit dem Tartaros und Eros; von dem letzteren wird kein besonderes Erzeugniss genannt, da er als Trieb und Leben in Allem wirkt. Gäa aber aus sich wölbt über sich den Himmel und schafft überall um sich her das Meer; dann folgen als Kinder von Himmel und Erde die zwölf Titanen nebst den Kyklopen und Hekatoncheiren, die von Uranos in die Erde verborgen werden. Mit gutem Grunde werden die Abkömmlinge der Titanen und das besondere Schicksal der Kypklopen und Hekatoncheiren ausgesetzt bis zu dem Mittelpunkte des Ganzen, der Titanomachie, oder der Gründung des neuen Weltreichs, und es folgt zunächst Pontos und seine zahlreiche Sippschaft, sowie die für Böotien hochwichtigen Sagen von Prometheus, Pandora und Herakles.

Die Theogonie enthält sodann eine grosse Anzahl von Mythen und Personen einer höchst merkwürdigen Naturdichtung, die aber, obgleich sie in den genealogischen Zusammenhang aufgenommen sind, doch nur als einzelne Bilder volksmässiger Phantasie oder allegorische Personen zu nehmen sind, und wahrscheinlich nur zum kleinsten Theile das Gemüth der Menschen zu irgend einer Zeit, irgendwo in der Art berührt haben, dass sie zu religiöser Verehrung hätten anregen oder auf das Leben und Handeln Einfluss haben können. Sie verbindet mit den alten Göttern die längst vor Homer und Hesiodus an deren Stelle in mythische Götter nach und nach übergegangenen selbst vollständig, die übrigens in der ganzen Dauer ihrer Herrschaft niemals aufgehört haben mehr oder weniger den alten Naturgöttern zu gleichen, insofern sie ihr Leben und Schaffen in der Natur, der äusseren und der menschlichen, auf das deutlichste in ihrer ideellen und symbolischen Gestalt und Geschichte ausprägen. Sehen wir aber auch von den alten Göttern ab, und wenden uns zu den positiven Göttern und Dämonen, so ist keineswegs im Voraus anzunehmen, dass diese mehr

in hieratischem Geiste aufgefasst und behandelt seien, als in freiem
poetischen Sinne irgend eines andern Epikers. In den Hymnen oder
Proömien der Homeriden ist nicht zu verkennen, dass der Rhapsode mit
der Andacht und Gläubigkeit, womit die Zuhörer die Eigenschaften und
Thaten der einzelnen Götter aufnehmen sollten, selbst sympathisirte oder
zu sympathisiren scheinen wollte. Auch in den Chorliedern und anderen
Versen Pindars, des Aeschylus und Sophokles sind subjective Ueber-
zeugungen und Gefühle sehr oft deutlich genug zu erkennen und zu
unterscheiden: selbst in den Solonischen Ueberresten hier und da,
so sehr in ihnen die Bildung des Staatsmanns und Weltmanns über-
wiegt. Es fragt sich, ob auch in der Hesiodischen Theogonie ein
Hauch theologischen und frommen Sinnes auch nur stellenweise fühlbar
sei. Nein, dem Didaktischen und Gelehrten im Zusammenstellen und
Ordnen, dem Prosaischen scheint das Werk, wenn man es im Ganzen
betrachtet, näher zu stehen, als dem Theologischen sowohl wie dem
Poetischen, obgleich es nicht bloss äusserlich nach Vers und Sprache
die Form der Poesie an sich trägt, sondern der Verfasser auch poetische Anlage und Kunst in Ausdruck und Schilderung unverkennbar
bewährt, wo der Gegenstand geeignet ist. Ungleich weniger offenbar
als das Epos hat die Theogonie auf volksmässig herrschende Vorstellungen Einfluss gehabt. Auch in den Bildwerken ist vom frühesten
an keine Beziehung auf Personen der mythischen Entwicklung des
Titanenkampfs. Als die Bildung im Fortschritte dem Wissenschaftlichen und der Prosa entgegendrängte, waren die Geister mit nichts
Grösserem beschäftigt als mit den Göttern und der Geschichte, wie
denn auch zuerst in Prosa geschrieben haben sollen: Pherekydes von
Syros, der Theologe, über Götter und Natur, und ein oder der andere
Sagenschreiber, zur Zeit, als man von Dichtung und Sage das
wirklich Geschichtliche auszuscheiden sich noch wenig oder nicht ab-
mühte, sondern nur die Sagen als geschichtlich gelten liess. Verstand und Nachdenken fingen an sich neben Phantasie und Gefühl,
die mit Vers und Musik enge verknüpft sind, selbständig in ihrer
Weise geltend zu machen und auszusprechen. Die prosaische, sehr
eigenthümliche Theogonie des Pherekydes, die früheste uns bestimmt
bekannte nach der Hesiodischen, ist allerdings noch in grossem Ab-
stande der Zeit von dieser.

Wenn wir uns die Theogonie denken als eine vollständige Sammlung der Griechischen Götter, das Wort in dem eben angedeuteten
weitesten Sinne genommen, also bestimmt ein umfassendes Wissen,
einen Ueberblick eines so grossen Stoffs aus allen Zeitaltern und Bil-
dungsweisen der Nation zusammengesetzt, zu erleichtern, ein corpus
doctrinae abzugeben, so werden wir kaum erwarten, dass sie alle an
freie poetische Werke zu stellenden Forderungen befriedigen könne.
Platon sagt, dass die Theogonie und Zoogonie von den Vorfahren
schlecht dargestellt seien, und es sei, wie es scheine, nothwendig, sie
besser darzustellen (Leg. p. 980). Merkwürdig trifft hiermit zusammen
das Urtheil Quinctilians, dass Antimachus noch schlechter geordnet
sei als Hesiodus (10, 1). Stellen wir die Thebais des Antimachus
gegenüber der Homerischen Thebais, so war diese, wie vermuthlich
auch das Epos der Epigonen und die Oedipodee nach einer einheits-
vollen Idee und durchgängig mit aller Freiheit in Auswahl, Behandlung und Verknüpfung der Sagen, auch Erfindung nothwendig schei-
nender Zuthat und Züge dichterisch und künstlerisch gegliedert. Das
mythographische Werk des Antimachus von Kolophon hingegen, das
übrigens von Platon mit Zufriedenheit angehört worden sein soll,
während andere Zuhörer dem Vorleser nicht stichhielten, reihte die
alten Sagen an einem chronologischen Faden auf und hatte im Ganzen,
wie auch die Fragmente zeigen, den Standpunkt eines schon sehr gelehrten, Mythen forschenden Zeitalters eingenommen. Unbillig ist es
daher in der Theogonie aus Unebenheiten im Uebergang, anschei-
nenden Lücken oder Widersprüchen, oder Mangel an Rundung und
allseitiger Harmonie einen Vorwurf zu machen, ohne zu fragen, ob
sie nach der Natur des Plans und Zweckes und der des gegebenen
bunten und überreichlichen Stoffes geflossen sein mögen. Die erste
Regel dagegen ist, wo der Zusammenhang irgend befriedigend, das
Einzelne irgendwie zu fassen, zu motiviren, zu rechtfertigen ist, nicht
beliebig einzuschreiten, und den Begriff der Urgestalt in seiner relativen, bedingten Bedeutung besonnen zu fassen. Es ist daher genau
zu prüfen, mit welchen sinnreichen Verknüpfungen und Wendungen
das Gefüge, wie es nun vorliegt, zu Stande gekommen sein möge,
wobei eine gewisse Vertrautheit mit dem so verschiedenartigen mythischen Material und Versenkung in den Geist sehr verschiedener Zeiten

und Bildungskreise, frei von modernen Begriffen und Gewöhnungen, unerlässlich ist.

Dass auch im Alterthum die Theogonie den Eindruck einer auf Vollständigkeit angelegten geordneten Sammlung gemacht habe, kann auch die Erscheinung einer Art von Interpolationen, wie sie in keinem anderen Dichtwerk zu finden sind, im Allgemeinen erklären. Denn ein solches Ganzes mit etwas dazu Passendem zu vermehren oder zu vervollständigen, fühlt Jeder im Lesen sich leicht aufgelegt.

Es mag eine schwache und spitzfindige Vermuthung zur Bestätigung des prosaischen Standpunctes des Verfassers der Theogonie sein; doch will ich nicht unbemerkt lassen, dass in ihrem Texte Constructionen uns aufstossen, die eine gewisse Unbeholfenheit und gleichsam den Versuch neuer Wendungen für den Ausdruck des Gedankens zu verrathen und aus dem gewohnten hexametrisch-epischen Styl herauszufallen scheinen. Eine gewisse Freiheit der Constructionen zeigt sich z. B. in den Trajectionen, in V. 767, wo auf θεοῦ χθονίου folgt φθίμου τ᾽ Ἀίδεω καὶ ἐπαινῆς Περσεφονείης, 295 ἣ δ᾽ ἔτεκ᾽ geht unbequem auf 288 zurück. So besonders zu V. 217—222 s. in dem Abschnitt: Inhalt und zu V. 319 und 882 in den Anmerkungen, auch 472 möchte ich am liebsten dahin zählen. V. 319 geht ἣ δὲ nicht auf Ὕδρ᾽, sondern zurück auf die vorhergenannte Echidna. Dergleichen Incorrectheiten hätte man nie zu Correcturen missbrauchen sollen: denn solchen Styl erfindet kein Abschreiber, wenn ihm einfache plane Worte vorlagen.

Dann stossen wir auch auf mythologische Erscheinungen, die gegen die volksmässige, noch so poetische Form der älteren Mythen abstechen und individuelle Ansichten und mehr ins Einzelne gehende Betrachtung des Menschenlebens verrathen; z. B. die Entstehung der Aphrodite aus dem Meerschaum und gleichzeitig dreier dem Dichter missliebiger Wesen. Man braucht darum nicht gleich an einen Gelehrtenstand zu denken, wie er etwa seit Pherekydes sich heranzubilden angefangen haben mag. Auch unter den Rhapsoden der späteren Hesiodischen dürfen wir uns wohl schon des Schreibens, nicht etwa bloss des Abschreibens beflissene Männer denken. Sobald an eine alte in ihrem Kreise hohe Cultur sich die Civilisation anschliesst und immer grössere Ausdehnung gewinnt, kann es nicht fehlen, dass ironische und satirische

Bemerkungen aus einer erweiterten Erfahrung des Lebens, einer reicheren Menschenkenntniss, aus den mehr und mehr sich spaltenden Classen und Ständen der Bevölkerungen entspringen.

Hat unsere Theogonie zur Absicht, den gesammten mythologischen Stoff geordnet zur Uebersicht zu bringen und vorzüglich den grossen Uebergang von den alten Culten zu der Olympischen Herrschaft des Zeus und seiner Götter zu erklären, so entsteht die Frage, wie sie sich zum Rhapsodiren verhalten haben möge. Sehr voreilig würde es sein, sie in dieser Hinsicht nach den zwei ihr vorangestellten Hymnen zu beurtheilen. Die Helikonischen Musen stammen aus Pierien und singen nach dem ersten dieser Hymnen im Chor um den Altar des Zeus ihn und die Götter seiner Dynastie, aber auch Eos, Helios und Selene, Leto, Japetos und Kronos, die Erde und Okeanos und die schwarze Nacht und andere Unsterbliche, also die Götter allesammt, die neuen und die alten. Wesentlich ist hierbei, dass die Musen, welche den Hesiodus zum Rhapsoden weihen, die Götter alle im Verein preisen, woraus wir schliessen dürfen, dass die Rhapsoden es ebenso hielten und Hymnen dieses Inhalts an irgend welchen Festen sangen, was sie gänzlich unterscheidet von den Homerischen, die jeden der Götter einzeln an seinem Feste zu preisen hatten, indem von einem Fest aller Götter auf dieser Seite nirgends die Rede ist.

Ein solcher Hymnus auf alle oder viele Götter im Verein konnte, nachdem einmal dieser Name aufgekommen war, Theogonie genannt werden, da ein genealogisches Band durchgehend oder theilweise in einem Vereine nationaler Götter niemals fehlen konnte. So nennt Herodot den Gesang des Magos bei den Opfern Theogonie (1, 132), doch wohl den Gesang an alle oder viele der Persischen Götter, und dass Horaz die Lieder der Salier als eine Einheit fasst, Saliare Numae carmen (Ep. 2, 1, 86), scheint den Ausdruck Göttlings[1]), dass der Inhalt eine Art Theogonie gewesen sein müsse, zu rechtfertigen. Zwischen Theogonie in diesem weiteren und unbestimmten Sinn, Hymnus auf alle Götter, dergleichen auch unser erster Hymnus eine bezeichnet, und der Hesiodischen Theogonie ist ein unermesslicher Abstand. Auch in dem zweiten Hymnus deutet nichts auf diese. Er

---

1) Gesch. der Röm. Staatsverfassung S. 193.

ziert Mnemosyne als Mutter der Musen; eine Theogonie der aus Pierien mit den Musen auf den Helikon verpflanzten einfachsten Art, und wenn diese, wie nicht zu zweifeln, an dem Feste der Musen und vielleicht noch anderen uns unbekannten von Rhapsoden gesungen wurden, so ist daraus keineswegs vorcilig zu schliessen, dass auch unsere Theogonie rhapsodirt worden sei.

Der zweite Hymnus feiert nicht die Helikonischen Musen Asiatischer Rhapsoden, welche den Altar des Zeus auf dem Helikon umtanzen, sondern die, von welchen diese hergekommen waren, die Pierisch-Olympischen, die Töchter der Mnemosyne, der Walterin im Thale des Eleuther (γοννοῖσιν Ἐλευθῆρος μεδέουσα 53) in Pierien, mit welcher Zeus in neun Nächten alle neun mit Namen genannten gezeugt hatte, und die gleich nach der Geburt in den Olymp versetzt wurden, wo sie den Zeus unmittelbar mit ihrem Gesang erfreuen und ehren, der auch ein theogonischer ist und schon den Sieg des Zeus über Kronos ausspricht. Unsere Theogonie führt kurz Mnemosyne als Mutter der neun Musen unter den Gemalinnen des Zeus an (915), und versteht unter dieser Musenmutter, die unter den zwölf Titanen gleich der Themis, einer anderen der Gemalinnen, genannte Mnemosyne. Beiläufig zu bemerken ist diess ein Nebenbeweis, dass der zweite Hymnus auf die Musen, welcher die im Thal des Eleuther waltende Mnemosyne in Pierien die Mutter der neun Musen nennt und deren Namen verkündigt, dabei auch die wohlthätige Wirkung der Musen auf die Könige fast nicht weniger hervorhebt, als ihren Lobgesang auf alle Götter, nicht ursprünglich zu unserer Theogonie gehört haben kann. Denn ganz anders ist die Mnemosyne des Hymnus nach der Legende, welche sie nach Pierien setzt, wie es scheint nichts anderes als eine Königin im Thale des (Königs) Eleuther [1]), so wie sie auch in Theben die Mutter des Dionysos als eine Königin galt. Hiernach scheint dieser Hymnus später entstanden zu sein, als unsere Theogonie, mögen nun die Namen der neun Musen auch erst nach ihr erfunden worden sein oder nur in ihr keine Stelle gefunden haben. Es ist gar nicht unwahrscheinlich, dass auch lange nach ihr die

---

1) Es scheint, dass die Böotische, nachmals Attische Stadt Eleutherä, wie in ähnlichem Fall gewöhnlich geschehen ist, auch die Mnemosyne sich angeeignet hat. S. das verworrene Scholion zu V. 54.

Hymnen auf alle Götter im Verein, es sei nun unter der Form eines Musengesangs in einem Hymnus auf diese, oder auch, etwa 'unter Anrufung der Musen, geradeaus als Lied des Rhapsoden fortgesungen worden sind. Dass deren eine grosse Menge gedichtet worden und verschollen ist, muss man sich nothwendig vorstellen. Auch im Homerischen Hymnus auf Hermes ist der Gesang, welchen der Gott gleich nach der Geburt zur Laute anstimmt, eine solche Theogonie; er enthielt „den Preis der unsterblichen Götter und die Erde, wie sie zuerst entstanden, und wie jeder sein Loos erhielt: Mnemosyne verherrlichte er zuerst, die Mutter der Musen, denn dieser fiel der Maja Sohn zu; diese verherrlichte er nach dem Alter und wie sie alle geboren wurden, die unsterblichen Götter" (427—433).

Ganz anders der dritte Hymnus vor unsrer Theogonie, worin die Musen angerufen werden um Beistand zu einer Theogonie, und die Frage ist nur, ob er sich als Proömion im Sinne der Homerischen auf eine Theogonie im Sinne der bisher besprochenen als einen Hymnus des Rhapsoden ursprünglich bezogen haben müsse und eigentlich mit Unrecht unserer langen Theogonie, die kein Hymnus ist, oder wenigstens nicht in der Absicht ihr zum Proömion zu dienen, sondern nur zur Aufbewahrung vorangestellt worden sei, gleich den beiden andern. Möglich ist allerdings auch, dass ihn ihr Dichter dieser selbst mit Bewusstsein, dass sein Werk sehr verschieden sei von einem Hymnus, nur aus Nachahmung oder als eine äusserliche Formsache vorangestellt habe, wie ja auch das viel ältere Hesiodische Lehrgedicht sein kurzes Proömion höchst wahrscheinlich nicht ursprünglich gehabt hat.

Dass unsere Theogonie nicht zu heiligem oder festlichem Gebrauche gedient haben könne, wurde schon von Schömann gezeigt in dem Programm De theogonia in sacris non adhibita 1845 gegen Göttling, welcher annahm, dass sie bei religiösen Festen rhapsodirt worden sei, wiewohl einige Abschnitte dazu nicht passend seien. Gerade von dem, was eigentlich zur Religion gehört und wesswegen die Götter verehrt und angebetet werden, von den ἤθεσι κέδνοις (86) der Unsterblichen, die nur in dem untergeschobenen Theile des Proömions genannt sind, von ihrem Walten über das Leben der Menschen, ihrer Macht und ihren Wohlthaten, enthält die Theogonie so viel wie ar nichts, und die einzige Stelle wo dergleichen vorkommt, der Abschnitt über die Hekate, ist ganz eigenthümlich. Aber abgesehn avon, dass wir religiösen und hymnenartigen Ton in der Theogonie ermissen und ihr allen Festgebrauch absprechen, fragt sich, ob eine elehrt und kunstreich gemachte und geordnete Sammlung aller Götter i dem weitesten und sehr unbestimmten Sinne dieses Wortes für hapsoden, die sich an grosse oder auch kleinere, immer aber geüschte Versammlungen und Gesellschaften wandten, bestimmt gewesen nd nicht als ein Lehrgedicht gleich zuerst schriftlich entstanden sein löge. Die Rhapsodieen an Götterfesten hatten Kunstgenuss zur Abcht, nicht anders wie gymnastische Spiele, und waren also von urchaus verschiedener Natur. In Bezug auf diese Frage ist es ıhwieriger über die Beschaffenheit allseitig zu urtheilen, als darüber ch zu entscheiden, dass die lyrische Kunstpoesie von Anfang an nicht ohl ohne die Beihülfe der Schrift zu denken sei.

Von der Ansicht, dass die Theogonie ihren Hauptbestandtheilen ach zusammenhängend gedichtet sei und in der Verknüpfung der [auptpersonen ihre eigentliche Bedeutung habe, eine Uebersicht der anzen Griechischen Götterwelt enthalte, ging auch O. Müller aus in em sehr merkwürdigen Abschnitt über die Theogonie in seinen Progomenen S. 371—379 (1825). „In der Böotischen Sängerschule,“ ıgt er, „entstand der Mann, der ein allgemeines theogonisches Syem — zugleich Göttergeschichte und Genealogie umfassend — aufellte, die Hesiodische Theogonie“ (S. 373). Einen Pierischen Musenjgling nennt er den Mann, der die Namen der zwölf Titanen schuf ıd der sich den von Homer angedeuteten Erweiterungen des Kampfes vischen Kronos und Zeus anschloss, von welchem eigentlich die ganze heogonie abhänge (S. 375). Auch ist bemerkenswerth, was darüber ıssagt ist, wie es dem Dichter hie und da nicht habe gelingen ollen, das seiner Natur nach Widerstreitende in völlige Uebereinimmung zu bringen (S. 377 ff.). Nichts widerspricht diesen Anchten in dem ebenfalls tiefgedachten und geistreichen Abschnitt über e Theogonie in der viel späteren Litteraturgeschichte S. 152—168 841). Angeregt durch die frühere Stelle und im Wesentlichen)ereinstimmend mit ihrem Inhalt schrieb dann Guignaut seine Abmdlung De la théogonie d'Hésiode (1835), wie er selbst erklärt in seinen Religions de l'antiquité 2, 3 S. 1118 (1849), wo er gegen Creuzers neblichte Vorstellungen seine Ansicht vertheidigt und zum Theil, doch mit geringerer Sorgfalt, erklärt und erweitert. Ein grosses Verdienst war es von O. Müller, dass er durch ein tieferes Eindringen in das Ganze der Mythologie und richtigeres Verständniss so viele Einzelnen, wovon natürlich auch eine richtigere Beurtheilung der Com position des Werkes abhängt, der Entwicklung der Kritik, die von Heyne in seiner Abhandlung De theogonia ab Hesiodo condita (1779 ausgegangen war, Einhalt gebot. Auch Göttling ist der Ueberzeu gung, dass die gegenwärtige Gestalt der Theogonie nicht in dem Grad von der ursprünglichen abweiche, als Manche gemeint haben, und e setzt diese Verschiedenheit nicht in Lücken, wie in der früheren Aus gabe, sondern in Interpolationen, die er nach ihren Gründen oder An lässen auf vier Classen zurückführt. Dass neue Wahrnehmungen und Ideen über grosse Gegenstände des dunkeln Alterthums auch eine scharfsichtigen Denkers und umsichtigen Mannes wie Heyne auch au Irrwege der Untersuchung leiten, aus denen die langsam fortschrei tende historische und litterärische Wissenschaft sich nur mühsam wieder herauswindet, soll uns nicht ungerecht machen gegen das Ver dienst schwierige Untersuchungen eingeleitet zu haben. Dass zu ihre Zeit Heyne's Meinung, es sei die Theogonie nicht das zusammen hängende Werk Eines Dichters, sondern aus mehreren Gedichten anderer von einem Compilator zusammengesetzt, nicht ohne damal einleuchtende Gründe aus Neuerungssucht, wie nachmals so viele Hy pothesen, hervorgegangen sei, zeigt sich schon darin, dass ein Mann wie Zoega schreibt: il compilatore delle teogonie Esiodee [1]), nicht z gedenken des Einflusses, den die Heynesche Abhandlung gehabt ha auf einen Fr. A. Wolf, Thiersch und andere. Die gelehrteste un fleissigste Vertretung und Entwicklung hat die Heynesche Ansicht er halten durch Schömann in seinen Greifswalder Programmen, desse Ansichten ich mit seinen eigenen Worten aus dem 1857 erschienene 2. Bande seiner Opuscula (p. 508 s.) hier unten anführen will [2])

---

1) Bassir. tav. 2 not. 8.
2) Non uno loco neque verbis obscuris aut ambiguis, sed aliquoties e planissime sic me iudicare professus sum ut hanc theogoniam non ab uno poet uno tanquam fetu ingenii editam, sed e variis variorum poetarum carminibu

Veit überraschender ist die Art, wie Gerhard in seiner Abhandlung
[eber die Hesiodische Theogonie in den Abhandlungen der Berliner
,cademie für 1856 alle an der Verschiedenartigkeit ihrer Bestand-
heile und der Art ihrer Entstehung und Zusammensetzung im Ganzen
enommenen Anstösse durch die kühne Erfindung zu heben und alles
,chwierige und Zweifelhafte in blendende Klarheit zu setzen gesucht
at, indem er annimmt, dass die Theogonie wie sie vorliegt erst von
Inomakritos verfasst sei [1]).

Dass ich gegen Untersuchungen wie diese nicht streiten dürfe,
'egen zu grosser Verschiedenheit der beiderseitigen Ansichten und

ut carminum partibus ab aliquo compositore concinnatam esse censerem, qui,
nun narrationem contexere vellet de deorum originibus imperiique ab aliis ad
lios translati vicibus, mutuaretur ex aliorum carminibus, si quid consilio suo
ptum videretur, quae autem deessent ad absolvendum hoc corpus theogonicum,
ise de suo suppleret, sic tamen, ut ultra brevem recensum generationum paucis
lerumque versibus conclusum nihil adderet (De theog. in sacris non adhibita
. 4; De interpol. 2, p. 10; De Titan. p. 32. 34; De Phorc. p. 6): et rationes
uoque cur ita iudicarem, plus semel indicavi (De extr. mundi part. p. 18; De
yphoeo p. 6. 24; De Pandora p. 19; De Titan. p. 31. 34) — — — de uno aliquo
eogoniae ut unius carminis poeta somniare non desierint. — — — Ceterum
lienorum carminum partes a compositore theogoniae contextas esse, dudum ante
os alii intellexerunt; — — — quod ego ne illud quidem pro certo accipi posse
edo, fuisse in illis carminibus etiam antiquam quandam theogoniam Hesiodeam.

1) S. 113 »Onomakritos muthmasslich der Schöpfer unseres jetzigen Textes.«
. 115 »Der erste Herausgeber muthmasslich Onomakritos,« von dem und Kerkops er
iehr als die Hälfte des Gedichts untergeschoben glaubt. Die diesem »Diaskeuasten«
ier Herausgeber zugeschriebenen Stellen werden S. 139 Note 39 verzeichnet. S. 92
Das Proömion unserer Theogonie für einen Knäuel zusammengewickelter Musen-
ymnen zu halten, das Uranidengedicht durch Einflechtung der Sippschaft
:r Nacht und manngfach sonst getrübt, den Hekatehymnus spät eingefügt,
ie Titanomachie und die Beschreibung der Unterwelt in einander gewirrt, den
bschnitt über Typhoeus von gleich spätem Schlag als die Titanomachie,
it dieser aber nicht wohl verträglich zu finden, endlich im genealogischen
:hlussabschnitt Einheit und Ende zu vermissen, werden die meisten Kenner der
:utigen Hesiodischen Forschung nach mehr oder weniger Zaudern sich wohl
ttschliessen — es mag daher jeder Beitrag willkommen erscheinen, durch welchen
.e fragmentarische und ungleichartige Beschaffenheit unserer Theogonie in helleres
icht tritt. Ein solcher Beitrag möge hienächst durch neue Beleuchtung der
rei verfänglichsten Abschnitte dieses Textes, des Proömions und des episodi-
hen Lobgedichtes auf Hekate, nicht ohne die Hoffnung gegeben sein, einer
anmässigen Feststellung des Hesiodischen Textes mehr als es bisher erreicht
ard den Weg zu bahnen.«

Methoden, wird leicht zugebeu, wer nur das Eine erwägt, dass hie
aus dem sogenannten Proömion und aus der Schilderung der gött
lichen Machtfülle der Hekate Wechselgesänge von je zwei Rhapsoden
nach Analogie derer der Sicilischen Hirten zurechtgestellt werdeu
Ganz anders urtheilte über die Gerhardsche Untersuchung Köchly [1])
welcher auch im Jahre 1860 in Zürich das Programm schrieb D
diversis Hesiodeae theogoniae partibus [2]).

Ausdrücklich will ich hier auch den Grundsatz Mützells meine
Ueberzeugung nach für eine Täuschung erklären, wonach er allein vo
der Aufsuchung und Vergleichung aller Handschriften durch eine
und denselben Gelehrten, und der Benutzung alles dessen, was in de
Bibliothek veteris grammaticorum doctrinae noch versteckt sein mög
so wie von seinem dritten Buch (varia multorum scriptorum antiquorur
opera sub unam cogitationem vocata) das Heil erwartet (p. 155 s.)
Der Wendepunkt der historischen Kritik, welchen vorzüglich Niebuh
bezeichnet, dass ausser dem Ueberlieferten auch die Natur der Sache
die allgemeine Erfahrung und Wissenschaft zu berücksichtigen se
ist in der Geschichte schon fast durchgängig sichtbar. Diess Princi
lässt Mützell durchweg ausser Acht. Er sagt dabei selbst: Occult
et abscondita propemodum est veterum artis criticae origo et conditio
criticorum autem doctrinam ac disciplinam ex parte ne coniectand
quidem assequimur. Ein grosser Irrthum ist es, dass er hinsichtlic
der gravissima critices pars ea, quae fabularum theogonia traditarur

1) Akademische Vorträge und Reden 1, wo er S. 387—404 seine Kritik, ge
gründet auf die fünfzeilige Strophe und die Pisistrateer eröffnet; S. 388 in de
Note (1859) »Für die Auflösung der Theogonie haben wir jetzt in der Abhand
lung (»Ueber die Hesiodische Theogonie«) und der dazu gehörigen Ausgabe vo
E. Gerhard (Berl. 1856) zum ersten Male eine eben so scharfsinnige als vol
ständige Arbeit erhalten, welche in ihren wesentlichen Ergebnissen als sich
und damit als die eigentliche Grundlage für alle weitere Forschung zu betrachte
ist. Ich zweifle auch nicht daran, dass der berühmte Verfasser sich noch vo
der strophischen Gliederung des ursprünglichen Gedichtes überzeugen wird, welch
er noch nicht angenommen hat.«

2) Eine Recension dieses Programms, zustimmend im Allgemeinen, aber mi
vielfacher neuer Entwicklung, wurde aufgenommen in den Philologus von 186
S. 306—320, die Manchem vorkommen möchte als eine conjecturale Seiltänzere
oder ein Bildabgeben, nicht einer kunstgerechten anatomischen Arbeit, sonder
der heftigen Zerfleischung eines Märtyrers unter spielenden Versuchen, aus de
zerlegten Theilen versuchsweise neue Gestaltungen zusammenzusetzen.

omprehendit considerationem, nur die von sicheren Zeugnissen alter
Schriftsteller bestätigten Fabeln und welche mit diesen wohl zusammen-
iängen als ex antiquitatis fide aestimandas gelten lässt p. XVII. Das
ieisst alle Entwicklung neuerer Wissenschaft, die wir doch in der
Jtymologie, der Grammatik überhaupt, der Geschichte nicht ver-
werfen, allein der Mythologie absprechen. Auch Bernhardy sagt über
Lützell, dass seine Kritik nur die eine Seite sei, die divinatorische
hinzutreten müsse. Bei keinem anderen Werk des Alterthums ist
s nothwendiger, und bei keinem von den meisten Kritikern mehr
usser Acht gelassen, dass man die Sache im Allgemeinen und Ganzen
erstehen müsse, ehe man über das Einzelne einer in ihren Umfang
illenden Schrift urtheilen könne, als bei der Theogonie. Wie sehr
Lützell überzeugt war, die Kritik der Theogonie auf das äusserlich
Ueberlieferte gründen zu können und beschränken zu dürfen, zeigt
ich in seinem Urtheil über Heyne, dem ersten, welcher bei der Kritik
er Theogonie mythologische Wissenschaft zu Rathe zog p. 119 s:
Jempe sine ulla opinione praeconcepta carmen est pertractandum, at
amen qui feliciter rem agere cupiat, aliunde iam antiquissimae Grae-
orum memoriae morem, sensum et sermonem animo imbiberit necesse
st. Comment. Gött. 1780; p. 134 Unde vero subtilis illa notitia
iaurienda nobis est, de eo altum silentium. Dass aus dem Studium
ines Ganzen und eines Entwicklungsverlaufs, aus inneren Gründen des
usammenhangs, der Analogie, der logischen und poetischen Normen,
erständniss des Einzelnen hervorgehe, begreift jene kritische Ein-
iitigkeit nicht, sondern alle ihre Weisheit ist auf die Worte der
eugnisse und ihre Rubricirung gerichtet. Eine so gereifte mytholo-
ische Wissenschaft haben wir auch jetzt noch nicht, um in aller
insicht sicher zu gehen: aber dass sie zu hören sei, sollte kein
ibefangener Kritiker mehr läugnen.

Im Allgemeinen wurden Theogonieen und Systeme verwandter
rt als Vorläuferinnen der Philosophie gebildet. Das Einzelne, das
ch nach und nach gehäuft hat, oft im Widerspruch steht, wird ge-
ndert und verschmolzen, geordnet, in ein System unter der Form
m Ableitung oder Genealogie gestellt, Alles mit denkendem und
rüfendem Geiste, in grösserem Zusammenhang als dem priesterlichen
clldunkel eigen ist. Puranas heissen die Bücher, welche von der

Schöpfung im Allgemeinen handeln, mit der besondern Genealogie und Geschichte ihrer Götter und alten Heroen. Näher liegt der Vergleichung die Voluspâ, auch das grosse Finnische Epos. Sehr sinnig weist die Anfänge der Systematik schon in den Hymnen der Veda und ihre fernere Fortgestaltung Köppen nach in seiner Religion des Buddha S. 24 ff. (1857). Raffels giebt ausführliche Auszüge aus Kanda und Manek-Maya, einer Theokosmogonie, die in die älteste Geschichte von Java einführt.

Die Griechen haben vermuthlich das Meiste. was wir in anderen Kosmogonieen finden, schon als roh und veraltet fallen gelassen, und ebenso was sie selbst Eigenthümliches der Art und Locales gedichtet haben mögen. Das Rohe erscheint bei ihnen schon zusammengedrängt, geläutert, archaistisch.

---

3. Verhältniss der Theogonie zu den Attischen Orphikern.

So unsicher in den meisten Fällen die Vermuthungen sind, nach welchen im Einzelnen und Einzelsten Eigenschaften und Geschichten mythologischer Personen aus Zeugnissen verschiedener Zeiten und Orte, sehr verschiedener nach Geist und Bildung wenig oder nicht bekannter Autoren und auch Künstler verbunden und gedeutet werden; zumal, wenn sie die späten und eigentlich unbedeutenderen Entwicklungen und Verwicklungen besonders fruchtbarer Mythenkreise angehen, so giebt es doch grosse Merkmale, Umstände und Erscheinungen, die mit einer gewissen Sicherheit unter einander, wenn auch immer nur hypothetisch zu einer einfachen und ganz allgemein gehaltenen Skizze verbunden werden dürfen, ohne dass dazu nur ein Fingerzeig in ausdrücklichen Worten oder Zeugnissen gegeben ist. Es sind diese Momente zu schöpfen aus der allgemeinen Kenntniss des Menschen, des Dranges der leiblichen, sowie der geistigen und seelischen Bedürfnisse, der manigfaltig verschiedenen Landesnatur und der sichersten Aussagen und Annahmen in Betreff der Hauptstämme der Nation und der verschiedenen Epochen und Zeitalter.

Von Alt-Athen und Attika führt uns nicht die entfernteste Spur einer Tradition auch nur zu der Vermuthung einer ursprünglichen

nmittelbaren Verbindung oder Gemeinschaft mit den Pieriern oder
len Thrakern weiter hinauf. Ist ja doch auch aus Böotien nichts
)ekannt, was auf Orpheus sich bezöge [1]); denn als Pindar diesen den
Argonauten als Wahrsager gesellte, war er schon in weitesten Kreisen
in namenberühmter Gegenstand der Sage. Nach Attika sind die
Pierischen Musen, so wie Dionysos und Ares, von Böotien aus gelangt.
Diese beiden Götter aber sind in Böotien andere geworden, als sie
)ei den Thrakern waren. Dort erscheint uns namentlich Dionysos
ils die eine Seite der durch den Sonnengott im regelmässigen Jahres-
vechsel beherrschten Natur. Die Ilias bezeugt uns, dass dieser Gott
mit seinen Thyiaden von dem andern Theile der Zweieinheit, hier
Lykoergos genannt, in das Meer getrieben wird. Aus dem Meer
vurde Dionysos bekanntlich zu seinem Feste durch Weiber hervor-
gerufen in Elis. Lykoergos ist was der Amykläische Gott, der ge-
vöhnlich Apollon genannt wird, so wie auch diesen, an Stelle des
Ares, Lykoergos zu bezeichnen scheint, und mit dem Amykläischen
Gott war verbunden das Grab des Hyakinthos oder Regengottes, des
schönen Jünglings des Frühjahrs, welcher nach der witzigen Umdichtung dem Diskus des Apollon erliegt. Die scheinbar mit einander
streitenden Sagen von Orpheus im Verhältniss zu Dionysos und dem
zu Apollon finden ihren Schlüssel in der Zweieinheit des Sonnengottes
im Umschwung des Jahres. Die Legende in der Ilias drückt nur den
Gedanken von Hyakinthos im Grabe aus, ebenso wie in Kreta der von
den Titanen zerfleischte Dionysos, der daher als Abgestorbener auch
Zagreus, Gott der Todten, wurde, während im Kretischen Zeus,
dem Phrygischen Atys, die Auferstehung der Natur gefeiert wurde.
Durch den Mythus von Demeter und ihrer von Aïdes entführten

[1] „Orpheus als Hymnendichter aus Thespiä bekannt", wie Gerhard be-
auptet, ist vielmehr nicht bekannt, da es aus Pausanias (9, 27, 2) nicht hervor-
eht und auch sonst nicht angedeutet ist, wie Gerhard in seiner Abhandlung
rpheus behauptet; ebensowenig ein „Orpheus des Helikon," welchen er auch als
isher vernachlässigt anführt S. 13, denn eine auf dem Helikon dem Orpheus
esetzte Statue, mit der Telete und seiner Musik horchenden Thieren bei Pau-
inias (9, 30, 4) geht doch das höhere Alterthum nicht an. Historisch zu be-
ründen ist gewiss nicht der Satz, den wir noch jüngst in der Abhandlung
ilderkreis zu Eleusis S. 279 N. 51 ausgesprochen lasen: „Thrakischer Ursprung
er Eleusinien: durch die Stiftung des Eumolpos und durch die Verknüpfung
on Thrakischen Sängern vom Helikon begründet."

6 *

Tochter haben wir das vollkommene Gegenbild des im Jahr über-
wundnen und wiedererneuten Lebens der Natur. Nach Delphi ist in
unbekannter Zeit die Thrakische Idee eingedrungen, wo Dionysos, seitdem er den Tempel mit dem Lykisch-Delischen Apollon theilte, aus
seinem Grabe jährlich hervorgehend gefeiert wurde, und man dürfte
vielleicht vermuthen, dass „die Thrakiden" der Delpher, von deren
Vernichtung Diodor spricht (16, 24), die Geschlechter bedeutet haben,
die der Religion des Drachentödters Apollon diese Erweiterung gegeben
haben. Der Thebische Dionysos aber hat eine grosse Metamorphose
erfahren als Sohn der Semele, welche selbst auch durch Umwandlung
erst eine Königstochter geworden ist, und dieser Dionysos erscheint
uns, so viel wir sehen können, nur als der Dionysos des Weins und
der Thyïaden. Auch der von dem ehemals Böotischen, nachmals
Attischen Grenzort Eleuthera, im alten Xoanon nach Athen versetzte
Dionysos ging wohl nur den Weinbau an, wie Demeter an so vielen
Orten nur die Brodfrucht. Ein Trauerfest des Jahres hat auch in
Athen nicht gefehlt, was ich in der Götterlehre 2, 648 f. berührt
habe: aber wir erblicken nichts von einem mythisch oder mystisch
verknüpften Gegensatz, wie in Kore und Jacchos vor Augen liegt.
Wenn an den Lenäen zuerst nur Tragödien gefeiert wurden, so erinnert diess an die Trauerchöre des Adrestos, der dem Dionysos ent-
sprach, in Sikyon, und dort soll ja die Tragödie so viel älter gewesen
sein als in Athen.

Eine hochwichtige Erscheinung bietet uns Eleusis dar, wo ursprünglich ohne Zweifel auch nur der Segen und das Erleiden der
göttlichen Natur die Grundidee der Religion ausmachte. In Athen
dagegen hatte der Dienst der Demeter als Thesmophoros, so wie in
Argos Hera ihre Hauptbeziehung auf die Heiligkeit der Ehe genommen,
wodurch, obwohl weniger als in Argos die erste Bedeutung der Göttin
natürlich in ihrer Festfeier an Ansehen und Einfluss verlor: diess um
so mehr als dort Athene als Göttin der vom Himmel kommenden
Fruchtbarkeit uralte Verehrung genoss und ihren Buzyges, wie Demeter ihren Triptolemos hatte. Erst später ist in Eleusis die Idee
der Aehnlichkeit der Menschen in der Unvergänglichkeit auch seiner
Natur gleich der der irdischen in tiefen Geistern zuerst aufgegangen,
wogegen der frühere Glaube an ein schattenähnliches Fortleben im

Aïdes und einen gewissen Zusammenhang der Lebenden mit ihren ab-geschiedenen Angehörigen in dem feierlichen Andenken am Grabe fast ebensosehr absticht, wie überhaupt der Schatten von dem Wirk-lichen. Diesen neuen Glauben sehen wir in dem Homerischen Hymnus auf Demeter zu einer bestimmten Lehre erstarkt, indem sich ein Bund von Auserwählten durch eine geheime Einweihung abgeschieden hatte. In dieser Weihe hat der Hymnus seinen Kern und seine Einheit, in-dem er das, was früher die höchste Gabe der Göttin war, die Ein-führung des Ackerbau's durch Triptolemos, den er darum unter die vier Könige von Eleusis setzt, ausschliesst, und als neue Stiftung der Demeter die neue Weihe und die Hoffnung eines besseren Daseins der Geweihten nach dem Tode setzt.

Sehr zu bedauern ist, dass wir nicht die Entstehungszeit dieses Hymnus nur mit einiger Bestimmtheit zu ermitteln im Stande sind, nicht nur an sich oder in anderen Beziehungen, sondern auch weil danach die Zeit des Anfangs und der Entstehung dessen, was wir in Athen das Orphische nennen, in soweit abhängt, dass diese nicht früher als der Hymnus angenommen werden darf. Denn als das wesentlichste Dogma der Orphiker müssen wir ansehen den Jacchos, welcher ohne Zweifel durch sie in Eleusis, das wir als ihren Ausgangs-punkt und Hauptsitz danach und aus anderen bedeutenden Gründen ansehen dürfen, eingeführt oder mit den zwo Göttinnen vereinigt worden ist zu einer mystischen Dreieinheit, als Sohn, entweder der Demeter oder auch ihrer Tochter Kore und also als Mitvorstand der Weihe der seligen Unsterblichkeit. Es ist der Thrakische Dionysos in seiner Zweiheit, Ersterben und Wiederaufleben, der hier den Namen Dionysos, um Verwechselung oder Zweideutigkeit zu vermeiden, ab-gelegt und den Namen Jacchos erhalten hat, von der grossen Pro-cession, die ihm von Athen aus, wo ihm nun auch ein Tempel, das Jaccheion, errichtet worden war, nach Eleusis zog und bei jeder Station den Gott mit dem weithinschallenden Zuruf Ἴαχχ᾽ ὦ Ἴαχχε begrüsste. Natürlich legte man in Eleusis dem dritten Gott im Bunde auch die ihn erweiternde Bedeutung der Kore bei, die eben zu der Ent-stehung der neuen Secte, wenn man so einen Verein ohne bestimmte Form, die uns bekannt wäre, nennen darf, den Grund gegeben hat und mit der er in mystischer Einheit steht. Die Verbindungslosigkeit

Athens mit Thrakien und der ungeheuere Abstand der Zeit der ziemlich jungen Secte von dem grauen Alterthum, in welches Orpheus
sich verliert, nöthigen uns in einem inneren Grunde nach allgemeinen
Umständen die Erklärung des auffallenden Namens Orphiker in Athen
zu suchen.

Wenn man ermisst, welche Entwicklung die durch Homer beur-
kundeten Religionen, welche das Edelste der menschlichen Natur mit
den in der äussern Natur wirkenden göttlichen Gewalten auf wunderbare Weise verschmolzen und dadurch die Hellenische Bildung auf
eine der barbarischen (um mit den Griechen zu reden) hoch überlegene,
allgemein menschliche Bildung erhoben haben, im Laufe der Jahrhunderte erhalten hatten, so wird man nicht verwundert sein, dass
die daraus erwachsenen nachtheiligen Einflüsse auf denkende und
wahrhaft fromme Männer um die Zeit des Homerischen Hymnus
einen tiefen Eindruck gemacht haben mögen. In dem Inhalt und der
Bestimmung des Homerischen Hymnus selbst erblicken wir einen
Epoche machenden Fortschritt der innerlichen Religiösität, und wenn
wir auch nicht zweifeln dürfen, dass der äussere Gottesdienst der
positiven Götter, die im Ganzen genommen mit den zwar poetisch
behandelten Homerischen und anderen uralten Ueberlieferungen hin-
reichend übereinstimmten, mit grossem Ernst, Ansehn, Würde, Feier-
lichkeit und Glanz ungestört fortgesetzt wurde, so ist doch leicht zu
ermessen, wie wenig das was das mehr volksmässige kindliche Gemüth
der Menschen im Homerischen Zeitalter erhoben und angezogen hatte,
in einem im Denken und Wissen weit vorgeschrittenen Zeitalter sehr
Vielen genügen konnte. Die abnehmende Wirkung der Religion auf
das Gefühl und das Leben der Menschen können lange Zeiten hindurch im Stillen fortbestehen, ohne dass Widerspruch, Angriffe und
Unglaube sich stark verrathen oder hervortreten: aber einmal wird
die Zeit kommen, wo das Ungenügende, wo ein Missverhältniss
zwischen der öffentlichen Religion und dem Bedürfniss frommer und
denkender oder suchender Menschen sich stark fühlbar macht, eine
Hülfe gegen die Entartung, die Leerheit und die Missverständnisse
der gegenwärtigen Bildung gesucht werden muss. Die neueste Entwicklung der Hellenischen Religion erschien als die traurigste, und
da man zum Aeltesten, Einfachsten zurückgreifen musste, so scheint

diess keine höhere Autorität in einem Prophetennamen gefunden zu haben, als in Orpheus. War ja doch Pierien auch durch den Dienst der Musen gewissermassen an die Spitze der nationalen Cultur getreten und die alteinheimischen Götter Ares und Dionysos waren auch Thrakisch. Die grosse Thatsache einer neuen Religion das Ansehn der ältesten zu geben, ist gewiss nicht auf einmal da gewesen, ist gewiss die Frucht langwieriger Bewegung der Geister, das Ende einer langen Reihe von Versuchen und Vorbereitungen und herzhaften Behauptungen gewesen. Wir begnügen- uns gern aus einigen wenigen Umständen zu erkennen, dass sie eingetreten ist. In Jacchos, welchen Preller in Eleusis seit Onomakritos vermuthete (Demeter S. 389), haben wir unverkennbar eine ursprünglich Thrakische Person, und Eleusis, wo dieser mit den uralten heiligen zwo Göttinnen verschmolzen, wo dieser als Mitvermittler seliger Unsterblichkeit eingesetzt worden ist, darf uns als Ursitz der Attischen Orphiker gelten. Der neue Gott hat vermuthlich durch den Eifer seiner besondern Bekenner, die sich darüber mit den Vorständen des Tempels vereinigt hatten, mit der Zeit im Mystischen sogar ein Uebergewicht erhalten, so dass Aristophanes in den Fröschen, ein grosses Zeugniss, als die gemeine Meinung aussprechen konnte: Orpheus hat uns die geheimen Weihen gewiesen, und uns des Mords zu enthalten (1064). Auch der Dichter des Rhesos sagt, Orpheus habe zum Heile der Athener gestiftet μυστηρίων ἀποῤῥήτους ᾳάνας (933), welche Ausdrücke bestimmt die Mysterien von Eleusis bezeichnen, keineswegs lustralia sacra überhaupt [1]). Denn dass diese τελεταί die vornehmsten, die in Eleusis ihren Sitz hatten, sind, ist an sich klar, und wird bestätigt durch den Zusatz der Pflicht sich vom Mord zu enthalten, indem Hände vom Blute rein, Bedingung der Aufnahme in die Mysterien waren. Dass man in früherer Zeit oder überhaupt anders als in der loseren Form schwindelnder Sage Orpheus selbst für den Gründer oder Stifter ausgab, lässt sich nicht behaupten: da der Sagen von ihm gewiss viele und verworrene waren, so möchte es nicht passend gewesen sein, eine Missionsreise von ihm und Aufenthalt in Eleusis mitten in sie einzuschieben. Ein Sohn oder Angehöriger von ihm hatten die gleiche

---

1) Wie der Ruhm des Orpheus als Stifters aller Mysterien ins Ungeheure und Unvernünftige gesteigert wurde, zeigen die Stellen im Aglaophamos 1, 240.

Geltung, Thrakisch, prophetisch, und diess zu vertreten taugte nur
sein allberühmter Name, neben welchem kein anderer bekannt war,
so wenig als ein anderer neben dem Lykisch-Delischen Olen; des
Orpheus Sohn aber wird Eumolpos genannt, ein Griechischer Name
und der Eleusis angehört, der Ahnherr des vornehmsten priesterlichen
Geschlechts in Eleusis. Diesen zu verdrängen war unthunlich; im
Homerischen Hymnus auf Demeter finden wir ihn unter den vier
Herren von Eleusis. Aber seitdem Jacchos nach der Thrakischen
Idee, durch die Hellenische der Kore als Bürgin seliger Unsterblichkeit erweitert, und Orpheus durch diese reformatorische Umge-
staltung zum Stifter der Weihen erhoben worden war, wobei Eleusis
an dem Rufe hohen Alterthums und eines hochgepriesenen Namens
gewann, was es etwa an dem Ansehn, die Weihe ursprünglich
selbst besessen zu haben, einbüsste, war es eine Kleinigkeit, den
Eumolpos auch selbst zum Sohn des Orpheus zu machen, wodurch die
Eumolpiden eine leicht bestechende uralte und heilige Abkunft erhielten. Dass Musäos, der angebliche Thraker, von mehr als einer
mythischen Genealogie, gleich dem Orpheus und Eumolpos, ein rein
Attisches Gemächte gewesen sei, kann in diesem Zusammenhange
schwerlich bezweifelt werden. Beiläufig zu bemerken, so zeigt sich
das mächtige Emporstreben der Orphiker auch darin, dass der neben
den Hügeln des Zeus (Pnyx) und seiner Tochter (Akropolis) als
der dritte und höchste im Dreieck liegende dem nach den allerdings
Thrakischen Musen genannten Musäos geweiht wurde.

Wenn eine auf einer so einfachen und lockeren Erdichtung von Namen
und Thatsachen beruhende, wenn auch nicht geradezu umwälzende, doch
so tief eingreifende religiöse Neuerung unsere Verwunderung erregt, so
befremdet uns doch noch weit mehr die kühne Erdichtung eines Kriegs-
zugs des Thrakischen Königs Eumolpos gegen Erechtheus von Athen,
die freilich zuerst nicht als historische Behauptung aufgetreten, sondern als Poesie und Sage sich einzuschmeicheln gesucht haben mag.
Arktinos und andere Fortsetzer und Erweiterer des grossen Epos von
Ilion, bei einem neuen Aufschwung dieser epischen Poesie einziger
Art, scheinen, wenn auch in abnehmendem Grade, den Schein des
poetischen Zusammenhangs und der Wirklichkeit ebenso sorgfältig zu
bewahren, als sich in eigenen Erfindungen und Originalität zu ge-

fallen. Diess dürfen wir nicht immer und überall nachgeahmt und erreicht erwarten. Das Attische Epos Atthis oder Amazonia giebt uns eine Vorstellung von dem Abstand in freier ausschweifender Erfindung von der mehr zusammengehaltenen älteren epischen Dichtung. Der Name Troja's war so gross gewesen, dass auch Herakles mit ihm verknüpft wurde, und ihren Theseus hatte die Attische Sage dem Herakles so eng angeschlossen, dass dieser Held und Besieger der Schönen den Stoff hergab zu einem Rachekrieg der Amazonen, die in Athen von Theseus besiegt wurden. Dass aus diesem Epos nicht bloss die Maler vorzugsweise gern schöpften, sondern auch in Athen die angeblichen Schlachtstellungen manchen Localitäten Namen hergegeben hatten, ist nicht zu übersehen bei dem grossen Einfluss, welchen die reine Erdichtung des Thrakischen Kriegs in Athen gewonnen und bei der Ausbildung, die sie erhalten hat, namentlich in dramatischen Dichtungen von rührender Selbstaufopferung, welche zu patriotischen Culten Anlass gegeben haben. Die genealogischen Erfindungen in Betreff der Thrakischen Urväter sind vermuthlich meistentheils mit Bedacht und pfäffischem Eifer, nicht spielend wie viele der Grammatiker, gemacht worden, und kaum regt sich dagegen die Skepsis, indem Einige den Eumolpos Sohn des Triptolemos und der Deïope nennen, nicht einen Thraker, und die Frage berührt wird, wie es komme, dass ein Geschlecht fremder Abstammung den Weihen vorstehe [1]). Aber diese Kritik kam von aussen, im Tempel galt die Sage und das hochnordische Thrakien für heilig. In Eleusis und in Athen zeigte man des Eumolpos Grab, als Sohnes des Poseidon und der Chione (des Schnees), der Tochter des Boreas und der Oreithyia, der aus Thrakien gekommen sei [2]), und Eleusis hatte sogar einen Tempel Poseidons, des Vaters, welcher durchaus keine mythologische, sondern nur eine Deutung aus dem Pfaffenthum zulässt, und welchen Pausanias neben einem des Triptolemos nennt (1, 38, 6). Unter dem Einflusse dieser angeblich von Thrakien ausgegangenen Eumolpiden und vielleicht an-

---

1) Schol. Oed. Col. 1051.
2) Paus. 1, 38, 3. Nach Platon De rep. 2, p. 595 waren Orpheus und Musäos Söhne des Mondes (der kalten Mondnacht) und der Musen, den Wahrsagern zum Spott, auf welche er dieses Paar selbst zu erfinden scheint. Ihnen allerdings mag das Meiste in den abenteuerlichen Genealogieen und Sagen dieses Kreises verdankt werden.

derer Geschlechter scheint sich die mystische Würde des Thrakischen
Jacchos immer mehr gehoben zu haben und das jenseitige Dasein der
Geweihten immer reizender in das Sinnliche ausgemalt worden zu
sein, so dass dagegen die edle Einfalt der Verkündigung im Schlusse
des Homerischen Hymnus auf rührende Weise absticht. Musäos ist
es, welcher nach Platon die immer kreisenden Becher der Seligen
einführte, und auch dem Eumolpos wurden Bacchische Gesänge zugeschrieben, woraus Diodor einen einzigen Vers anführt (1, 11), Bacchika,
ohne Zweifel mystischen Sinns oder Inhalts, nicht gemeinen Sinn und
Lust des Böotisch-Attischen Dionysos angehend. Als die Hauptsachen
des Musäos nennt Aristophanes in der oben angeführten Stelle Seher-
sprüche und Heilungen der Krankheiten, nicht medicinische zu verstehen, sondern zauberhaft wirkende Formeln. Die ersteren hatte
Onomakritos gesammelt und geordnet, indem er von Herodot Herausgeber (διαθέτης) der Schersprüche des Musäos genannt wird (7, 6),
wodurch dem Delphischen Orakel viel Abtrag geschehen sein mag.
Das Prophetische war ja eine Haupteigenschaft der Pierischen Musen
gewesen. Pausanias lässt als echt vom Musäos nur einen für die
Lykomiden gedichteten Hymnus auf Demeter gelten, worin ohne Zweifel
Jacchos eine Hauptrolle spielte (4, 1, 4) [1]).

Wenn nach der Beschaffenheit der Genealogieen des erdichteten Thrakischen Krieges, dem allerdings ernste Fehden zwischen Eleusis und Athen
zu Grunde gelegen haben mögen, wenn auch Alles, was aus der Orphischen Litteratur zu uns gelangt ist, keinen Zweifel übrig lässt, dass die
Orphiker in nicht allzu früher Zeit in Eleusis und Athen aufgekommen
sind, so ist uns doch sehr schätzbar das Zeugniss Herodots, welcher die
Dichter, die vor Homer und Hesiodus gesetzt worden, für später zu halten
bestimmt erklärt (ἐγὼ λέγω), was bei ihm auch zusammenhängt mit
der Aussage der Dodonäischen Priesterinnen, und Heyne [2]) war viel zu
zaghaft, als er nur vermuthete, dass Orpheus, Musäos, Eumolpos
Linos gemeint seien: denn welche andere könnte Herodot gemeint
haben, da er diese späteren dem Homer und Hesiodus, als denen

---

1) Musäos richtiger besprochen Götterl. 2, 549, während ich das in der
A. Denkm. 3, 464 Gesagte nicht mehr zu vertreten dächte. Der Aufsatz Musäos
Zögling der Musen, S. 462 ff. ist überhaupt zu vergleichen.
2) De theog. ab Hesiodo condita p. 132.

welche den Griechen die Theogonie gegründet hätten, gegenüberstellt
und also offenbar an die Orphischen Theogonieen, den Haupttheil der
Orphischen Litteratur dachte? Von Olen und dem dunkeln Pamphoos
sind Theogonieen nicht bekannt. Herodot, an dem wir die Gründlichkeit
bewundern, womit er die Religionen der Völker und ihr Verhältniss
unter einander zu erforschen suchte, so wenig auch seine Zeit solche
Fragen zu ergründen an Einsichten und Kenntnissen reif genug war,
Herodot, der erste, welcher unseres Wissens ein den Namen Homer
tragendes Gedicht, die Epigonen, ihm absprach, und den Zweifel ausspricht, dass die Kypria von Homer sein möchten wegen der Abweichung des Gedichts von der Ilias hinsichtlich der Heimfahrt des
Alexandros, Herodot, der lange in Athen gelebt hatte, ein Freund des
Sophokles, der ihm eine seiner Tragödien mit einem kleinen Epigramme
geschenkt hat, der in Athen nach seiner grossen Wissbegierde wahrscheinlich nicht bloss Theogonieen und andere Gedichte von Orphikern,
sondern auch vieles Andre von ihnen kennen gelernt hat, mag allerdings, indem er nach altem Herkommen Homer und Hesiodus als
ungefähr gleich alt annimmt, und vierhundert Jahre vor seine Zeit
setzt, die Hesiodische Theogonie, weil sie dem ältesten oder Einem
Hesiodus, wie die Kypria dem ältesten oder Einem Homer beigelegt
wurde, für viel älter gehalten haben, als wir es jetzt thun zu dürfen
glauben. Immer bleibt sie ein ehrwürdig altes Werk in Vergleich
mit Orphischen Theogonieen und dem Jacchos in Eleusis.

Zu vermuthen ist, dass unter dem Umschwung der Dinge durch
die Reform der Orphiker in Eleusis und bei der religiösen Begeiste-
rung, die unerachtet vieler zur Erreichung hoher Zwecke angewandten
uns nicht gefallenden Mittel nicht zu bezweifeln ist, die Mysterien in
Eleusis einen grossen Aufschwung genommen und insbesondere auch
in äusseren Einrichtungen, Ceremonien, Symbolen, Schaustellungen,
Effecten, Glanz, Wirkung auf den geistigen Menschen durch den sinn-
lichen, grosse Erweiterung erhalten haben. Bei diesem Allen stand
den geistlichen Beamten der reine Hellenische Geschmack und Styl,
frei von aller Orphischen Einmischung zu Dienst, im Bauen, in den
priesterlichen Costümen, in aller Verzierung, allen Anlagen. Freilich
gar viel Unerfreuliches auch hat sich in Folge des gegebenen An-
stosses mehr entwickelt oder überhand genommen, Missbräuche durch

Privatwahrsager, Reinigungen und Sühnungen, abergläubische Hei
lungen und was alles bis zu scandalösen Missbräuchen, welchen di
bürgerlichen Gesetze kaum genug Einhalt thun konnten, zur Zeit de
Platon und der Redner sich inmitten der gebildetsten Menschen un
Zustände staats- und sittenverderblich hervordrängt. Auch die Bacchi
schen, Phrygischen und andere Mysterien der späteren Jahrhundert
stehen noch in innerem Zusammenhang mit der ersten Orphische:
heiligen und scheinheiligen grossen Mystik. Kein anderes Beispie
hat das Alterthum aufzuweisen, wie kühne und viele verschlungen
geschichtliche Erdichtungen im Dienste religiöser Ideen fast ebens
wunderbar und unübersehlich auf die religiöse Denkart und das Lebei
der Menschen eingewirkt haben, als in der neuen Welt Fictionen sub
tiler Doctrinen. Sollte nicht auch die in Athen zu einer gewissen Zei
eingerissene Schwärmerei das Vorurtheil für Thrakien als das gelobt
Land, unter einer nicht vorzüglich geistigen und makellosen Meng
den Anlass gegeben haben zur Verehrung der Bendis, der Kotytt
in Athen, die ausserdem dort befremdlich genug erscheinen, des Sa
bazios u. s. w.?

So gewiss nun alles unter Orphischem Namen buchstäblich ode
dem Sinne nach auf uns Gekommene weit später ist als die Hesio
dische Theogonie, so sicher sind wir, dass nichts Orphisches in diese
zu suchen ist (ausser etwa in der Interpolation von der Verschlingun₍
der Metis), die wir nicht einmal mit Lobeck die Vorläuferin des mysti
schen Zeitalters nennen möchten, insofern diess irgend einen Zusammen
hang oder Vorbereitung andeuten würde [1]). Von ihr liegt dieses s₍
fern, dass sie (wenn die Angaben nicht gar nach der unten auf
zustellenden Vermuthung einer späteren Fortsetzung der Theogoni₍
anheimfallen), anstatt des Jacchos den Thebischen Dionysos, der Semel₍
Sohn, aufführt, den Gemahl der Minostochter Ariadne. Wohl mochtei
die Orphiker für ihre Theogonieen viel aus der Hesiodischen schöpfei

---

1) Dieser Widerspruch richtet sich noch mit gegen Jul. Cäsar in der Ztschr
f. Alterthumswissenschaft 1843 S. 411 f., welcher zugesteht, dass unerachtet eine
grossen Abstichs zwischen Hesiodus und Orpheus »Orphische Stellen« sowoh
in der Theogonie als den ἔργοις schon seit lange erkannt seien. Was man da
Dunkle nennt, ist das nicht Mythische, poetisch Plastische, die Hekate der Theo
gonie nennt man mystisch, da sie doch nur im Charakter der Naturreligion ist

und es nach Lust in ihren zum Theil wenigstens ebenso lockeren als
mystischen Köpfen variiren und vermehren: höchstens werden wir in
allen Orphischen Bruchstücken einiges ausspüren, das in der ältesten
Urkunde etwa zur Seite gelassen sein könnte, obgleich es an Alter
und Gehalt den von ihr aufgenommenen kosmogonischen Ideen nicht
nachstehen möchte.

Einen Weg wie für Orphisch oder mystisch gehaltene Stellen in
die Hesiodische Theogonie eingeführt worden sein könnten, hätte man
allerdings nachgewiesen, wenn ein neuester Versuch litterär-historischer
Kritik Grund hätte, die Annahme nämlich, dass dieselbe zuletzt durch
die Hände des Onomakritos gegangen sei. Ein geschichtliches Zeugniss hierfür, auch nur den Schein einer Andeutung wird man dieser
Art kühner Forschung nicht abfordern. Aber auch alle Wahrscheinlichkeit aus inneren Gründen, Umständen und Verhältnissen, darf
dieser Hypothese bestimmt abgesprochen werden. Onomakritos war
vor allem Chresmologe von grossem Ansehn und vermuthlich von
ausserordentlicher Persönlichkeit. Er hatte die Sprüche des Musäos
gesammelt und von ihm rührten die unter dem Namen des Orpheus
gehenden Sprüche und τελεταί nach Philoponos zu Aristoteles und
Suidas her. Er hatte dem Xerxes, vor dem er mit den Pisistratiden
erschienen war, Orakel in politischer Absicht vorgetragen; eine Theogonie, wie deren von Orphikern geschrieben wurden, wird ihm nicht
beigelegt. Gewiss waren die Orphiker, im Ganzen die ersten Gelehrten
der Zeit, in Mythen, Sagen und Schriften bewandert und darum geeignet bei einem litterärischen Unternehmen, wie das grosse Homerische
des Pisistratus, behülflich zu sein, ohne darum der hohen Poesie besonders kundig oder zugethan zu sein. Da Pisistratus aus Hesiodus
einen Vers tilgen, in die Nekyia der Odyssee einen unterschieben liess [1]),
möchte er dazu immerhin des Onomakritos oder eines andern Orphikers,
die mit Schriften umzugehen geübt waren, und zu fälschen an den
Orakeln und anderen Sprüchen gelernt hatten, sich bedient haben. Der
Grund war in beiden Fällen politisch, die Stellen gingen den Theseus an.
Als Staatsmann liess der Fürst auch die Homerischen Gedichte nieder-
schreiben, als solcher und dabei als besonderer Verehrer des Hellenischen

---

1) Plut. Thes. 20.

Dionysos zog er wahrscheinlich die Tragödie aus Ikaria in die Hauptstadt, und nichts berechtigt uns anzunehmen, dass Pisistratus mehr Neigung zur Theogonie gehabt habe, um auch für sie Fürsorge zu tragen, als Onomakritos, der Orphiker selbst. Die Bibliothek des Pisistratus ist überhaupt eine unbekannte Grösse. Steht es nur überhaupt fest, dass sie einen weiteren Bezug hatte als den Wettkampf der Rhapsoden an den Panathenäen? Mit Rücksicht auf diesen lässt sich vermuthen, dass ausser der Ilias und Odyssee auch die sich an diese anschliessenden, ja überhaupt alle Homerischen Heldengedichte gesammelt wurden, so weit sie zu haben waren. Diese grossen Denkmäler des nationalen Glanzes und Ruhms in der Vorzeit konnten die Aufmerksamkeit des grossen Staatsmanns auf sich ziehen, so wie späterhin die Handschriften der dramatischen Werke der drei vornehmsten Tragiker die eines andern grossen Staatsmanns. Ganz unwahrscheinlich ist es, dass bei den Bibliotheken des Pisistratus und Polykrates schon eine den Zwecken der Bibliotheken in Zeiten der Gelehrsamkeit entfernt verwandte Idee alles geschriebene Gute und Berühmte soviel möglich zusammenzubringen, die Absicht, der Litteratur zur Stütze und Förderung zu dienen, zu Grunde gelegen habe. Besonderen Zwecken einzelner Classen haben vermuthlich die frühesten Sammlungen gedient, wie etwa den Chresmologen und priesterlichen Familien die von Wahrsagersprüchen und anderen Formeln, auch von Hymnen. Mit der hier aus den Umständen abgeleiteten Vermuthung über den Charakter der Sammlung des Pisistratus stimmt, wenn man die von mir behauptete volksmässige weitere Bedeutung des Namens Homeros annimmt, das bekannte Epigramm auf Pisistratus überein, wie ich an einem andern Ort näher nachzuweisen noch Gelegenheit zu finden hoffe.

4. Zahlensymmetrie.

Diesem neu gefundenen Princip der Kritik der Theogonie lieg' etwas Wahres zu Grunde; der Fehler lag darin, dass man die Strophen als durchgehend durch das Ganze betrachtete, und diess geschah, weil man nicht den inneren Grund untersuchte, der in echter Poesie und

Kunst eben so wie im Sprachlichen allen Erscheinungen der Form zur Erklärung dient, sondern sich bloss an äussere, mysteriöse oder unmotivirte Formen hielt. Auch die hie und da in Triaden und wohl sonst interpolirten Verse zeigen, dass man es nicht ahnte, oder wenn es hier und da nicht wohl unbemerkt bleiben konnte, als etwas Einzelnes und Untergeordnetes nicht beachtet hat. Sehr weit reicht die Sache nicht und ist auf knapp gehaltene genealogische Verse und auf Reihen verwandter, ähnlicher Götter zu beschränken. Ihretwegen die grossen Stücke aus dem Gedicht auszuschliessen, ohne auf dessen theogonische Verhältnisse (wie Titanomachie) und den Reiz alter ehrwürdiger an diesen haftender Mythen (wie Prometheus) zu sehen, ist grundlos und darum vergebliche Mühe. Auch findet in ihnen die Hypothese der Compilation, als ob sie und die Genealogieen getrennt zu ganz verschiedenen Gattungen der Poesie gehörten, keine Stütze.

Wenn man zugeben muss, dass bei einer sehr grossen Reihe von Namen oder auch bei Zusammenstellung einer längeren Reihe von gleichen oder ähnlichen Fällen oder Verhältnissen, wie insbesondere Mahnungen, Lebensregeln, das Gedächtniss unterstützt wird durch eine künstliche Zusammenfügung in eine gleiche Zahl von mehr oder weniger am Anfang oder am Ende oder sonst auf irgend eine Art als ein in sich geschlossenes Ganzes bezeichneten Versen, so wie dass im Gespräch die Gleichmässigkeit der Reden eine naheliegende, künstlerische Form ist, so liegt schon in diesem einfachen Grunde der Beweis oder lässt er doch den wahrscheinlichen Schluss zu, dass diese Strophenbildung nicht ohne weiters auch in den anderen Theilen desselben Werks anzunehmen sei, wo jener Grund, der ganz ungezwungener Weise vorauszusetzen ist, fehlt. So sind die von Lachmann aus Iwein und Parzival genommenen Beispiele von Versen bestimmter Zahl gewiss nicht auf das Ganze anzuwenden. Im genealogischen Gedicht hat die Absonderung unter eine Gleichzahl von Versen ungefähr den Vortheil, wie die durch gleiche Anfänge der Abschnitte, wie im Schilde des Achilleus ἐν δ᾽ ἐτίθει. Eine ähnliche Absicht wie dies ἐν δ᾽ ἐτίθει kann das Hesiodische ἢ οἵη gehabt haben, wenigstens in gewissen Abschnitten des Gedichts, während andere Ahnfrauen zu langen und ungleichen Ausführungen Anlass gaben. Dass nach der Zahl der Personen im Abschnitt Verse sich richten, ist einfach. So vielleicht Jl. 2, 407 sieben Geronten und sieben Verse. Es gehört, wie man jetzt schon unbedenklich behaupten darf, zu den Zeichen einer sonderbaren Ueberstürzung einer nach Neuem und Neuerung jagenden Kritik der letztvergangenen Zeit, dass man gleichzeitig mit der glücklichen Wahrnehmung von Triaden auf den Gedanken verfiel, die ganze Theogonie einem formalen Princip der Strophirung in je. fünf Verse zu unterwerfen, wobei die Interpolationen, über die man ziemlich frei verfügen konnte, gute Dienste leisten mussten. Das Verhältniss der Form zu dem Gedankeninhalt, die Grenzen zwischen den formalen Bestimmungen und den poetischen, der Unterschied von Kunst und Genie hätten nie so ganz ausser Acht gelassen werden sollen. Die Gewohnheit, ganze epische Gedichte in Hexametern oder in Strophen, Terzinen, Octaven und anderen, gleichmässig verlaufen zu sehen, scheint das Vorurtheil begründet zu haben, dass es nur so natürlich und nothwendig sei. Man fragte nicht, ob die Theogonie durch die ihr allein eigenthümliche Beschaffenheit auch in der Abfassung und Form entschiedene Eigenthümlichkeiten haben könne, sondern versuchte ohne weiters ihr gleichzählige Strophen zu geben, was, weil man sich für berechtigt und genöthigt dazu hielt, von Statten ging, wie es konnte. Einem Sculpturwerk oder theilweise erhaltenen Gebäude aus dem Alterthum, woran man mehr oder weniger Auffälliges zu bemerken gefunden hätte, wäre es weniger leicht gewesen, die Glieder zurechtzusetzen oder die Wände zusammenzurücken.

Durch Soetbeers Schrift: Versuch die Urform der Theogonie nachzuweisen, wurde schon im Jahre 1837 die Entdeckung von Gruppe bekannt, der vermuthlich durch seine nähere Bekanntschaft mit Lachmann auf Zahlensymmetrieen in den Dichtern aufmerksam geworden war [1]), und in selbständiger Weise verwendet. Gruppe selbst schrieb erst 1841 Ueber die Theogonie des Hesiod, ihr Verderbniss und ihre ursprüngliche Gestalt: Er glaubte zu sehen, dass die Theogonie ursprünglich in dreizeiligen Strophen abgefasst worden sei,

---

1) Lachmann hatte den Muth, noch im Jahre 1841 seine alten Ansichten über Zahlensysteme der Griechischen Tragödien aufrecht zu erhalten in Jahn's Jahrbüchern 31, 458: weder Dichter noch Zuschauer hätten nachgezählt wie er, die Sache sei darum doch gegründet.

von denen sich noch sieben und dreissig mehr oder weniger leicht herstellen liessen, während schwerlich jemals mehr als fünfzig gewesen seien. Unter die mancherlei Schicksale, die sie erlitten habe, setzt er, dass einige echte Abschnitte durch allerlei Zusätze und kleine Veränderungen der Fünfzahl anbequemt worden seien, so wie auch mehrere fünfzeilige Strophen jüngeren Ursprungs, eine auch interpolirt sei. Grössere Zusätze ohne alles Zahlenverhältniss sollen jünger sein, so wie eine Menge von überall zerstreuten Interpolationen, die zum Theil den älteren Zeugen, Platon, Aristoteles, Chrysippos u. A. noch gar nicht bekannt waren, was dem Verfasser bekannt war, wie manchen seiner Nachfolger Vieles durch Erleuchtung bekannt gewesen sein muss. Soetbeer reducirte die Theogonie auf 72 Pentaden oder 360 Verse und dem stimmte G. Hermann zu in Jahns Jahrbüchern 1837, 21, 136—165, und in dem Programm De theogoniae forma antiquissima, 1842, so wie Köchly diesem, wenigstens in Betreff des genealogischen Theiles, welcher allein alt sei, während seiner Meinung nach es von Hermann gewagt sei, die aus wirklich epischer Poesie entlehnten längeren Erzählungen demselben Zahlgesetz zu unterwerfen. [1]) Gegen Soetbeer bemerkte das Nothwendigste F. Ranke in den Götting. Anzeigen 1837 St. 134. Dagegen wurde die Wirklichkeit der Triaden anerkannt von Ahrens in der ausführlichen Recension von Gruppe's Buch Götting. Anzeigen 1842 St. 126, und Jul. Cäsar [2]) in der Zeitschr. für Alterth. W. 1843 S. 413 f., in der an gesunden Urtheilen und treffenden Gründen reichhaltigen Abhandlung: Die Hesiodische Theogonie und ihre neuesten Beurtheiler.

Auf die Form der Dreizeilen musste man um so leichter verfallen, als die Gewohnheit war, Götter und besonders Göttinnen in drei Personen mit besonderen Namen zu vertheilen und überhaupt Begriffe und Wesen nach der Dreiheit zu ordnen. Unschwer wird auch Jedermann zugeben, dass die Sippschaften des Zeus von verschiedenen Göttinnen nebst der Geburt der Athena aus seinem Haupte nicht zufällig in Triaden verfasst sind, 886—930, mit welchen Gruppe seine Operationen anfängt. Nur ist vorläufig zu bemerken, dass die letzte der Triaden (Here als Mutter des Hephästos) der

---

[1]) De genuina Catalogi Homerici forma 1853 p. 5. s. Hektors Lösung 1859 S. 9f.
[2]) Derselbe gegen Hermanns Pentaden Jahns Jahrb. 44, 466 f.

Interpolation verdächtig ist, auch die zwei den Chariten angehäng
ten Verse über deren Eigenschaften, die an sich verwerflich sind
da auch von den anderen Schwestergöttinnen Eigenschaften hier nich
vorkommen, auszuschliessen sind und insbesondere die erste dieser Tria
den von der langen schon von Chrysipp gelesenen Interpolation zı
befreien ist, welche durch diesen Verband mit der so bedeutsameı
Reihe von zehn Triaden einen fast eben so starken Stoss erhält, al:
durch ihren Orphisch ungeschlachten Inhalt selbst.

Die hierauf folgenden Götterpaare und Zeus als Vater von Herme:
und Herakles, so wie die Verbindung verschiedener Götter mit Göt
tinnen werden in 8, 7, 5, 6, 7 Versen ausgeführt als Schluss deı
Göttergeschlechter.

Fünf schöne Triaden bilden sodann 211—225 die Kinder deı
Nyx, in denen die Mören und Keren in der dritten, in der vierteı
die Erinnyen gezeichnet sind, mit Auslassung des Namens selbst
wodurch der schaurige Charakter dieser Wesen wohl angedeutet ist
aber kenntlich genug mit dem Anfang $\alpha i \tau \varepsilon$. Leicht wird man aucl
von den Kindern der Thetis und des Okeanos als in drei Triaden dị́
Flüsse abgeschlossen erkennen 337—345 [1]); wie es mit der darauf fol·
genden langen Reihe der Nymphen, ihrer Töchter, sich verhalte, is
schwer zu entscheiden, besonders auch wegen der Unsicherheit hin·
sichtlich der Vollständigkeit einer so langen Reihe von Namen.

Im Anfang der Theogonie lässt Gruppe zehn Triaden zu und eı
ist die triadische Form in diesem knapp gehaltenen genealogischeı
Abschnitt als die ursprüngliche nicht unwahrscheinlich, auch in vieleı
einzelnen in sich zusammenhängenden Triaden in die Augen sprin·
gend: es kommt darauf an, über einzelne Verse als interpolirt abzu·
sprechen. Bestimmt in fünf Triaden ist das Gespräch zwischen Gä:
und ihren Kindern 161—175. Die Unterredung des Zeus und Prometheus, welche mit zwei handgreiflichen Triaden beginnt, wovon diẹ
zweite mit $\dot\omega\varsigma \ \varphi\dot\alpha\tau o$ beginnt, ebenso wie der sechszehnte Vers voı
da ab und zwei im Vorhergehenden erwähnte greifliche Triaden be-
ginnen, in Verbindung mit der inneren Beschaffenheit der weiter fol·
genden Erzählung von Zeus und Prometheus lassen fast vermuthen

---

1) Im Druck ist die Bezeichnung dieser so wie der eben genannten Triadeı
unterblieben; ebenso von 542—547, der Unterredung des Zeus und Prometheus.

lass hier eine frühere regelmässigere, gleichmässig triadische Fassung
m Laufe der Zeit gelitten haben möge. — In dem Verzeichniss der
ünfzig Nereiden 240—265 bilden die Aeltern eine Trias, die Namen
ler Nymphen aber führen nicht ganz bestimmt auf Triaden, wiewohl
ie bis auf die letzten Verse sich triadisch lesen lassen.

Heptaden darf man nennen die Erzeugnisse der Eris 226—232
nd die darauf folgende, welche die Kinder des Pontos einschliesst.
Als die erste Pentas nennt Gruppe V. 265—269 die Sippschaft des
Chaumas und der Elektre, und ebenso sind die Winde als Kinder des
Asträos und der Eos eine Pentas 378—382, während andere, wie
585—589 mitten in der Erzählung von Pandora, die Pentaden der
Nereiden ganz unsicher sind und nicht weniger die, welche aus
Triaden erweitert sein sollen.

5. Interpolationen.

Auf das Hineindichten in das Hesiodische werden wir von Grammatikern und besonders auch von Pausanias aufmerksam gemacht,
und die Theogonie ist auch ganz von der Art, dass sie zur Vermeh-
ung und Vervollständigung besonders Anlass gab und aufforderte,
weit mehr als die epische Poesie im engeren Sinn.

Schon der Anfänger auch der Hesiodischen Kritik, der scharfsinnige Guyet, hat auf den grossen Unterschied der Interpolationen
geachtet, indem die einen ihm gegen die allgemeine Beschaffenheit
und Weise des Gedichts zu streiten schienen, die anderen ihm durch
Verkehrtheit der grammatischen Construction, Wiederholung desselben
Gedankens, verwickelten Gang der Erzählungen anstössig waren. [1]
Auf diese zweite Art hat sich dann Ruhnkenius und die neuere Kritik überhaupt allzusehr beschränkt, Fehlerhaftigkeit, Wiederholung,
Entlehnung aus Homer, Störung des Zusammenhangs, ohne doch den
mythologischen Zusammenhang oder die aus dem System hervorgehen-
den Motive im Einzelnen immer gehörig zu würdigen.

Göttling hat vier Arten der Interpolationen unterschieden und
angegeben (p. XLII s.), deren er bis zu einem ganzen Zehntheil des
ganzen annimmt. Wenn im Allgemeinen nicht zu verkennen ist,

[1] Mützell De Emendatione Theogoniae Hes. p. 99, über Ruhnkenius p. 115.

7*

dass nicht leicht in einem anderen Werke die Kritik eben so seh
zu rasch verfahren ist und ohne den verhältnissmässigen Fleiss an
allseitige Betrachtung und Prüfung vorhergehen zu lassen, dass seh
häufig Experimente wie in vili corpore, mit meistentheils sehr unvol
kommenen Instrumenten, gemacht worden sind, so denke ich nicl
daran, diesen Vorwurf auf meinen verehrten Freund auszudehnen, mu:
aber doch gestehen, dass ich über die meisten von ihm angeführte
Verse andere Ansichten habe als er in seiner zweiten Ausgabe hatt
Zwei Arten von anzufechtenden Stellen sind wesentlich verschiede
Das Werk hat eine grössere Wichtigkeit für uns durch den doctr
nellen Inhalt, und Einschiebsel, die von späteren Mythologen zugefü
wären, wo möglich mit Sicherheit abzusondern, würde sehr der Müh
werth sein, um ein planmässig und zusammenhängend gedachtes Gan:
aus sehr alter Zeit auch in seinem reinen Zusammenhang aufzufasse
In dieser Hinsicht nun kommt vorzüglich eine Classe in Betrach
die man oft Dittographieen nennt, eigentlich widersprechende Genea
logieen. Durch die moderne Förderung und Gewohnheit vollkommn
Uebereinstimmung in bedeutungsvollen Lehren in demselben Bucl
wird nicht leicht ein Kritiker glaublich finden, dass ein und dersell
Verfasser in einem Geschlechtsregister der Götter verschiedene Al
stammung desselben Gottes aufgenommen habe, und doch enthält d
Theogonie mehr als ein Beispiel davon, dass die Wesenheit des Gott
zwar nicht als verschieden ausgedrückt wird, die im Allgemeine
durch den Vater oder die Mutter oder beide angekündigt ist, ab
doch eine Verschiedenheit unter den den Gott Verehrenden zu Ta
liegt, die gewiss nicht bei dem Namen stehen blieb, sondern au
besondere Ideenentwickelungen auf beiden Seiten vermuthen lässt. (
sind in der früheren Ordnung die Mören Töchter der Nacht und d
Erebos (217), dieselben aber und mit denselben drei Namen: Töcht
des Zeus und der Themis (904). Allerdings mussten sie auch Töcl
ter des Zeus sein, nachdem dieser Vater der Götter sowohl als Me
schen die Seele der Weltordnung war. An diesem Widerspruch möch
eher eine dem Anfänger systematischer Schriftstellerei natürlic
Gleichgültigkeit gegen einen mehr formalen als wesentlich in B
tracht kommenden Anstoss Schuld sein. Dass die Mören auch
das erste Reich gesetzt werden, kann Niemandem befremdend sei

In der anderen Stelle scheint nur die durch die Zusammendrängung aller bedeutendsten Söhne und Töchter des Zeus veranlasste Kürze den Dichter bestimmt zu haben, die Mören neben den Horen Töchter der Themis zu nennen. Pindar aber in dem aus dieser Hesiodischen Stelle geschöpften Hymnus an Zeus in einem Zeitalter grösserer Genauigkeit und Strenge, vermittelte oder verbesserte den Fehler, indem er die Mören und Horen, die so gut wie die Titanen, mit denen Zeus sich verband, vorher schon da waren, dem Zeus die Titanin Themis zuführen liess. Neben den Mören der vorigen Weltordnung stehen als Schwestern die Erinnyen, nicht mit ausgesprochenen Namen, sondern aus Scheu nur geschildert nach ihrer schreckbaren Natur (220). Den Mören, als Töchtern des Zeus die Erinnyen zu Schwestern zu geben, hätte noch weit weniger das hellenische religiöse Zartgefühl geduldet: dagegen sind deren Schwestern, die Horen, genannt, die in allumfassender Gesetzmässigkeit mit ihnen übereinstimmen, wie die Erinnyen in der Unfehlbarkeit. Bemerkenswerth aber ist, dass vor der die Erinnyen nur andeutenden Stelle sie doch schon genannt sind, indem sie in den freieren Mythus von den aus den Blutstropfen des Uranos entspringenden Uebeln aufgenommen sind. Dass nicht auch sie, deren Gewalt fortdauert nicht weniger als die des Helios und der Hekate unter dem Weltherrscher Zeus, genealogisch mit diesem verknüpft worden sind, hat seinen Grund offenbar auch im Euphemismus, und die Aufnahme des witzigen Mythus, in welchem vorher die Erinnyen schon verflochten vorkommen, nicht zu verübeln, wird die Hesiodische Kritik liberal genug sein. Hingegen gehört die Möra nicht weniger als sie ohne Zweifel auch zu den Urideen der Nation, und es würde, meiner Meinung nach, sehr irrig sein, sie äusserlicher Uebereinstimmung wegen aus der Titanischen Familie entfernen zu wollen. Den Umfang und die Tiefe der religiösen Ideen vorolympischen Göttersystems zu ermessen, sind wir sehr wenig im Stande; die Hesiodische Theogonie selbst kann lehren, wie wenig die seit Homer und seinen nächsten Vorgängern schon abgelaufenen Jahrhunderte von den durch diese verdrängten Vorstellungen im Andenken erhalten hatten. Um so weniger mag diess der Fall gewesen sein, als in den Metamorphosen die früheren Culte mit grossem Verstande geschont und so viel möglich in reeller Fortwirkung auf die Gemüther

der Menschen mitverwandt und in innerlicher Mitwirkung erhalter
worden waren. Aber da, wie offenbar ist, die Erinnyen eine Idee der älte
sten Vorzeit sind, so wird man nicht anstehn zu glauben, dass der Dich
ter der Theogonie diese auch nicht ohne die der Mören habe denker
können, und das Gewicht ihres Namens bei Homer, und wahrschein
lich sehr viele Spuren ihrer Geltung in Sagen und Versen, die un
nicht, aber ihnen bekannt waren, ihn genöthigt haben mögen, di
Mören unter den Göttern des ersten Regiments nicht zu übergehen
Bemerkenswerth ist auch die Auffassung der Möra in mehreren Stelle
des Aeschylus, der auf die vorhomerische Theologie ein ernstere
Nachdenken verwandt hat, als kaum ein anderer Philosoph ode
Dichter der Griechen. Konnte Mōra im ersten Weltalter nicht fehlen
so war es nicht auffallend, dass sie in dem anderen, worin die Ein
heit des himmlischen Gottes und aller Götter und der Weltordnun
als ein neues Lehrgebäude so glänzend und kräftig aufgerichtet wurde
als Tochter des Zeus eingeführt wurde. Auch hat er später den Bei
namen Möragetes erhalten.

Mit der gleichen Treue gegen die Tradition verschiedener Ort
oder alter Zeugen wird auch verschiedene Abstammung der Hekat
aufgeführt, die als Mondgöttin früher hinauf um so wichtiger in
Cultus gewesen sein mag. Wie jede Hauptgottheit eines Orts nacl
seiner Lage und nach den Bedürfnissen und also Geboten seiner ver
schiedenen Classen von Bewohnern ausser der ersten und grösster
seine verschiedenen Ehren oder Aemter erhielt, so ist schwerlich unte
den ältesten grossen Naturgottheiten eine andere, welche die ver
ehrende Phantasie manigfaltiger anziehen und alles Volk zu allge
meinerer Anbetung vereinigen konnte. Nun ist Selene, d. i. Hekate
neben Helios und Eos Tochter des Hyperion und der Theia (371)
aber auch Tochter des Perses und der Asteria (411); auch im Ho
merischen Hymnus auf Demeter ist die Grotte des Helios und de
Hekate, der Tochter des Persäos, genannt. Der Dichter hielt es woh
seines Amtes, beides nach allgemeiner Kunde und vielen Hymnen aufzu
nehmen. Orphiker nennen sie ἐυπατέρεια uud Tochter der Δηώ(Gäa). [1]

---

[1] Schol. Apollon. Rh. 3, 467.

Ist hieraus schon klar, dass sie der Herrschaft des Kronos angehört, so sagt Hesiodus selbst, dass Zeus nach dem Siege ihr nichts
nahm von Allem, was sie gehabt hatte, und dass der Kronide sie
ehrte vor allen und ihr glänzende Gaben gab (411. 425. ff.), wodurch
die ausnahmsweise eingerückte genaue Schilderung eines Cultus aus
der alten Welt sehr wohl eingeleitet ist, die gar manche besondere
Motive gehabt haben kann. Zwischen dieser Hekate und der nachmals auch vielfach so genannten Jonischen Tochter des Zeus und der
Leto und Zwillingsschwester des Apollon ist der Unterschied ungleich
grösser als zwischen den alten und den neuen Mören. Diese nennt
auch die Theogonie, hier unterscheidend, nur Artemis; Musäos aber
vermischte auch hier nach Orphischer Art, indem er Hekate Tochter
des Zeus und der Asteria nennt (Schol. Apollon. Rh. 3, 1035).

Wenn wir den kosmischen Eros, der in Thespiä noch als unbe-
hauener Stein erhalten war, in der Theogonie mit dem reizenden
Dämon der Aphrodite vermischt sehn (120), so ist es klar, dass es
seiner Art und Kunst widerstrebte, Widerspruch und Anstoss, wie er
häufig neueren durch unsere begrifflich genaue, scientifische, dogma-
tische, prosaische Studien verwöhnten Mythologen missfällig ist, zu
meiden. Wer sich den ungeheuern Contrast der ältesten Zusammen-
fassung des reichhaltigen und bunten Stoffes nach den Mythen von
denen des Uranos und Kronos an bis zu den Heroen, und der wissenschaftlichen Erforschung und Kritik nicht sehr anschaulich und geläufig gemacht hat, geräth in Gefahr besonders in der Theogonie
hier und da edlen Rost der Alterthümlichkeit abzustreifen, die fein-
sten, wenn auch an sich nicht eben wichtigen Eigenthümlichkeiten
zu verkennen, indem er wähnt, Alles glatt und harmonisch und in
jeder Beziehung regelrecht zu restauriren. Sieht man darauf, dass
der Dichter gar wohl berechtigt war, in seiner Sammlung geheiligter
Genealogieen auch solche zuzulassen, die mit anderen nicht übereinstimmten, so kann man fragen, wer uns denn berechtigt, eine fremde
Hand da anzunehmen, wo eine allbekannte, vielbesprochene Geschichte,
wenn sie mehr als einmal zur Sprache kam, nicht beide Male ganz
mit denselben Worten und Zügen ausgedrückt ist. Solche Mythen
waren doch vermuthlich in sehr vielen Abfassungen in verschiedenem
Zusammenhang gäng und gäbe, und dem Gedächtnisse der Hesiode

darf viel zugetraut werden. Was aber in alten Versen umlief, hatte
wohl ziemlich ohne grossen Unterschied eine gewisse Autorität. Sind
uns der Gebrauch der Sänger, ihre Grundsätze, ihr Geschmack nur
einigermassen bekannt genug, um behaupten zu dürfen, dass nicht
demselben Verfasser jetzt dieser, jetzt ein anderer Ausspruch eines
alten Dichters gefallen habe, ohne dass er so eifrig darauf war, kleine
Unterscheidungen zu machen, wie wir?

Wenn wir uns so viel möglich versichert haben, dass in die
Böotische Skizze der Olympischen und der ihr vorausgegangenen
Götterordnung kein weit späterer, fremdartiger, störender Bestandtheil
eingedrungen sei, so werden wir es weit leichter haben, die andere
Classe von Zusätzen zu prüfen, die nicht eine theologische Erweiterung, sondern nur Verschönerung in der Ausführung bezwecken, aus
Reminiscenzen, Phrasen, Wiederholungen, anklingenden Versen be-
stehen, kurz nur die Darstellung angehen. Wir wollen diejenigen
zusammen nehmen, die mit Sicherheit als Zusätze verschiedener Zeiten durch diese Art von Verbesserungslust eingedrängt worden zu
sein scheinen.

Eine wahrscheinliche, dem Zusammenhang fremde, Interpolation
in Homerischem Styl im Proömion ist bei diesem bemerkt worden:
94—103.

117. $\pi\acute{\alpha}\nu\tau\omega\nu$ neutr. wie 66. 809 $\pi\acute{\alpha}\nu\tau\omega\nu$ $\pi\eta\gamma\alpha\acute{\iota}$. Schol. Eur.
Hipp. 604 $\gamma\tilde{\eta}$ $\pi\acute{\alpha}\nu\tau\omega\nu$ $\mu\acute{\eta}\tau\eta\varrho$ $\varkappa\alpha\tau\grave{\alpha}$ Ἡσίοδον. Terpand. Ζεῦ $\pi\acute{\alpha}\nu\tau\omega\nu$
$\dot{\alpha}\varrho\chi\acute{\alpha}$. Dadurch, dass man an das Neutrum nicht dachte, ist die Inter-
polation des folgenden Verses entstanden, wiewohl auch die Wieder-
holung alterthümlicher Treuherzigkeit nicht anstössig sein mochte.
So sind die drei, die Hekatoncheiren malenden Verse, 150—152, so
bedeutsam und ihre Rolle in dem Götterdrama so wichtig, ihre Wiederholung 671—673 bis auf ein verschiedenes Wort so wirksam, dass
es nicht nöthig scheint, sie mit Fr. Aug. Wolf einzuklammern.

118. Schol. $\dot{\alpha}\vartheta\varepsilon\tau\varepsilon\tilde{\iota}\tau\alpha\iota$. Platon im Sympos. p. 178 b führt an
Chaos, Gäa und Eros, lässt also nicht bloss 118, sondern auch 119
aus. Aber der Tartaros als in der Erde Grund macht mit ihr gleichsam eins aus, und dessen Uebergehen beweist nicht, dass der Vers
nicht in seinem Text vorkam. Auch 373 ist in Citaten ausgelassen,
s. v. Lennep. Auch bei Aristot. de Xenophane und Metaph. 1, 4

fehlen beide Verse, woraus Heinsius schloss, dass dieser beide Verse nicht anerkannte: quamvis sciam saepenumero inter citandum nihil respicere philosophos illos praeter istud, cuius gratia citatur. Paus. 9, 27, 2 ὡς Χάος πρῶτον, ἐπὶ δὲ αὐτῷ Γῆ τε καὶ Τάρταρος καὶ Ἔρως γένοιτο. Dagegen ist 118 allein auszuschliessen, denn die Erde ist nicht bloss Sitz der Götter, die den Olymp haben, d. i. des einen Bergs, sondern des Himmels, der Berge, des Meeres, der Menschen πάντων. Aber an diess Wort war man gewohnt ἀθανάτων anzuschliessen. Auch ist ja 128 der Himmel θεοῖς ἕδος ἀσφαλὲς αἰεί. Mit Unrecht verwirft daher G. Hermann de theogon. forma antiquissima p. 7 den zweiten Vers nebst dem ersten. Möglich, dass dieser falsche Vers den Anlass gegeben hat, auch den vorhergehenden, der wenigstens dem philosophischen Erklärer nicht nothwendig war, zugleich zu übergehen. Ganz richtig verwirft Wolf Sympos. S. 20 V. 118, während den anderen Platon als nicht zu seinem Zweck (vielmehr als nicht nothwendig zur Sache) gehörig übergehe. S. auch Schleiermacher zu der Stelle des Symposion.

141—144. In der Stelle über die Kyklopen scheint unter den Alexandrinern verschiedene Ansicht in Bezug auf Interpolation geherrscht zu haben, wie im Inhalt bemerkt ist; die Interpolation würde sich beziehen auf die Kyklopen der zweiten, späteren Bedeutung.

207—210. Die Etymologie der Titanen unterbricht schroff den Zusammenhang und scheint als eine Verbesserung eingeschoben, weil diese Hauptpersonen nicht ohne ihre Namenserklärung bleiben zu dürfen schienen. Auf die Falschheit der Erklärung kommt es dabei nicht an. Mit Unrecht scheint demnach v. Lennep diese Stelle gegen Fr. A. Wolf zu vertheidigen. Offenbare Zerrüttung oder Zusammenhangslosigkeit zu läugnen, ist nicht minder verkehrt als hyperkritische Polypragmosyne.

323—324. Die Feuer aushauchende Chimära mit drei Köpfen ist von einem Andern geschildert als vorn Löwe, in der Mitte Ziege und hinten Drache, nach einer verstandlosen Erklärung entweder, oder Anschauung.

815—819. Von den Hekatoncheiren ist vorher gesagt, dass sie als Wächter an dem von Poseidon gemachten Thore des Tartaros gesetzt wurden, als Zeus die Titanen in diesen einschloss (734 f.), und nachher lesen wir von denselben, dass die Hülfsgenossen des Zeus Paläste bewohnen an des Okeanos Gründen, mit dem Zusatz, dass den Briareus Poseidon zu seinem Eidam macht, indem er ihm seine Tochter Kymopoleia gab, wodurch, beiläufig gesagt, die Bedeutung der Hekatoncheiren, Wasserfluth, zum Ueberfluss bestätigt wird. Den Anlass zu diesem Zusatz mag man leicht darin vermuthen, dass an den Tartaros, nach dessen Schilderung die Wächter am Thor erwähnt waren, an sich nicht unpassend noch mehreres angeschlossen worden ist, wozu dann zum Schluss die Hekatoncheiren sich von Neuem darboten, es sei ursprünglich oder nicht. Diese Mythen sind: Atlas, der Japetide, welcher mit Kopf und Armen den Himmel hält, wo Nacht und Tag einander nahe kommen sich anreden, indem sie über die grosse Schwelle gehen, dann die Häuser von Schlaf und Tod, der Kinder der Nyx. Dann die Wohnung des Aïdes und der Persephoneia mit Kerberos; und endlich die schauerlich wunderbare Styx, von welcher Zeus durch Iris Eidwasser holen lässt.

Alle diese durch ein wiederholtes ἔνθα als eine mythologische Formel verknüpft.

910, 911. Den in einer Trias mit ihren Namen genannten Chariten sind zwei Verse zugesetzt worden, woran man sieht, wie reizend diese holden Wesen den Griechen erschienen, und wie geläufig ihre reizenden Beinamen ihnen waren. Denn an der Interpolation ist nicht zu zweifeln, da die Chariten hier in einer Reihe von neun oder zehn Triaden vorkommen, und alle übrigen acht ohne ähnliche, hier ganz leere und überflüssige Schilderungen und Lobpreisungen sind.

In Bezug auf den Inhalt ist keine Interpolation wichtiger und anstössiger als die, wozu die Geburt der Athene aus dem Haupte des Zeus, wenn die dieses enthaltende Trias ursprünglich war, Anlass gegeben hat, die in unserer Theogonie gleich nach den Göttinnen, womit Zeus vor der heiligen Hochzeit mit der Götterkönigin Kinder zeugte, angeführt ist (924—926). Diese Athene ist hier nur als Kriegsgöttin geschildert, so wie Stesichoros sie mit der Lanze bewaffnet aus dem Haupte des Zeus hervorgehen lässt, was offenbar den wahren und ganzen Begriff der Athene bei Homer und im Alterthum überhaupt nicht ausfüllt, die als Tochter des ätherischen Zeus auch Göttin des Feldbaus und als Tochter des Gottes alles Geistes und alles Wissens, selbst auch Göttin der Kunst und der Weisheit ist. Darin liegt auch der Grund, dass sie von jeher als aus dem Haupte des Zeus geboren galt, was nach allen Umständen dadurch nicht zweifelhaft wird, dass es von Homer nicht ausgesprochen, höchstens durch ὀβριμοπάτρη angedeutet ist. ˙Nun war aber in der fortgeschrittenen Zeit der Hesiodischen Poesie der μητίετα Ζεὺς unter den übrigen Eigenschaften immer mehr im Ansehen gestiegen, und wir dürfen es nicht missbilligen, dass Metis unter den sieben Gattinnen, der Themis, der Eurynome, der Demeter, der Mnemosyne, der Leto und der Here vorangesetzt worden ist. Mit der zweiten bis siebenten Genossin sind in sechs Triaden ihre Kinder, der Here, Hebe, Ares und Eileithyia beigefügt; die nächste Trias enthält die Tochter aus dem Haupte des Zeus und eine letzte den dagegen von der Here allein (als Erde) aus Eifersucht und zur Genugthuung erzeugten Hephästos, wovon wir aus dem Homerischen Hymnus auf den Pythischen Appollon die erste Kunde haben. Diess aber giebt der Athene aus dem Haupte des Zeus eine so gute Bestätigung, dass sie zugleich der folgenden Kritik zur guten Unterlage dient. Denn man erräth leicht, dass es fromme Leute gegeben hat, denen es würdiger geschienen, die weise Athena vermittelst der neueren Einsetzung einer Göttin und Gattin des Zeus, Metis, auch zu deren Tochter zu erheben, trotz der beiden letzten der genannten Hesiodischen Triaden, indem man die Kopfgeburt der Göttin, wovon freilich die andere unnatürliche Geburt, der Here, untrennbar ist, nicht ausdrücklich antastete, vielleicht gar beide verwarf oder ausstrich, und dafür mit Benutzung des nur zu herrschend gewordenen Orphischen schlechten Geschmacks und Aberglaubens den Zeus, ehe er die Athene gebären sollte, seine Gattin Metis durch Schmeichelworte bereden liess, sich in seinen Bauch hineinversetzen zu lassen. Um ein gut Theil crasser ist diese Symbolik neuzeitiger Bildung als in dem Mythus der früheren Weltordnung die Verschlingung der Kinder des Kronos. Denn es wurde offenbar angenommen, dass die von Zeus in sich aufgenommene Metis an der Tochter eben so viel Antheil habe als er, der sie aus dem Haupte gebar nach dem uralten Begriff, da nicht Metis sie gebar, die in den Leib des Zeus aufgenommene. Dieser sonderbaren Sache mehr mythisches Gewicht zu geben, wurde eine Warnung von Gäa und Uranos gedichtet, wo-

nach Metis einen Sohn, mächtiger als der Vater, gebären würde, oder
nachgebildet dem in epischer Poesie älteren Orakel, welches den Zeus
abhielt, die Thetis, nachmals die Mutter des Achilleus, zu ehelichen.
So kam auch hier ein mächtigerer Sohn zwar als Zeus nicht an's
Licht, und der mütterliche Einfluss auf die aus dem Haupte des Zeus
geborene Göttin konnte dennoch angenommen werden. [1]) Man brauchte
nicht einmal zur Erklärung dieses mystischen Hergangs hinzuzufügen,
wie ein pedantisches Scholion (zu V. 886), dass Zeus die Metis, ehe
er sie verschlang, schwanger gemacht habe, oder den anderen Einfall
bei dem Scholiasten zur Ilias (8, 89). Nach Ausscheidung der hierauf bezüglichen Verse behalten wir übrig (886. 887. 900):

> Ζεὺς δὲ θεῶν βασιλεὺς πρώτην ἄλοχον θέτο Μῆτιν
> πλεῖστα θεῶν εἰδυῖαν ἰδὲ θνητῶν ἀνθρώπων.
>
> ὡς δή οἱ φράσσαιτο θεὰ ἀγαθόν τε κακόν τε,

also eine für die erste Gemalin des Zeus, eine kinderlose Metis, voll-
kommen passende Trias, die erste von neunen, welche die Kinder der
sechs anderen Gattinnen und die Einzelgeburt des Zeus und eine dieser entgegengesetzte, der Here enthalten. Dass hier dem für sich selbst
so leicht sich aufdringenden Verdacht einer wenigstens nachplatoni-
schen Interpolation, in dem traurigen Geiste Orphischer Mystik und
Theologie, durch eine erste von neun Triaden eine sehr starke Bestätigung gegeben wird, machte mir einst bei dem Wahrnehmen derselben [2]) so viel Vergnügen, dass ich sie ausnahmsweise notirte, und
mich auch freute, sie einige Monate später, als ich Gruppe's Abhandlung las, bei ihm wieder zu finden.

Es ist nicht zu läugnen, dass man durch die Verschiedenheit des
Textes dieser Stelle bei Chrysipp, der vor 200 starb und aus welchem Galen diese Verse anführt (De Hippocr. et Platon. dogm. 3,
p. 273), auf andere und gar mancherlei Gedanken geführt werden
kann, worüber Jul. Caesar gelehrt genug und doch sicher nicht erschöpfend in der Zeitschr. f. Alterthumswissenschaft 1843 S. 402—406

---

1) Diess ist in dem einer übrigens ganz leeren Bemerkung angehängten
Scholion zu Jl. 8, 31 καὶ γὰρ οὔτε Ὅμηρος οὔτε Ἡσίοδος μητέρα αὐτῆς παραδίδωσιν,
nicht erwogen, oder nicht als ächt anerkannt. Und, da es sicher nicht ächt
ist, so bestätigt der Scholiast nur, was wir ohnehin annahmen, dass von jeher
die Tochter des Zeus aus seinem Haupte hervorging.
2) In Baden-Baden im Herbst 1850.

verhandelt. So ist besonders zu bedenken, dass vielleicht in dem früheren Text nur sieben Triaden, wie sieben Göttinnen, waren, indem nur, und zwar weislich und fein genug, ausgelassen war, dass, wenn Metis Gattin des Zeus war, diess auf die Tochter, wenngleich deren Geburt aus dem Haupte des Zeus nach der allgemeinen und nicht zu erschütternden Vorstellung selbstverständlich erfolgte, was zu bekannt war, um nothwendig ausdrücklich erinnert werden zu müssen, natürlich Einfluss hatte, diese also noch mehr wegen der Kunst und der Weisheit als wegen der Kriegskunst geehrt werden sollte. Dann konnte aber gerade diese, in ihrer Bedeutsamkeit nicht verstandene, Auslassung den Anlass hergeben, die Trias von der Kopfgeburt der Athene, welche dann die hier ebenfalls verdächtige Symbolik von Here und Typhaon nach sich zog, einzuschieben. Die Verschiedenheit dieser beiden Triaden in dem Exemplar des Chrysippus selbst ist in Betracht zu ziehen. Wir werden auf den ganzen Abschnitt mit einer anderen Vermuthung zurückkommen.

Inhalt und Zusammenhang.

116. Zuerst war Chaos, Raum (Götterl. 1, 293 f.). Von demselben Stamm wie χάος ist χάσμα, aber von einer engeren und besonderen Bedeutung, welche dem anderen Worte selbst Oppian ausnahmsweise giebt, indem er es für Rachen gebraucht (Cyneg. 3, 414. 4, 92). Die Hesiodische Naturphilosophie, die älteste uns bekannte Griechische, hat einen sehr volksmässigen Charakter, und es ist ein ganz naiver Gedanke, dass Raum eher da gewesen sein müsse als die darin befindlichen Dinge, so wie ein Bauplatz vor dem Gebäude. So fassen das Chaos auch Fr. A. Wolf in seiner Ausgabe zur Theogonie V. 700, G. Hermann Opuscula 2, 172 im Gegensatz der meisten Späteren oder der rohen und ungestalten Masse der Materie, als in der eigenen Bedeutung des Wortes den von aller Materie leeren Raum van Lennep in seiner Ausgabe, Guigniaut in seiner Abhandlung über die Hesiodische Theogonie: das Leere (le vide). Was Epicharmos sagt: Chaos solle als der erste der Götter entstanden sein, [1]) ist nach dem Titel Theogonie und der schon weiten

---

1) Diog. Laert. 3, 10.

und unbestimmten Bedeutung des Wortes $\vartheta\varepsilon\dot o\varsigma$ zur Zeit zu beurtheilen und ohne alle Bedeutung. Anders schon die Naturphilosophie des Alterthums, (wiewohl im Platonischen Timäus der Begriff „des Raumes, welcher nie vergeht, sondern allem Entstehenden gleichsam zur Unterlage dient, sinnlich nicht wahrnehmbar und kaum durch eine Art von Bastardvernunft zu fassen" [p. 52 a. b.], berührt ist,) seit Pherekydes. Dieser nemlich, indem er das Chaos als Grundstoff fasste, liess nach falscher Etymologie ($\chi\varepsilon\tilde\iota\sigma\vartheta\alpha\iota$) das Chaos Wasser bedeuten, welches dann Thales von eigenen Ideen ausgehend als Urstoff setzte. [1]

Diesen alten Gelehrten, zu denen auch Ekphantos gehört bei Stobäus (Ecl. 1, 11, 16), welcher zwar sich auch selbst widerspricht: $\tau\acute o \; \varkappa\varepsilon\nu\grave o\nu \; \varkappa\alpha\grave\iota \; \tau\grave\alpha \; \grave\alpha\delta\iota\alpha\acute\iota\varrho\varepsilon\tau\alpha \; \sigma\acute\omega\mu\alpha\tau\alpha$, diess Letztere nach Demokrit, mit dem auch Apollonius Rhodius übereinstimmt, so wie im Wesentlichen Anaxagoras ($\acute o\mu o\tilde v \; \pi\acute\alpha\nu\tau\alpha \; \chi\varrho\acute\eta\mu\alpha\tau\alpha \; \check\varepsilon\eta\nu$) und Platon, auch Empedokles ($\pi\tilde\alpha\nu \; \grave\varepsilon\nu \; \pi\acute\alpha\nu\tau\iota \; \mu\acute\varepsilon\mu\iota\varkappa\tau\alpha\iota$), schliesst auch Ottfried Müller sich an in seiner Griech. Litterat. Geschichte 1, 156, indem er sagt, dass Hesiodus die darauf folgenden Wesen aus dem Chaos entstehen lasse und es sich also als die dunkele Urquelle alles Lebens der Welt gedacht haben müsse, so wie Schömann in seinem Prometheus (S. 35) das Chaos „einen dunkeln, unerforschlichen Urgrund" nennt, „ein Erstes, in welchem zwar der Keim zu allem folgenden geistigen sowohl als materiellen Dasein lag, welches selbst aber als ein noch ganz Unbestimmtes, Ununterschiedenes gedacht wurde." Wie viel natürlicher Plutarch De Iside p. 374 b. c., dass Hesiodus der Erde, dem Eros und Tartaros, das Chaos als Raum ($\chi\acute\omega\varrho\alpha\nu \; \tau\iota\nu\grave\alpha \; \varkappa\alpha\iota \; \tau\acute o\pi o\nu \; \tau o\tilde v \; \pi\alpha\nu\tau\acute o\varsigma$) untergelegt habe, also „ein todtes Chaos, über welches (und einen ersten Stoff) sich eine weltbildende Kraft, der Eros, siegreich erhebt," wie Steinhart sich ausdrückt, indem er die (neu) orphische Theogonie entgegenstellt, wonach „die Natur selbst ein ursprüngliches Leben hat und alle Dinge mit Nothwendigkeit durch einen der Natur eingepflanzten Bildungstrieb aus einem Grundelemente hervorgegangen, das man sich bald als einfaches, bald als doppeltes

---

[1] Achill. Tat. in dem Fragment aus der Einleitung in Arats Phaenomena c. 3 in des Petavius Uranologion. Tzetzes zur Theogonie 116.

lachte," auch berührt, was mehrere Jonische Philosophen aus dem
Chaos gemacht haben. [1]) Weniger zur Beleuchtung des streitigen
Wortes als der allgemeinen Ansichten eines berühmten Mannes führe
ch noch an, was Lobeck bemerkt über die doctrina Hesiodi cuncta
articulatim ex inordinato Chao producentis: sed idem tam rudi arti-
icio elaboratus tamque ineptis fabulis implicatus est, ut Onomacriti
otius quam Platonis aetati imputari possit (Aglaoph. p. 613). Auf-
allend ist auch, was A. W. von Schlegel beiläufig geäussert hat:
„Das Chaos auf das ganze sichtbare Universum bezogen, ist nichts
nders, als die Lehre von der Ewigkeit der Materie, wozu dann die
ntelligente Schöpferkraft nur die Form hergeliehen hätte. Aber als
ine geologische Theorie betrachtet, wird sich das Chaos ziemlich gut
ertheidigen lassen." [2])

117—119. Nachher dann die breitbrustige Erde, aller Dinge
tets fester Sitz und Tartara. Dass Platon im Symposion mit Aus-
assung von Tartara und einem zu $\pi\acute{\alpha}\nu\tau\omega\nu$ interpolirten Vers verbindet
Erde und Eros, wie auch Aristoteles in zwei Stellen, Zenon und Sex-
us Empiricus, hat, obgleich Spätere auch Tartara mit anführen, in
Alexandria Veranlassung gegeben V. 119 zu ächten. In der Regel
ah man mehr auf das Aeussere der Worte, als auf das Innere und
o wird man übersehen haben, dass nach dem Hesiodischen Sprach-
ebrauch Tartarus und Gäa zusammengehören, $T\grave{\alpha}\varrho\tau\alpha\varrho\acute{\alpha}$ τ ' $\mathring{\eta}\varepsilon\varrho\acute{o}\varepsilon\nu\tau\alpha$
$\iota\upsilon\chi\tilde{\omega}$ $\chi\vartheta o\nu\acute{o}\varsigma$ $\varepsilon\mathring{\upsilon}\varrho\upsilon o\delta\varepsilon\acute{\iota}\eta\varsigma$, was durch das Mass der unter der Erde
ich ausdehnenden Tiefe des Tartaros 721—725 nicht aufgehoben
vird. Für jene Philosophen und die Zusammenstellung von Chaos,
Erde, Eros war also die Auslassung nur eine Abkürzung. Die Ilias
ennt den Tartaros $\beta\acute{\alpha}\vartheta\iota\sigma\tau o\nu$ $\beta\acute{\varepsilon}\varrho\varepsilon\vartheta\varrho o\nu$ $\mathring{\upsilon}\pi\grave{o}$ $\chi\vartheta o\nu\acute{o}\varsigma$, ebenfalls so tief
nter der Erde wie den Himmel über ihr (8, 13), und der theogonische
Unterschied ist nur, dass sie diesen erst selbst über sich wölbt, wäh-
end Tartaros zu ihr gehört, $\tau\acute{\alpha}\varrho\tau\alpha\varrho\alpha$ $\gamma\alpha\acute{\iota}\eta\varsigma$ 841. Den Tartaros
ennen Plutarch, Pausanias und Andere nach ihnen aus diesem Vers,
ler meiner Meinung nach von mehreren Herausgebern mit Unrecht
erworfen wird: unrichtig ist nur, wenn man nach ihm ein drittes
ach Chaos und Gäa versteht und komisch, wenn man auch dieses

1) Hallische Allgemeine Litteratur-Zeitung 1844 S. 628.
2) In der Vorrede zu der Uebersetzung von Prichards Aegypt. Mythol. S. XVII.

Urprincip nennt. Dem Wort nach scheint *Τάρταρα* Finsterniss, Wust zu sein, welche Bedeutung durch die Reduplication wie in manchen andern Wörtern verstärkt wird. An eine Contraction aus *ἐνέρτερα* ist nicht zu denken mit einem Orphiker (fr. 6, 4): *τὰ ἐνέρτερα, νείατα γαίης*, da hierin die Präposition das Wesentliche ist, wie in *ὑπέρτερα*.

120—122. Aristoteles citirt: *ἠδ "Ερος ὃς πάντεσσι μεταπρέπει ἀθανάτοισι.* Und Eros, eine der bedeutendsten Ideen des griechischen Alterthums. Hesiodus schildert ihn zwar als den Olympischen, welcher die Herzen der Götter und Menschen bezwingt, doch diess nur nach einer Neigung der-Alten unter dem Namen von Göttern die Begriffe verschiedener Zeiten und Kreise zu identificiren, da an dieser Stelle nur der kosmologische Eros verstanden werden kann, der als Regung oder Trieb in der Erde waltet, lebendige Bildungskraft. In die Theogonie ist dieser aus dem Cultus übergegangen, nicht aus ihr als eine persönliche Gottheit entnommen worden, wie etwa Mnemosyne, die zwar in einem Hymnus des Proömion auch schon als Göttin in Pieria vorkommt. Der Eros in Thespiä und Parion, durch einen unbehauenen Stein bezeichnet, war ohne Zweifel älter als die Hesiodische Theogonie, und die lebendige Naturkraft zu denken und zu verehren lag nicht entfernter als die De Mutter zu nennen. Eher möchte man aus der Hesiodischen Schilderung des Eros schliessen, dass zur Zeit auch in Thespiä Eros schon die engere Bedeutung, menschliche Liebe, angenommen hatte, so wie vermuthlich auch die Chariten, die Töchter der Hera, schon bald nach der Gestaltung der Olympischen Götterwelt zu Orchomenos aus Chariten des Bodens, die in vom Himmel gefallenen Steinen seit Eteokles dort zuerst und am meisten verehrt worden sein sollen, in menschliche Chariten übergegangen waren. In der Japanischen Mythologie soll mitten inne zwischen Himmel und Erde Kami, ein göttlicher Geist, geboren sein. So nennt Sappho den Eros Sohn des Uranos und der Gäa. Der Hesiodische Eros war würdig von Parmenides als Princip aufgestellt zu werden, [1]) und wenn er Sohn der Zeit genannt, also

----

1) Aristot. Metaph. 1, 4.

neben Zeus Kronion gestellt wird [1]), so hebt diess den kosmologischen Charakter nicht auf. Götterl. 1, 348—352. 2, 721—728.

123—125. Aus dem Chaos wurden geboren schwarze Nacht und Erebos, das Dunkel auf Erden und in der Unterwelt oder dem Tartaros; die unendliche Leere ist finster, Finsterniss hängt an ihr unzertrennlich. Nyx und Erebos erzeugten Aether und Tag, wie das Frühere das Spätere.

Der Eindruck, dass der aufgehende Tag aus dem Schoos der Nacht geboren werde, ist so natürlich und allgemein, dass viele Völker die Zeit nach Nächten zählten und der bürgerliche Tag mit der Nacht anfing, wesswegen man nicht ἡμερονύκτιον, sondern νυχθήμερον sagte: νύκτας ἡμέρας τε, wie z. B. Sophokles. Thales sagt ironisch ausweichend auf die Frage, was früher gewesen sei, Nacht oder Tag: die Nacht um einen Tag, und ähnlich antworten dem Alexander die Indischen Gymnosophisten [2]).

126—128. Gäa erzeugte zuerst gleich ihr selbst, d. i. gleich ausgedehnt, den sternigen Himmel, sie überall zu umhüllen, damit sie den seligen Göttern ein immerdar fester Sitz sei. Eine merkwürdige Stelle in Bezug auf den Gebrauch von Himmel und Olympos. In der früheren Periode war Zeus und Himmel eins oder Zeus im Himmel; durch den Mythus vom Götterberg wurde der Sitz des Zeus und der Götter der Erde zu eigen, obwohl auch die Bedeutungen von Olympos und Himmel andererseits in Schwanken geriethen. Auch in der Mosaischen Genesis entsteht der Himmel aus der Erde; nach den Aegyptern lagen Himmel und Erde Anfangs in einander. Noch in Herodots Zeit erschien die Welt als die Umgebung der Erde.

Dann zeugt die Erde die hohen Berge, nach der Natur von Griechenland zu reizenden Behausungen für die Nymphen, wie den Himmel für die Götter, und auch die unfruchtbare, in Fluthen stürmende See, den Pontos, ohne Liebesanreizung. Der Himmel hängt am Horizonte nicht mehr mit der Erde zusammen als das Meer an den Küsten. Wegen ihrer unendlichen Ausdehnung aber haben sie den gleichen Anspruch neben ihr als Theile oder Erzeugnisse von ihr, wodurch sie als die Hauptperson unter den dreien bezeichnet ist, betrachtet zu

---

1) Schol. Apollon. Rh. 3, 26.
2) Plut. Alex. 64.

Welcker, Hes. Theogonie.   8

werden. Eher in dieser Anschauung möchte ich den Grund suchen, als in der Hypothese, welche den Griechen geliehen wird, dass das Meer „aus den Bornen der Erde heraufstrudele," weil sie es ohne Eros erzeugen [1]). Die Idee des Okeanos steht damit in gar keiner Beziehung. ، Wie nachher Gäa mit dem Uranos die Titanen erzeugt, so folgt auch eine Reihe von ihr und Pontos abstammender Wesen, worunter auch Nereus, der wirkliche alte Meergott. Von Eros wird nicht wie von Chaos und Gäa ein Erzeugniss genannt, weil er in Allem unsichtbar wirkt und nur durch seine in aller Materie kenntliche Wirksamkeit selbst zur Erscheinung kommt, der Eros der Natur nämlich, indem die aus poetischer der doctrinellen Bestimmtheit entgegengesetzter Licenz vorher ihm beigegebene Schilderung ganz ausser Augen gelassen wird.

132—138. Drauf aber gebar Gäa zum Uranos gebettet die zwölf Titanen, die Kyklopen und die Hekatoncheiren, nämlich den tiefkreisenden Okeanos, Koios, Krios, Hyperion und Japetos, und sechs Töchter: Theie, Rhea, Themis, Mnemosyne, Phöbe und Tethys; zuletzt nach diesen Kronos, den Jüngsten, den verschlagensten, furchtbarsten der Kinder. Götterl. 1, 277—282.

Den vollen Gegensatz gegen die Idee der Schöpfung ist die Kosmogonie der Alten, noch bestimmter aber die Idee der Potenzen, aus denen in der Hesiodischen Theogonie die Dinge zum Theil abgeleitet werden [2]). Selbst Okeanos und Tethys sind nicht erfahrungsmässig, sondern ideell gesetzt, um Flüsse und Quellen zu erklären. So Theia und Hyperion. Am weitesten versteigt sich diese Idealistik im dritten Paar Κρῖος und Εὐρυβίη, als erster Potenz, wovon in zweiter stammen Ἀστραῖος, sternig, Πάλλας, schwungsam, Πέρσης, Potenz von Perseus, Licht, darum vermählt mit Asterie, der Tochter des Köos (409), Kräfte des Sternhimmels, des Umschwungs, des Lichts. Die Eigenschaft des Perses: ὅς καὶ πᾶσιν μετέπρεπεν ἰδμοσύνῃσιν, weil nach mythischem Styl ein schmückendes Beiwort nicht leicht fehlt und für Perses ein von der Gestalt genommenes nicht wohl passte.

---

1) O. Müller Prolegg. S. 379.
2) Irrig van Lennep zu 132: nec dubium est, quin, quae deinceps recensentur Titanum ac deorum nomina omnia ex antiquissima Graecorum religione coniunctisque cum ea mythis prolata sint.

Aehnlich wie Pallas, befremdlich als Vater der Selene genannt, (H. in Merc. 100) ein Sohn des Megamedes (Hochverständig), vielleicht weil eine grosse Weisheit der Natur in ihm liege, wie auch in Perses. In dritter Potenz von Ἀστραῖος und Ἠώς Ἠριγένεια, die auch nur Erscheinung, unkörperlich ist, Zephyros, Boreas, Notos und die Sterne. Die Winde haben ihren Ursprung in der Morgenfrühe und die Sterne, in so fern als sie in seiner Frische und Klarheit am stärksten funkeln. Die Sippschaft des dritten Paares giebt ein Gegenstück ab zu der geschickten Gruppirung der allegorisch-märchenhaften und zum Theil rein allegorischen Personen, die von Nyx und besonders von Pontos abstammen. Von Pallas und der Okeanide Styx: Zelos, Nike, die dem physischen Pallas entsprechen, Kratos und Bie, die ihm von der physischen wie von der ethischen Seite verwandter Natur sind. Und diese alle sind bei Zeus durch ihrer Mutter Wahl und Beschluss. Κοῖος und Φοίβη, in zweiter Potenz Λητώ und Ἀστερίη, in dritter von Ἀστερίη und Πέρσης Hekate. Auf diese Art wird in die Theogonie, die allumfassend sein soll, der Vorrath mythologischer, dem Cult fern stehender, Sagen und der ethisch-psychologischen Begriffe eingeflochten.

Okeanos ist nicht Griechischen Ursprungs, nicht abzuleiten von ὠκύς mit Grotefend in den Geographischen Ephemeriden, G. Hermann in den Briefen an Creuzer (S. 159) und Griechischen Grammatikern (ὠκύς und νάειν Steph. Byz. s. v.). Er gehört nicht der wirklichen Natur an, und ist, wie nicht in der Anschauung, so auch nirgendwo im Cultus. Eine andere Wortform ist Ὠγήν, Ὠγῆνος, Ὤγενος [1]). W. von Humboldt erklärt Ogen, Okeanos von dem Indischen Ogha, Ogh bei Alex. v. Humboldt Kritische Unters. über die geogr. Kenntnisse von der neuen Welt, 1, 49 f., (welcher auch nach Bochart das Phönizische einmischt mit Rücksicht auf den atlantischen Ocean, der mir hierher nicht zu gehören scheint) [2]). So auch Fr. Windischmann

1) Pherecydes p. 51 Ζὰς ποιεῖ φάρος μέγα τε καὶ καλόν· καὶ ἐν αὐτῷ ποικίλλει γῆν καὶ Ὠγῆνον, καὶ τὰ Ὠγήνου δώματα. Hesych. Ὠγήν. ὠκεανός, Ὠγένιον παλαιόν. Steph. Byz. Ὤγενος, ἀρχαῖος θεός, ὅθεν ὠγενίδαι καὶ ὠγένιοι ἀρχαῖοι. Lycophr. 231 γραῖαν σύνευνον Ὠγένου Τιτηνίδα. (Τηθύν). Buttmann zog Γύγης zu demselben Stamm.

2) Das Ideelle aus älteren Zeiten durch reale, erfahrungsmässige Gegenstände erklären zu wollen, war frühzeitig auch die Gewohnheit des gelehrten Alter-

8*

Ursagen der Arischen Völker 1852 S. 5—7, der auch Ὤγυγος eben
daher ableitet. Die Idee des Okeanos, aus Asien mitgebracht, wie
die des Japetos und weniger weit her der Rhea, kann ein sehr eigenthümliches Gepräge angenommen haben; er ist bei Homer ein Fluss
(Jl. 14, 245), tieffliessend, aus welchem alle Flüsse und das ganze
Meer und alle Quellen und Brunnen fliessen (21, 195), aus welchem
Helios aufgeht (Od. 19, 434, wo das Beiwort ἀκαλαῤῥείτης hinzugefügt ist, 11, 13), und vermählt ist ihm Tethys, die Ernährerin ¹),
so wie er durch die Flüsse und Brunnen ernährt. Tethys ist auch
unter den zwölf Titanen genannt und als Mutter der Flüsse und der
Okeanidischen Nymphen aufgeführt. Zu ihnen zu gehen giebt Here
vor, als sie den Zeus einschläfert. Auch in der Theogonie ist er
tiefstrudelig, tieffliessend (133. 260), ein vollständiger Fluss (τελήεις
242), der seine Quellen hat (382), der heilige umkreisende Strom
(788—791) und bei Aeschylus liegt er in seiner Grotte wie Prometheus in der seinigen (Prom. 322, 532). Er ist also eine angeerbte
poetische Idee, das Urwasser, unter welcher Form es auch sei, bei
den Griechen aber als erdumfliessend, nach allen Seiten hin ausströ-
mend gedacht, der vor den Hesiodischen Titanen als Potenzen wie
Köos, Krios, Hyperion sehr im Vortheil erscheint. Götterl. 1, 285.
292. 648.

139—146. Dann gebar Gäa die Kyklopen: Brontes, Steropes,
Arges, die im Uebrigen den Göttern ähnlich waren, aber ein einziges
Auge lag mitten in der Stirne, und Kyklopen wurden sie genannt,
weil ein kreisförmiges Auge ihnen in der Stirne lag: und Kraft und
Gewalt und Geschick zu Werken waren ihnen eigen.

Da μηχαναὶ ἐπ' ἔργοις nicht wohl anders als auf die hämmern-
den Kyklopen bezogen werden kann ²), so sehen wir hier die kosmi-

---

thums. So hat denselben falschen Begriff des Griechischen Okeanos auch Pha-
vorinos παντοδαπ. ἱστορ. bei Stephanus Byz. s. v. προσαγορεύουσι δὲ τὴν ἔξω
θάλατταν ἐκεῖ μὲν οἱ πολλοὶ τῶν βαρβάρων Ὠκεανόν, οἱ δὲ τὴν Ἀσίαν οἰκοῦντες
μεγάλην θάλατταν, οἱ δ' Ἕλληνες Ἀτλαντικὸν πέλαγος.

1) Götterl. 1, 617 ff.

2) Oder sollten die Wirkungen des einschlagenden Blitzes in ihrer wunderbaren Manigfaltigkeit zu verstehen sein, was auch in einer alten Erklärung ausgedrückt und nur schlecht oder unverstanden ausgedrückt wäre in den Worten
der Scholien: ὅτι οὗτοι τεχνῖται εἰσὶν ἐν τοῖς θεοῖς? Dann würde Vieles in dem
Obigen wegfallen.

schen Kyklopen und jene Donner und Blitz (den letzteren in zwei
Personen nach seiner verschiedenen Erscheinung) mystisch oder mythologisch in Eins verschmolzen, eben so wie den kosmischen Eros mit
dem menschlichen, und hiernach erst erhält der Vers, dass sie aus
Unsterblichen in redende Sterbliche verwandelt wurden, seine Bedeutung, und die sich daran schliessende Etymologie von κύκλος und ὤψ
wird zugleich von der Aechtung befreit, wenn man nun zwei Triaden
für die Kyklopen anerkennt und nur den Vers οἵ Ζηνὶ βροντήν τ᾽
ἔδοσαν τεῦξάν τε κεραυνόν ausschliesst. Den Vers, welcher die Ver-
wandlung ausdrückt, hat Krates gelesen und wie die Scholien anstatt
des Verses οἱ δ᾽ ἤτοι τὰ μὲν ἄλλα θεοῖς ἐναλίγκιοι ἦσαν, der sehr
entbehrlich ist, vermuthlich den von andern Alexandrinern nicht ver-
standenen, aber wegen μηχαναί τ᾽ ἐπὶ ἔργοις nothwendigen, aus dem Text
verdrängt; auch van Lennep und Orelli (gegen Göttling) lassen ihn aus.

147—153. Drei andere Söhne von Gäa und Uranos, gross und
gewaltig, unnennbar: Kottos, Briareos und Gyges, mit hundert Armen
und fünfzig Köpfen. Bemerkenswerth ist das Beiwort οὐκ ὀνομαστοί,
das wohl nur bedeuten kann mit Namen nicht ausdrückbar, um
nämlich ihre ungeheure Gewaltigkeit dadurch anzudeuten. Sie hatten
wirklich Namen und Briareus, nach Homer auch Aegäon, Fluthmann,
drückt sicher Gewalt aus, Gyges, wie Ogyges, nur das Element [1]),
und Kottos mochte schon früh nicht recht sprechend sein [2]). So
sieht man also, dass jene Namen dem Dichter keine rechten Namen
waren, und zugleich, wie sehr man gewohnt war, in den Namen einen
scharfen und treffenden Ausdruck des Wesens und der Eigenschaften
zu sehen. Die Hekatoncheiren sind ein Symbol der furchtbaren Gewalt des Wassers, ihre fünfzig Köpfe gehen nur auf seine Verbreit-
tung und Vielheit, wie die Zahl der Okeaniden, welche aber sich auf

---

1) Γύης in vielen Handschriften und Ausgaben des Hesiodos, so wie es auch
bei Apollodor und den Römern schwankend ist, muss aufgegeben werden, wie
Mützell und van Lennep zeigen. Zu setzen Γύης ist man wahrscheinlich durch
den Sammtnamen Ἑκατογχεῖρες veranlasst worden, indem man es von γυῖον
herleitete, wie auch Kanne erklärt »Der Gliederstarke«, Mythologie S. 23, und an
ἀμφιγυήεις-Γύης dachte, so wie Bentley ad Hor. Carm. 2, 17, 14 und Buttmann
Lexilogus 2, 271. Richtig auch Schol. Apollon. 1, 1165: Βριάρευς καὶ Αἰγαίων
καὶ Γύγης συνονύμως.

2) Aesch. Trilog. S. 148 ff.

die wohlthätigen Flüsse und Quellen beziehen. Die je hundert Arme aber der drei Figuren versinnbilden die furchtbare Gewalt des Wassers, die sowohl in der stürmischen See als in den Bergströmen anschaulich wird. Diese χείμαρροι spielen in der Griechischen Natur eine grosse Rolle. Um nur ein Beispiel anzuführen, setze ich ein paar Worte her aus dem Tagebuch meiner Griechischen Reise, zwischen Bostitza und Patras: „Dass die Bergströme so grosse Strecken mit zum Theil sehr grossen Steinen überdecken könnten, würde man kaum glauben, sähe man nicht an mehreren Stellen ihren Lauf (zur Zeit nämlich, wann sie fliessen); die man freilich überall aufsuchen könnte, aber der Ausdehnung wegen meistentheils gar nicht erkennt." Götterl. 3, 156. 1, 263. 288.

Um so mehr also war in Griechenland die Gewalt des Wassers als das Furchtbarste in der Natur neben dem Gewitter Jedermann anschaulich. Für unrichtig muss ich daher auch in dieser Hinsicht die Ansichten O. Müllers halten in der Gr. Litteraturgeschichte 1, 159, wo er die „Hekatoncheiren für die furchtbare Gewalt grösserer Naturrevolutionen" erklärt.

154—182. Der Widerwille des Uranos gegen seine Kinder, die er, wie einer geboren ward, in die Erde verbirgt, und den Entschluss dieser sich zu rächen, wozu nur Kronos, der jüngste, die Hand bietet, ist nacherzählt Götterlehre 1, 272 f., wobei die von Schömann De Titanibus Hesiodeis Opusc. 2, p. 96 s. nachgewiesenen Schwierigkeiten übersehen worden sind, wegen deren Preller mit Recht, gegen die falsche Lesart, die Einschliessung in die Erde auf die Hekatoncheiren und Kyklopen beschränkt, ohne sich bei der nothwendigen Emendation des Textes aufzuhalten. Mehrere hatten diese versucht, aber es kann keine genügen, da immer die Lücke bleibt, dass über das Schicksal der sechs Paare von Titanen nichts zu errathen ist, die eben die falsche Emendation des alten Kritikers, die auch dieser mit unter die Erde gezogen hat, veranlasst zu haben scheint. V. 154 γὰρ ist ohne Zusammenhang.

Die Entmannung des Uranos bedeutet die Vollendung der Schöpfung, die in der Zeit abgeschlossene Erzeugung, ein Symbol, entstanden bei der Betrachtung der unendlichen Manigfaltigkeit der Geschöpfe. Diese Geschichte hat ihren Platz aber natürlich über dem Kronos einnehmen müssen und so den täuschenden Schein eines Uranos und einer Gäa ausser Zeus und Demeter erzeugt. Eins entspringt aus dem Anderen, wie Zeus einen Vater erhält und Kronos den Himmel in seiner Schöpfung Gränze setzt, so wird genealogisch verflochten Uranos, des Zeus Grossvater. Kronos an der Spitze wäre durchaus fremd gewesen, er hatte ja nur einer besonderen Vorstellung beiläufig den Ursprung zu danken. Die Speculation war wenig thätig, ging gleich in das Naive über; nichts ist vom wissenschaftlichen Standpunkt betrachtet, sondern nach mythischer Phantasie.

183—187. Mit dem Schleudern der abgeschnittenen Zeugungstheile des Uranos in das Meer, um den Ursprung der Aphrodite zu erklären, ist, weil diese hier in ungünstigem Sinn aufgefasst ist, eine nicht nach Art des Mythus entsprungene, sondern aus mythologischem Nachdenken in einer späteren, iu der Mythendichtung künstlicheren Zeit hervorgegangene Dichtung verknüpft worden: die Erzählung nemlich, dass aus den herabgefallenen Blutstropfen des Gliedes, während es über der Erde zum Meer hinflog, drei andere, gleichfalls bösartige Wesen entsprungen seien: die Erinnyen, die Giganten und die Melischen Nymphen. Von den Erinnyen und auch von den Giganten, wenn man sich den Mythus der Gigantomachie so frühzeitig denken darf, gilt diess so entschieden, dass man im voraus veranlasst ist, ihn auch auf die Melischen Nymphen überzutragen. Denn μελία heisst die Esche und in der Ilias und bei Späteren auch die Lanze. Daher war in den Tagen und Werken das dritte, eherne Menschengeschlecht, das sich mit eigenen Händen umbrachte, aus Eschen gebildet (145). Die Nymphen aber der Eschen sind eins mit den Bäumen, wie die Dryaden mit den Eichen. Callimachus in Jov. 47 Δικταῖαι Μέλιαι; in Del. αὐτόχθων Μελίη. Bei den Germanen hiess der erste Mann Esche, Askr, die Frau Embla (Emsig). Der Krieg demnach ist als ein Uebel neben Rebellion und Schuld gestellt. Dass die Dichtung von dem Ursprung dieser drei Uebel späteren Ursprungs sei, wird dadurch noch wahrscheinlicher, dass die Abstammung der Erinnyen von der Nyx neben den Mören in einer kleinen Reihe von Triaden vorkommt (220—222), wo sie mehr Wahrscheinlichkeit für sich hat, als da, wo sie neben Giganten und Melischen Nymphen gestellt sind. Dass dort der Name selbst ausgelassen ist, erklärt sich aus heiliger Scheu und ist selbst sehr bezeichnend, kann aber als Anlass gedacht werden zu der Dittographie, dass dort die Erinnyen noch einmal vorkommen. Möglich, dass auch die zwölf Titanen als ein Mythus für sich in eine ältere Titanomachie hereingezogen worden sind, mit der sie nicht in allen Beziehungen wohl zu vereinigen waren, besonders insofern sie als Potenzen, woraus Götter der Zeusdynastie entspringen sollten, oder als geistige Wesen, Themis, Mnemosyne, in der Titanenschlacht ganz unberücksichtigt bleiben.

188—206. Als Kronos das Schamglied ($\mu\dot{\eta}\delta\epsilon\alpha$) abgeschnitten, warf er es vom Festland in das Meer; so fuhr es lange Zeit über Meer, und weisser Schaum entsprang aus dem unsterblichen Fleisch, und in diesem ward eine Tochter genährt, die nahete sich zuerst Kythera und kam von da nach Kypros und stieg hervor; Gras wuchs unter ihren Füssen: Aphrodite, die schaumgeborne Göttin nennen sie Götter und Menschen, weil sie im Schaume genährt ward; Kythereia aber, weil sie auf Kythera gestossen war, und Kyprogeneia, weil sie in Kypros geboren wurde; und $\varphi\iota\lambda o\mu\mu\eta\delta\dot{\eta}\varsigma$, ὅτι $\mu\eta\delta\dot{\epsilon}\omega\nu$ $\dot{\epsilon}\xi\epsilon\varphi\alpha\dot{\alpha}\nu\vartheta\eta$. Eros begleitete sie und Himeros folgte ihr, als sie neu geboren zum Geschlechte der Götter ging. Diese Ehre aber und Bestimmung hat sie von Anfang bei Göttern und Menschen, jungfrauenhaftes Gekos, Lachen, Bethörung, süsse Wonne, Liebeslust und Schmeichelrede.

Diese Dichtung, welche sich dem alten und allgemeinen Glauben, dass Aphrodite Kyprischen Ursprungs und von da nach Kythera übergegangen sei, entgegenstellt, hat zum Grunde nicht bloss die unstreitig falsche Etymologie des auch heute noch unerklärten Namens, sondern auch die Uebereinstimmung des Wortes nach ihr mit der Auffassung der Göttin von Seiten des Dichters, der zwar die allgemeine Meinung, die ihr huldigt, nicht wegläugnen kann, aber doch verräth und durchblicken lässt, dass ihm die Liebeslust ($\varphi\iota\lambda\acute{o}\tau\eta\varsigma$), als ein grosses Uebel ($\mu\acute{\epsilon}\gamma\alpha$ $\pi\tilde{\eta}\mu\alpha$) erscheint, und so auch Pandora als Mutter der Weiber ein grosser Schaden in den Werken und Tagen. Darum verwandelte er die meergeborene Kyprische Göttin in eine schaumgeborene, $\dot{\alpha}\varphi\varrho o\gamma\epsilon\nu\dot{\eta}\varsigma$, obgleich Schaum nicht ein Hauptcharakter des Meeres ist, und diess erinnert sehr an Lockerheit, so wie $\varphi\iota\lambda o\mu\mu\epsilon\iota\delta\dot{\eta}\varsigma$ in $\varphi\iota\lambda o\mu\mu\eta\delta\dot{\eta}\varsigma$, welcher leichte Wortwitz vielleicht sogar Veranlassung gegeben hat, die $\mu\dot{\eta}\delta\epsilon\alpha$ des Uranos und sie zu verknüpfen [1]). Zufällig trifft mit dieser satyrisch gemeinten Abstammung der Aphrodite von Uranos zusammen, dass die Kyprische Aphrodite oder Kythereia auch Urania hiess, welcher hier eine neue, besondere Abstammung beigelegt wird. Hiernach erscheint Aphrodite eigentlich älter als Here und Athene, worauf der Scholiast zu Apollonius (3, 52) aufmerksam macht.

Nach 206 ist die Uebernahme der Herrschaft durch Kronos nicht übergangen oder ausgefallen (Göttling p. XLII), sondern sie fehlt wohl, weil darüber keine Tradition ausgesprochen war. Sonst hätte nicht erst Zeus die von Uranos gefesselten Kyklopen und Hekatoncheiren aus ihren Banden befreit. Im Blitz ist der Scepter; diesen hatte Kronos nach keiner Tradition je geführt, und nichts in allem Mythischen bringt ihn mit dem Gewitter in Verbindung.

207—210. Die hierauf folgende Etymologie des Namens der Titanen, auf deren Unrichtigkeit es hierbei gar nicht ankommt, unterbricht offenbar an ungehöriger Stelle den Zusammenhang, der ein genealogischer ist, was durch die längere Erzählung über den Ursprung der Aphrodite nicht geschieht. Es ist daher am natürlichsten, ihn als ein Einschiebsel zu betrachten, worauf die Bemerkung geführt hat, dass die Namenserklärung so wichtiger Personen als die Titanen, ein Mangel sei. Dass erst später näher angegeben wird, dass die Kyklopen und Hekatoncheiren von Uranos in Fesseln gelegt und von Zeus befreit wurden, kann nicht getadelt werden. . Zeus löst gleich nach der Geburt die Kyklopen, ohne Zweifel weil Zeus nicht ohne den Blitz zu denken ist, die Hekatoncheiren nachher als es zum Kampf kommt.

211—225. Nyx, die im Anfang der Dinge mit dem Erebos den Aether und die Hemera erzeugt, bringt nun ohne Gemal, allegorisch genommen, eine Reihe meist widerwärtiger Dinge hervor. Nach der Ordnung des Geschlechtsregisters musste ihre Sippschaft gleich nach der der Gäa folgen, die aber ausser dem Uranos, von dem sie die Titanen nebst den Kyklopen und Hekatoncheiren gebar, auch den Pontos aus sich allein schuf und mit ihm eine Sippschaft erzeugte,

---

1) Wenn auch die epische Poesie ausser in Namen Wortwitz sich nicht erlaubt, so ist φιλομμηδής doch nicht anzufechten und bei Schol. Jl. 5, 422 herzustellen.

die erst nach der der Nyx gestellt ist. Diess lässt wohl vermuthen, dass die Sippschaft der allegorischen Nacht in einer früheren Abfassung sich noch nicht befand, zumal da auch diese Sippschaft, etwa mit Ausnahme der Hesperiden, von dem nachprometheischen Menschengeschlecht abgezogen ist, und doch dieses erst entstehen konnte, nachdem Zeus als Besieger der Titanen die neue Weltordnung durch Vertheilung der Gewalten eingerichtet, nach vorausgängiger Verbindung mit Themis, welcher noch Metis später vorgesetzt worden zu sein scheint, Eurynome, Demeter, Mnemosyne und Leto, zuletzt Here, die sechste, wenn Metis interpolirt ist, auf den neuen Götterthron erhoben hatte. Mützell beklagt als eine Lücke, dass die Entstehung des nachtitanischen Menschengeschlechts nicht angegeben sei. Aber Deukalion als ein Sohn des Prometheus ist vermuthlich eine spätere Verknüpfung, und jedenfalls wollen wir die unterlassene Rücksicht auf das Schicksal des Menschengeschlechts unter der Herrschaft des Kronos und der des Zeus nicht zum Vorwurf machen. Die Nacht ist hier ὀλοή (224), schauerlich im Geiste und Loose der Menschen, unhold wie die Finsterniss, wesshalb weiter unten ihr Haus, von dunkeln Wolken umhüllt, an den Tartaros gesetzt wird, keines Menschen Freund, und was aus ihr stammt oder ihr gleicht, kann nicht erfreulich sein, es müsste denn, wie Schlaf und Traum, natürlich aus ihr entspringen. Es folgen auf einander Moros (Möra) und die schwarze Ker und Tod, Schlaf, das Geschlecht der Träume. Sodann Momos, Wehklage, und die Hesperiden, welche jenseits des Okeanos goldene Aepfel pflegen und Frucht tragende Bäume. Auch die Mören und Keren, die unbarmherzig strafenden, Klotho, Lachesis und Atropos, die den Menschen bei der Geburt Gutes und Böses zu haben geben, und die nur geschilderten, nicht ausgesprochenen Erinnyen, die auch Aeschylus als Töchter der Nacht und Schwester der Mören nennt (Eum. 317. 949) [1]), und Nemesis, ein Unheil den Sterblichen, nach dieser Apate d. i. Versuchung, Verführung und Lust, das verderbliche Alter und die hartgemuthe Eris.

---

1) J. H. Voss glaubte, was ich nicht billigen kann, dass Μοίρας in Ποίνας zu ändern seien, mit Streichung der beiden folgenden Verse, die auch v. Lennep verwirft. Heyne glaubte, dass die Ποίναι in einem ausgefallenen Verse genannt gewesen seien.

Nicht immer hat natürlich die Böotische Poesie die Nacht nur von der finstern und schaurigen Seite aufgefasst. In den Werken und Tagen ist das Sprichwort: Die Nächte gehören den Seligen (730 f.). Die durch Ruhe, Stille, Ernst und Grösse ehrwürdige Naturerscheinung wird von Bacchylides die grossbusige Nacht genannt, von Herodot, Pindar und den Tragikern neben dem Tag, εὐφϱόνη, die mildgesinnte. Sie ist es, welche die Künstler mit Stieren fahren lassen, und welche in Megara ein Hieron und Orakel hatte [1]). Eine allgemeinere Heiligkeit hatte die Nyx nicht oder wenigstens erst bei den Orphikern erhalten [2]). Die kosmogonische Nyx aber war auch bei anderen Völkern, wie die Angelsächsische Mödrenech, mater nox, wie Beda, nicht mater noctis, wie Leibnitz übersetzt, die Mutter des Jul oder Sol, oder in einem Arabischen Volkslied: Frage den Mond, wie bist du Tochter der anfänglichen Nacht, oder Athyr, Buto, Baaut mit theologischer Vertiefung, aus welcher die Schöpfung hervorgeht, zuletzt doch nur Geheimniss, Unerklärbarkeit, vergleichbar dem Schleier der Isis.

226—232. Auch eine zahlreiche Sippschaft der zuletztgenannten Eris folgt, und diese fällt so sehr aus dem theogonischen in den anthropologischen Charakter einer übersichtlicheren Betrachtung der menschlichen Dinge, dass dadurch die in Bezug auf den vorhergehenden Abschnitt geäusserte Vermuthung, dass derselbe spätere Zusätze, etwa die fünfte Trias, erhalten haben möchte, nur bestätigt wird. Eris nemlich erzeugt angreifende Mühe, Vergessen und Hunger und Thränen bringende Schmerzen, Feldschlachten, Mord und Kämpfe und Männervertilgung, Hader, Lügen, Reden und Widersprüche, Beschimpfung und Schädigung, die mit einander verkehren, und Eid, der am meisten den Menschen schadet, wenn einer freiwillig ihn falsch ablegt.

Die Sippschaft des nach der Nyx an die Reihe kommenden Pontos giebt Anlass hier mehrere Personen wirklicher alter Verehrung und eine ganze Reihe alter dunkler Naturfabeln, die für die älteste

---

1) Paus. 1, 40, 5.
2) Eudemus ap. Damasc. in Wolfii Anecd. Gr. 3 p. 256. cf. Bibl. crit. 4 p. 87—90. Die Ἄδηλος, nox primaeva, Schol. Eurip. Or. 203 cf. Müller Aegin· p. 169. Orph. Argon. 28: χϱησμούς τ' ἀϱϱήτους Νυχτός.

Naturauffassung und Phantasie ungefähr wie Kyklopen und Hekatoncheiren am meisten charakteristisch sind, einzureihen. Die auf Phorkys und Keto zurückgeführten Wesen bilden die älteste, dunkelste
nationale Poesie der Nacht und des Tages und der Naturwunder, den
unauflöslichsten Theil der Mythologie, der aber die Götterlehre nur
in sofern berührt, als alle Natur auch göttlich ist. Bestimmte Vorstellungen haben die Alten selbst, wie es scheint, über das Meiste
nicht gehabt noch gesucht, über Wesen, die, wie Göthe im Faust sagt:

> In Nacht geboren, Nächtlichem verwandt,
> Beinah' uns selbst, ganz Allen unbekannt.

233—239. Pontos erzeugte Nereus, den truglosen und wahren,
ältesten seiner Söhne, den sie den Alten nennen, weil er unfehlbar
und lind, weil er des Rechts nicht vergisst, sondern gerechte und linde
Rathschläge weiss, nemlich den alten Gott eines grossen Küstenstrichs.
Zweitens sodann mit der Gäa verbunden den grossen Thaumas und
den gewaltigen Phorkys und die schönwangige Keto, die Göttin der
grossen Seethiere, κήτεα, Ungeheuerlichkeit [1]), und Eurybie, mit stäh-
lernem Muthe im Herzen.

240—264. Von Nereus und Doris [2]), der Tochter des Flusses
Okeanos, entsprangen im unwirthlichen Meere fünfzig Töchter, deren
Namen bedeutsam und leicht erklärlich sind.

265—269. Thaumas erzeugt mit der Okeanide Elektre die
schnelle Iris, die schönhaarigen Harpyien, Aello und Okypete, die dem
Windeshauch und Vögeln gleich sich bewegen, mit schnellen Flügeln.
Thaumas drückt das Wunderbare, das Wunder aus, wird als Princip
dafür angenommen, und der Regenbogen und die Stosswinde erscheinen besonders wunderbar, die Gattin Elektre das Helle des weiten
Luftraumes, mit Bezug auf ἤλεκτρον. Die Ilias nennt die Harpyie,

---

1) Pherekydes giebt einen Keteus der Bärin Kallisto zum Vater.
2) Da die Nereiden ohne Zweifel sämmtlich Töchter der Doris sind, so ist
der Ausdruck τέκνα θεάων, wonach καὶ Δωρίδος mit θεάων anstatt mit Νηρῆος
verbunden werden könnte, sehr auffallend, und was Göttling zur Erklärung anführt ist ganz verschieden; es muss wohl τέκνα θεάων für θεαί verstanden sein,
was an sich gut, und nur in der Verbindung, worin es hier vorkommt, unschicklich ist. Die wörtliche Uebersetzung, wie z. B. von J. H. Voss, bringt etwas
offenbar Falsches in den Text. Auch die Okeaninen, die doch alle von Okeanos
und Tethys stammen, werden τέκνα θεάων genannt (366).

welche mit Zephyros schnelle Rosse erzeugt Podarge, die Schnell-
füssige (16, 150). Götterl. 3, 62—66.

270—286. Aus Phorkys und Keto gehen hervor die Gräen,
wie Menschen und Götter sie nennen, Pephredo und Enyo, und die
Gorgonen, die jenseits des Okeanos wohnen bei der äussersten Nacht,
wo die hellstimmigen Hesperiden, Stheino, Euryale und Medusa, die
Klägliches erlitten; sie war sterblich, unsterblich die beiden Anderen,
und der einen lag bei der dunkelhaarige Gott auf weichem Anger
und Frühlingsblumen. Als ihr aber Perseus das Haupt abgeschnitten,
sprangen hervor der grosse Chrysaor und das Ross Pegasos: diesem
war namengebend, dass er um die Quellen des Okeanos geboren war,
Chrysaor aber hielt in Händen das goldene Schwert; und jener ent-
flog, verlassend heerdennährende Erde, kam zu den Unsterblichen und
wohnt in des Zeus Behausungen, tragend Donner und Blitz dem wal-
tenden Zeus.

287—305. Chrysaor zeugte mit der Okeanide Kallirhoe den
dreiköpfigen Geryoneus [1]), welchen Herakles vernichtete bei den Ochsen
in dem umflossenen Erytheia, als er die Ochsen nach Tiryns trieb,
durchschreitend den Strom des Okeanos, nachdem er den Orthros ge-
tödet und den Ochsenhüter Eurytion in dem dunkeln Gehöfte jenseits
des Okeanos. Auch gebar sie ein anderes Ungeheuer, Echidna, halb
eine schönwangige Nymphe, halb eine ungeheure Schlange, unter dem
Verschloss der göttlichen Erde, in ihrer Kluft unter dem hohlen
Felsen; fern von Göttern und Menschen.

316—318. Echidna gebiert mit Typhaon, dem argen, unbändigen, gesetzlosen, zuerst den Orthros, den Hund des Geryoneus, zum
zweiten den unbezwinglichen, unaussprechbaren Kerberos, den ver-
schlingenden, erzstimmigen Hund des Aïdes, den fünfzighäuptigen.
Zum dritten aber die Lernäische Hydre, die gräuelsinnige, welche die
lilienarmige Here erzog, unersättlich ergrimmt auf Herakles, des Zeus
Sohn, welcher mit Jolaos sie tödete, geleitet von Athene.

319—332. Hydre gebar Chimära, die Feuerhauchende, mit drei
Köpfen: vom Löwen, von der Ziege und vom Drachen, welche Pegasos
bezwang und Bellerophontes. Auch die Phix, das Verderben der

---

1) Auf Vasen ΓΑΡΥΓΟΝΑΣ. Bei Stesichorus fr. 6 »Dreileibig«.

Kadmeer, gebar sie von O r t h r o s bezwungen, und den Nemeischen
Löwcn, welchen Here erzogen, und in den Nemeischen Gründen hau-
sen liess, zum Schaden der Menschen, deren Geschlechter er dort
wohnend in Schrecken erhielt, herrschend in Tretos, Nemea und
Apesas; doch ihn tödete die Kraft des Herakles.

333—336. K e t o und P h o r k y s zeugten zuletzt auch die furchtbare Schlange, die in den Tiefen der finsteren Erde an den grossen
Enden allgoldene Aepfel bewacht. Diess ist das Geschlecht von Keto
und Phorkys.

Die Titanen folgen nicht in der Ordnung, worin sie zuerst aufgeführt wurden, sondern Okeanos und Tethys voran; Mnemosyne und
Themis bleiben dem Zeus vorbehalten (mit dem sie als dem geistigen
Herrscher zu verbinden, wichtiger war, als die Verpaarung der Titanen unter einander durchzuführen); statt ihrer ist dem Krios Eurybie,
die Tochter des Pontos (Gewalt der See), dem Japetos eine Okeanide
Klymene gegeben.

337—370. O k e a n o s und T e t h y s zeugen Flüsse, fünf und
zwanzig an der Zahl, und ein heilig Geschlecht der Nymphen, die
auf Erden Männer erziehen mit Apollon und den Flüssen, wovon wir
jetzt einundvierzig Namen lesen.   Diese waren die ältesten Töchter
von Okeanos und Tethys, obwohl auch viele andere sind, dreitausend
schlankfüssige Okeaninen, die weitausgestreut Land und Meer überall
zugleich durchschalten, glänzende Götterkinder.   So viel sind auch
noch andere rauschend strömende Flüsse des Okeanos und der Tethys
Kinder, deren Namen es schwer ist zu sagen, die aber alle wissen,
die sie umwohnen.

371—374. T h e i a gebar mit H y p e r i o n Helios, Selene und
Eos, welche allen Sterblichen leuchten und den Unsterblichen, welche
den weiten Himmel bewohnen [1]).

---

1) Θεία vom Schauen Götterl. 1, 280. Θεία, die Pindar J. 4, 1 anruft, als
eine in Aegina verehrte Göttin, als die vielnamige Mutter des Helios, durch die
das Gold gesucht werde (also wohl Chryse mit Beinamen), als die, die den
Kämpfen vorstehe, ist im Homerischen Hymnus auf Demeter 64 geschrieben
Θέα, wie Ilgen gezeigt hat: Ἠέλι' αἴδεσσαί με Θέας ὕπερ nach dem Gebrauch bei
den Aeltern zu beschwören. Jl. 10, 338. 24, 466.   So Ῥείη, Ῥέα. Jl. 6, 142
βαθέης. Θεία, nicht Θεῖα wie van Lennep und Mützell meinen, sondern wie
Schol. Θείας γενεαλογεῖ τὸν ἥλιον διὰ τὸ τῆς θέας καὶ τῆς ὄψεως ἡμῖν αἴτιον εἶναι;

375—377. Dem Krios gebar Eurybie den grossen Asträos, ,en Pallas und Perses, der Allen als Wissender vorging.

378—382. Mit Asträos zeugte Eos die Winde: Argestes, Ze-,hyros und den plötzlich streichenden Boreas und den Notos. Nach ,iesen gebar Erigeneia den Stern Eosphoros und leuchtende Gestirne ,m Himmel.

383—403. Styx, die Okeanide, zeugte mit Pallas im Palast ,ifer und die schönknöchelige Nike; und Kraft und Gewalt. Nicht ,ern von Zeus ist deren Haus, noch irgend ein Sitz, noch ein Weg, ,o Zeus ihnen nicht vorangeht; sondern immer sitzen sie bei Zeus, ,em Donnerer. Denn so beschloss es Styx, an dem Tage, als Zeus alle ,Unsterblichen berief in den Olympus und sprach: keiner der mit ihm ,on den Göttern streite mit den Titanen, werde seiner Würden ent-,)ehren, sondern jeder werde seine Ehre haben, wie er zuvor unter ,len unsterblichen Göttern hatte; der aber, welcher ohne Ehre und ,Würde unter Kronos gewesen, der werde Ehren und Würden erlangen, ,rie es Recht sei. Es kam zuerst aber Styx in den Olympos mit ,hren Kindern, durch den Rath des lieben Vaters, und es ehrete sie ,Zeus und gab ihr überschwängliche Gaben. Denn •er setzte sie ein ,ler grosse Eid der Götter zu sein und ihre Kinder Mitbewohner alle ,Zeiten. Und so hielt er es immerfort fest, so wie er versprochen; ,r selbst aber herrschet mit Macht und gebietet.

'404—410. Köos und Phöbe erzeugten die Leto, mild den Göt-,ern und Menschen, die sanfteste im Olympos, und Asterie, welche ,'erses zur Gattin ins grosse Haus einführt.

411—453. Asterie gebiert von Perses Hekate, eine altböo-,ische Göttin. Götterl. 1, 565—567 [1]).

In dem vorhergehenden Geschlecht des Hyperion und der Theia ,'erden Helios, Selene und Eos als Kinder genannt; Selene ist aber

---

εια, göttlich, wäre zu flach; auch nicht wie Schömann im Prometheus erklärt . 105: »Die Glänzende, das schauende Auge auf sich Ziehende; Geberin alles ,uten im eigentlichen, wie im übertragenen Sinn.

1) Den Gedanken, dass in Böotien sich ausser den Dämonen auch in dem ,[ythus der Hekate etwas Vorhomerisches erhalten haben könne, hatte auch ,tuhr Religionsformen der heidnischen Völker 1, LVIII. Dem hohen Alterthum ,ürde auch die weite Verbreitung und vielfach verschiedene Anwendung und ,eziehung der Hekate bis in späte Zeiten hinab entsprechen.

Hekate und im Hymnus auf Demeter zu Eleusis hören Hekate, die freundlich gesinnte, in schimmerndem Kopfschmuck, und Helios, Hyperions Sohn, in der Grotte das Schreien der Persephone (24). Hier sind also die beiden Böotischen Genealogieen gemischt: Asterie hat Leto zur Schwester, die Mutter auch einer Hekate, die aber Zwillingsschwester des Apollon ist, Artemis, und zur Unterscheidung von dieser hat die Hekate der Asterie den Beinamen „alleingeboren" erhalten. Wie es scheint, ist in ältester Zeit Selene oder Hekate vor Gäa oder Demeter (den Attischen) als Hauptgöttin von allen Ständen verehrt worden, und dass der Dichter ausdrücklich bemerkt, Zeus habe ihr alle Ehren erhalten, motivirt hinlänglich die ausführliche Schilderung derselben, die eine Ausnahme macht als eines Beispiels der vorolympischen Götter.

Der älteste Hekatecultus Böotiens könnte, wenn auch erloschen oder unterdrückt durch andere, im Allgemeinen sich doch irgendwo erhalten haben und von dem Dichter aus Wohlgefallen an der Alterthümlichkeit so sehr auseinandergesetzt worden sein. Auch in Aegina hatte er seit alter Zeit grosse Bedeutung. Auch Mnemosyne als Pierische Göttin und Herakles als Besieger urweltlicher Ungeheuer und als lieber Sohn des Zeus und Erlöser des Prometheus sind Böotische Mythen. Als Beweis, dass der Cult der Hekate sich in Böotien erhalten habe, nimmt auch de Sacy die Stelle zu St. Croix Sur les myst. 1, 187. Auch Schwenck zweifelte nicht, dass sie zur Theogonie gehöre in den Homerischen Hymnen 1825 S. 285 f., so wenig als G. Hermann, indem dieser nur einige Verse auswirft um fünfzeilige Strophen zu gewinnen (De Hesiodi theog. 1844 p. 12).

453—467. R h e i a gebar von K r o n o s Histie, Demeter und Here, die golden beschuhte, Aïdes, der unter der Erde Behausung hat, unbarmherzigen Sinnes, den lauttosenden Ennosigaös, und den rathvollen Zeus, der Götter Vater und der Menschen, unter dessen Donner die Erde erbebt. Und diese verschlang der grosse Kronos, so wie sie aus dem Leibe der Mutter hervorgingen: in der Absicht, dass kein anderer der edlen Uranionen die königliche Würde hätte. Denn er traute der Erde und dem sternigen Himmel, dass ihm bestimmt sei von seinem Sohne bezwungen zu werden, so stark er auch sei, durch

les grossen Zeus Rathschläge; darauf war er nicht unachtsam, son-
ern aus Vorsicht verschlang er die Kinder.

467—496: Rhea aber fasste unüberwindliche Trauer. Und als
ie sollte Zeus, den Vater der Götter und Menschen gebären, da
lehete sie ihre lieben Eltern an, Erde und sternigen Himmel, einen
ledanken auszusinnen, wie sie ihn heimlich gebären und die Erinnyen
eines Vaters rächen könne. Indem der lange Streit zwischen den
'itanen und Zeus ohne ein Wort darüber, wie er entstanden, eintritt,
'orüber einen Mythus zu erfinden schwer gewesen sein möchte, so
;t anzunehmen, dass Rache des Zeus an seinen Kinder verschlingen-
en Vater als der einzige und hinreichende Grund gedacht worden
ei, und dieser wird daher auch stillschweigend als der Beherrscher
es Titanenreichs, der von Zeus gestürzte, gesetzt.

Wie Gäa ihre Tochter Rhea nach Lyktos in Kreta am Aegäi-
chen Berge sendet, wo sie den Zeus gebiert und statt seiner dem
'ronos den Stein zu verschlingen giebt, welchen Kronos mit den an-
eren Erzeugnissen von sich zu geben genöthigt wurde, ist kurz
acherzählt Götterlehre 1, 273 f. Hierin haben wir das merkwürdigste
leispiel von einem nicht aus mythischer Idee, sondern einem mytho-
)gischen Gedanken entsprungenen grossen Satz der Hellenischen Region. Denn offenbar ist der Gedanke, dass der höchste Gott wenig-
iens eines Theiles von Kreta ein Sohn der Phrygischen Rhea war,
io der Hellenische Zeus, der Grund gewesen, beide als einen und
inselben anzusehen, wie denn auch wohl schon vorher Kretische
ellenen jenem ihrem Gott den Namen des höchsten Hellenischen
ottes, dessen Mutter auch Rhea war, aber als entlehnt und vermählt
it Kronos eine ganz andere, beigelegt hatten, und diese Identität
urde nun durch die obige Dichtung erklärt und beglaubigt, mit
ebersehung der grossen Verschiedenheiten zwischen beiden an die
iitze zweier Culte gestellten Götter. Vorher schon war die fremde
lttin Rhea mit dem Griechischen Kronos vermählt worden, aber
ess ohne allen weiteren Einfluss, nur in der Bedeutung einer Erd-
lttin, indem man dem Kronos eine Gemalin geben musste und die
iechische Gäa schon mit dem Uranos verbunden war.

497—506. Den ausgespieenen Stein befestigte Zeus in Pytho
d löste die Uraniden, seine Vatersbrüder, die der Vater gefesselt

hatte in bethörtem Sinn, die ihm, zum Dank für die Wohlthat, gaben Donner, Blitz und Leuchtung, welche früher die Erde verborgen, und auf die sich verlassend Zeus Sterbliche und Unsterbliche beherrschte. Das Motiv, die Befreiung der Kyklopen abgesondert voranzustellen der ihrer Brüder, kann wohl kein anderes sein, als die gewohnte Unzertrennlichkeit des Zeus von dem Blitze, gleichsam als seinem Scepter, voraus zu berühren.

507—534. Japetos führte die Okeanine Klymene in sein Bett und zeugte: Atlas, den gewaltigen, und den überstolzen Menötios, Prometheus, den gewandten, anschlägigen, den falsch aussinnenden Epimetheus, der von Anfang den Menschen ein Unheil war. (Götterlehre 1, 263. 281. 754 f. Japetos. 1, 769 die Söhne.) Denn er nahm zuerst auf das Weib von Zeus, die thongebildete Jungfrau. Den übermüthigen Menötios warf Zeus mit dem Blitz in den Erebos wegen des Frevelmuths und der übermässigen Mannhaftigkeit. Atlas hält den weiten Himmel unter gewaltigem Zwang an den Enden der Erde, vor den hellklingenden Hesperiden stehend, mit Haupt und unermüdlichen Armen. In Fussklemmen fesselte er den anschlagreichen Prometheus mit schmerzlichen Banden und trieb mitten hindurch einen Pfahl [1]); und reizte auf ihn einen Adler, der frass die unsterbliche Leber; diese aber wuchs überall gleich in der Nacht, so viel den Tag über der Vogel gespeist. Diesen tödete Alkmene's Sohn, Herakles, und wehrte die schlimme Krankheit ab dem Japetioniden, nach dem Gefallen des Olympischen Zeus, damit Herakles, des Thebageborenen, Ruhm noch mehr würde als vorher auf der vielnährenden Erde. Dieses ehrend erhebt er den herrlichen Sohn; wiewohl erzürnt liess er ruhen den Grimm, den er vorher hatte, weil jener mit Anschlägen wettstritt mit dem hochgemuthen Kronion.

535—616. Die Listen des Prometheus s. Götterlehre 1, 756—770. 535—557 und 558—616 sind sehr verdächtig. Der Mythus von dem Betrug in Mekone hat allein eine ironische Reflexion über die Griechischen Opfermahlzeiten zum Grunde, wobei Prometheus als Freund und Vertreter der Menschen sich fast nothwendig für die Dichtung darbot. Es ist nicht zu behaupten, dass diese Dichtung

---

1) Meine A. Denkmäler 3, 193.

ler Zeit, in welche wir die Theogonie setzen müssen, nicht gemäss sei, ebenso wenig dass die Aufnahme des jedenfalls für zuerst für sich freistehenden Mythus dem Charakter und dem Standpunkte ihres Verfassers, den wir annehmen, ihrem Geiste nach widerspreche. Nur st sie nicht in die alte, einfache, hochbedeutsame Prometheussage als ein integrirendes Glied hereinzuziehen.

617—720. Den Briareus, Gyges und Kottos hatte der Vater gleich im Zorn in gewaltige Bande gebunden, anstaunend die übermässige Mannhaftigkeit, Gestalt und Grösse, und sie unter die weitgebreitete Erde gesetzt. Dort sassen diese Schmerzen erduldend unter der Erde wohnend am äussersten Ende, an den Grenzen der grossen Erde, lang in Betrübniss, grosse Trauer im Herzen. Aber der Kronide und andere unsterbliche Götter, welche Rhea dem Kronos geboren, führten sie nach Eingebung der Gäa wieder an das Licht. Denn sie schrieb ihnen im Zusammenhang vor mit jenen Sieg und glänzenden Ruhm zu gewinnen. Denn lange stritten mit tief schmerzender Arbeit die Titanen und so viele von Kronos erzeugt waren gegen einander in gewaltigen Schlachten. Götterl. 1, 282—284.

Unter den Titanen sind hier ausnahmsweise die Kyklopen und Hekatoncheiren, als Söhne des Himmels und der Erde ihre Brüder, die um Theil an dem Kampf zu nehmen, auch schon befreit waren, mitverstanden, oder ist unterlassen sie als Theilnehmer ausdrücklich zu nennen, da sie als solche nothwendig vorauszusetzen waren. Blitze und Sturmfluthen sind von den zwölf Titanen so verschiedener Natur, dass sie nicht wohl mit ihnen unter demselben Namen zusammenbegriffen werden konnten.

Die Uebertragung der Form eines zehnjährigen Krieges aus der politischen Sage auf den Streit der früheren und der neuen Weltordnung war so kühn, dass es nur natürlich oder klug ist den Kampf nicht in zusammenhängender Schaustellung, sondern in der Art wie geschieht zu behandeln. Sollte der Dichter schon vor der ohnehin sehr gewagten Entscheidungsschlacht im zehnten Jahr auch die selbst in der Ilias, oder die zwischen Kyprien und Ilias nicht ausgeführten neunjährigen schwankenden Kämpfe schildern und ein Heerlager aufstellen des Kronos mit seinen eilf Geschwistern und des Zeus mit seinen Kyklopen und Hekatoncheiren und den ihm zugefallenen vier

Kindern der Styx, die nur eine Vorbedeutung seines Sieges darstellen? Der Dichter hat diese der Bedeutung wegen später erfundenen Titanen aufgenommen; dass sie in den Krieg nicht passten, konnte er nicht ändern; aber er war so klug sie zu verstecken. Er zuerst für uns hat diese Titanen individuell genannt, um sein System der Natur- und der Geistesmächte zum Theil nach vereinigenden Potenzen in sich aufzunehmen; wären kriegerische, mythisch brauchbare Titanen bekannt gewesen, er hätte sie benutzt. Er enthielt sich zu erdichten, wo die Sage schwieg, die antiquarische Kenntniss fehlte; er beschränkte sich, um die früheren Bewohner des Olymps (der in Folge des Herrschaftstreites ihnen gegen oder ohne alle Ueberlieferung gegeben werden musste) nach der Zahl, welche die nachherigen annehmen liessen, zu bestimmen. Die Aufgabe die Titanomachie aus der Unbestimmtheit des blossen Begriffs herauszuziehen und einen wirklich sagenhaften Krieg nachahmend zu gestalten, war äusserst schwierig. Die Götter beider kämpfenden Weltordnungen schickten sich nicht in das Bild einer Schlacht, und doch sollte der alte Name zu einer poetischen Darstellung benutzt werden. Zur Schlacht eigneten sich nur die Blitze des Zeus und die Hundertarme. Mit diesem Namen war die Möglichkeit gegeben, sie Felsstücke schleudern zu lassen, die älteste, roheste Kampfart, die auch an sich in diese Urzeit passt, die der Kentauren, Pallantiden, Giganten. Aeusserst naiv ist die Erfindung, das Bild der Schlacht auf die Blitze und die Felssteine zu beschränken, von Phalangen nur zu reden, was und wie sie seien aber vollständig zu übergehen. Der Unterschied der Naturgötter und der nach und nach herausgebildeten menschenartigen, olympischen Götter, des Helios und des Apollon, der Selene, Hekate und der Artemis u. s. w. war so gross, dass der Umschwung durch den Mythos eines Kampfes und Sieges eine höchst volksmässig naive, rohe Art von Mythos genannt werden muss. Gerade dadurch und durch die Alterthümlichkeit scheint er eine unumstössliche Autorität erlangt zu haben, und die Treuherzigkeit ihn festzuhalten und ausbilden zu wollen ist höchst bemerkenswerth. Wir haben hierdurch ein Gegenbild alter mythischer Auffassung zu unsrer historisch-kritischen Nebeneinanderstellung der Naturgeister und der olympischen Götterwelt erhalten.

Die dem Thamyris zugeschriebene Titanomachie und die Titanomachie des Musäos mögen wohl, wenn sie nicht gar spät und unbe-
deutend gewesen sind, zu der Hesiodischen ein ähnliches Verhältniss
gehabt haben, wie zu der Hesiodischen die Theogonicen der Orphiker.
Einen ganz anderen Charakter freier Phantasie und Poesie, wie viel
auch altmythologische Thatsachen beibehalten werden mochten, muss
die Titanomachie angenommen haben in dem berühmten Epos des
Arktinos oder Eumelos, wiewohl es auch diesem an bedeutenden Ideen
fortgesetzter Entwicklung des wunderbaren Stoffs nicht gefehlt hat [1]).
Leicht begreiflich ist es, dass auch nach dieser bedeutenden epischen
Behandlung der Götterkrieg mit den Titanen von der Kunst nicht
aufgenommen worden ist gleich dem der Giganten.   Bei Apollodor
befreit Zeus die Kyklopen, die dem Zeus Blitz und Donner, dem Pluton den Helm, dem Poseidon den Dreizack geben, womit diese drei
bewaffnet die Titanen besiegen und sie in den Tartaros einschliessen,
die Hekatoncheiren aber ihnen zu Wächtern geben (1, 3, 1). So sehr
ist auch die poetische Behandlung untergegangen, das Scheinbild einer
Schlacht aufgegeben.   Im Homerischen Hymnus auf Apollon stammen
noch Götter und Menschen von den Titanen, als dem Aeltesten ab.

721—819. Denn gleich ist's von der Erde zum dunkeln Tartaros; denn neun Nächte und Tage möchte ein eherner Ambos herabkommend vom Himmel am zehnten zur Erde gelangen.   Und neun
Nächte wieder und Tage möchte ein eherner Ambos von der Erde
herabkommend am zehnten in den Tartaros gelangen, um welchen
eine eherne Schranke gezogen ist; um ihn ist dreifache Nacht ergos-
sen um die Höhe.   Oberhalb aber wachsen die Wurzeln der Erde
und des unwirthlichen Meeres; da sind die göttlichen Titanen gebor-
en unter dem finstern Dunkel durch die Rathschlüsse des Wolken
sammelnden Zeus, in breitestem Raume, am Aeussersten der ungeheuern Erde. Ihnen ist kein Ausgang. Eherne Thore legte Poseidon
vor und Mauer umzog er von beiden Seiten.   Dorten wohnen Gyges,
Kottos und Obriareos, treue Wächter des Zeus.   Dort sind der finsteren Erde und des dunkeln Tartaros und des unwirthlichen Pontos
und des gestirnten Himmels Quellen und Grenzen hintereinander,

---

[1]) Epischer Cyclus 2, 409 ff.

widerstrebend· und voll Wustes, was selbst hassen die Götter; ein grosser Schlund, und nicht Alles käme ein vollzähliges Jahr durch auf den Grund, wenn es einmal in die Thore hineinkam; sondern vorwärts triebe es hier und dort Sturm auf Sturm, ein furchtbares Zeichen auch Unsterblichen diess. Auch der schwarzen Nacht grausige Wohnungen stehen gehüllt in dunkelen Wolken. Vor diesen hält Japetos Sohn stehend den weiten Himmel, mit Haupt und unermüdlichen Armen, unerschütterlich, wo Nacht und Tag näher schreitend einander anreden, überschreitend die grosse Schwelle, die eine hinabsteigen wird, die andere zur Thüre geht, und nimmer schliesst beide das Haus ein; sondern immer wendet sich die eine ausser dem Hause über die Erde, und die ·andere innen im Hause erwartet die Stunde ihres Weges bis sie komme, diese den Irdischen vielschimmerndes Licht bringend und die andere den Schlaf in den Händen, den Bruder des Todes, die schreckliche Nacht, verhüllt in eine finstere Wolke. Dorten haben die Kinder der düsteren Nacht Wohnungen, Schlaf und Tod, die gewaltigen Götter, und niemals beschaut sie mit ihren Strahlen die leuchtende Sonne, weder hinangehend den Himmel noch herabsteigend vom Himmel. Es folgt eine Schilderung von Schlaf und Tod und dann die Wohnung des irdischen Gottes, des Aïdes und der schrecklichen Persephoneia, dann die Wohnung der argen Styx, der den Unsterblichen verhassten, der ältesten Okeanide. So oft Streit unter den Unsterblichen entsteht und einer von ihnen lügt, lässt Zeus durch Iris, die Tochter des Thaumas Styxwasser in einer goldenen Kanne holen, und wer von den Göttern ausgiessend von diesem Trank falsch schwört, liegt athemlos ein vollständiges Jahr und kommt nicht nahe ambrosischer Speise; sondern liegt des Athems beraubt und der Stimme auf gebreitetem Lager und böse Betäubung umhüllt ihn. Aber wenn er die Krankheit vollbracht hat ein grosses Jahr durch, empfängt ihn ein anderes schwereres Elend aus anderem; und neun Jahre ist er getrennt von den ewig seienden Göttern und er kommt nicht zum Rathe, noch zum Mahle die ganzen neun Jahre. Im zehnten gelangt er wieder in die Versammlung der Götter. Zu solchem Eid setzten die Götter der Styx unvergängliches Ogygisches Wasser, welches den schroffen Boden durchfliesst. In der Ilias schwört Here: Wisse nun diess die Erde

und der weite Himmel 'droben und das herabrinnende Wasser des
Styx, welches der grösste und furchtbarste Eid ist den Göttern
(15, 36 f.). Diess herabrinnende Wasser ist aus Arkadien seiner einzig
eindringlichen landschaftlichen Wirkung wegen in die Unterwelt versetzt worden, um den Eidbann auch auf die Götter auszudehnen [1]),
und wenn es überhaupt ein achtbarer Zug ist, dass der Wahrheit und
Betheuerung eine unbegränzte Heiligkeit beigelegt wurde, so ist wohl
auch zu bemerken, dass der tiefe Ernst, womit hier der Hesiodische
Mythus den Göttereid behandelt, sehr wohl übereinstimmt mit dem
Charakter der Dike in den Hesiodischen Werken und Tagen.

820—880. Auf das Strafgebiet der Titanen und die damit zweck-
mässig, wenn auch nicht alle zu gleicher Zeit, verbundenen Scenen
folgt als letzte Geburt der Erde Typhoeus, welchen sie erzeugte mit
Tartaros, dem von τάρταρα γαίης abstrahirten Herrn und Gebieter.
Dessen Gestalt ist mit Ueberkraft geschildert, Arme, gewaltig zu
Werken, unermüdliche Füsse eines kraftvollen Gottes, von den Schul-
tern ragten ihm hundert mit finstern Zungen leckende Häupter
des furchtbaren Drachen, und den göttlichen Köpfen sprühte Feuer
aus den Wimpern, aus allen Köpfen, wenn er blickte, brannte
Feuer, und Stimmen entsandten alle grimmen Köpfe mancherlei
unbeschreibliche. Jetzo ertönten sie wie Göttern verständlich,
jetzo die Stimme eines hart brüllenden, unbändigen Stieres, jetzo
eines schamlosen Löwen, jetzo den Hündlein ähnlich, ein Wunder
zu hören, jetzo saust er und es wiederhallen die weiten Berge.
Und nun geschah an jenem Tag ein nicht zu besserndes Werk,
und er herrschte über Sterbliche und Unsterbliche, wenn nicht
scharf es gewahrte der Vater der Menschen und Götter und hart
und gewaltig donnerte, und die Erde furchtbar ertoste, der Himmel
oben, der Pontos, des Okeanos Ströme, und der Tartaros der Erde,
und unter den Füssen erbebte den Göttern der grosse Olympos, da
der Herr sich erhob, und tiefauf stöhnte die Erde. Hitze erfüllte
unter beiden das finsterfarbige Meer, von Donner und Blitz, solchem
ungeheuern Feuer, Blitzstrahlen, Winden und brennendem Blitz. Es

---

[1]) Götterlehre 1, 801—803.

brauste die ganze Erde auf, der Himmel und das Meer. Beredt und feurig wird auch dieser Sieg des Zeus durch Donner und Blitz über den unterirdischen Feind gepriesen. Schon in der Ilias kommt Typhoeus in den Arimerbergen vor (2, 782), und in den Kilikischen hundertbäuptig im Prometheus des Aeschylus (353), wesshalb es gewiss nicht rathsam ist, die Person sich zuerst im Aetna oder auch in dem Lemnischen Mosychlos aufgetreten zu denken. Diese allegorische Person zählt Preller zu dem Merkwürdigsten, was von derartiger Poesie erhalten sei (Mythol. 1, 55). Die Formen $Tv\varphi\acute{a}\omega\nu$, $Tv\varphi\tilde{\omega}\nu$, $Tv\varphi\omega\epsilon\acute{v}\varsigma$, $Tv\varphi\tilde{\omega}\varsigma$ sind mythologisch nicht verschieden. Heyne zweifelte unnöthig, ob Typhaon und Typhoeus eins seien. Der Homerische Hymnus auf Apollon setzt $Tv\varphi\acute{a}\omega\nu$ und lässt Here ihn erzeugen ohne Zeus, die sich dadurch Genugthuung dafür giebt, dass Zeus eine ätherische Tochter aus seinem Haupte erzeugt hatte. Dass Zeus auch die von der übrigen Natur so sehr verschiedenen Vulcane seiner Herrschaft unterwarf, war keineswegs weit her zu holen, diess Nachspiel zur Theogonie sehr glücklich hinzugefügt.

Ausser dem Emportreiben vulcanischer Massen, hatte $\tau\acute{v}\varphi\omega$ auch die allgemeinere Bedeutung des Blasens, Hauchens; Typhon haust auf den höchsten Bergspitzen. Ein Typhaonischer Berg war in Böotien nach dem Schilde des Herakles (32), bei Apollodor wohnte Typhon auf dem Hämos (1, 6, 3). Aristoteles: $\pi\nu o\alpha\acute{i}\ \tau\epsilon\ \acute{\alpha}\nu\acute{\epsilon}\mu\omega\nu\ \varkappa\alpha\grave{i}\ \tau v\varphi\acute{\omega}\nu\omega\nu$ (de mundo 2). In der Theogonie werden die von den vier guten und regelmässigen unterschiedenen Winde als falsche und immer verderbliche ($\mu\alpha\psi\alpha v\varrho\alpha\acute{i}$) genannt, Stosswinde konnten ja wohl neben die vulcanischen Stösse oder Ausbrüche gestellt werden. Die vier stammen 378 von Asträos und Eos; dagegen ist Typhoeus mit Echidna verbunden, wo er sich nicht mit seinen Geschwistern verträgt 306 f.

881—885. Nachdem die seligen Götter die Arbeit vollendet und mit Gewalt den Titanen über die Ehren entschieden hatten, da trieben die Götter auf Eingebung der Gäa den Olympischen weitschauenden Zeus an, König zu sein und zu herrschen über die Unsterblichen; dieser vertheilte ihnen wohl die Ehren.

886—930. Zeus nahm nun zur Gattin zuerst die Metis, die am meisten unter den Göttern und Menschen wissende, damit die Göttin ihm Gutes und Böses riethe. Dann führte er heim die Themis, Eu-

rynome, des Okeanos Tochter, bestieg das Bett der Demeter, Mnemosyne, Leto und Here. Hierdurch wird der neue Götterstaat eben so
kühn als naiv organisirt. Die sechs Vermählungen des Zeus von
Themis bis Here erinnern an die sechs Titanenpaare, und dass die
Symmetrie ein grosser Factor war in der ältesten systematischen
Mythologie ist nicht zu bezweifeln. Wenn die hier angedeutete als
möglicherweise beabsichtigt gedacht wird, so ist kein Grund mehr
aus der Zwölfzahl der Titanen auf eine schon damals festgestellte
Zahl von zwölf olympischen Göttern zu schliessen. Die Vermählungen sind zusammengestellt, theils nach den Hauptculten, in welchen
die vornehmsten Götter als Kinder des Zeus und der Demeter, des
Zeus und der Leto, des Zeus und der Here von Alters her verehrt
worden waren, theils nach Auswahl aus den Titaninnen, was auch
Leto Demeter und Here in sofern waren, als sie von Titanen ab-
stammten, die erste von Köos und Phöbe, die beiden andern von
Kronos und Rheia, aus der vorigen Weltordnung herübergenommen,
wie Themis und Mnemosyne, weil deren Kinder, die Horen und Mören der Themis, Aïdoneus und Persephone der Demeter, Apollon und
Artemis der Leto, Ares, Hebe und Eileithyia der Here, nicht fehlen
konnten, die Musen der Mnemosyne, ihrem Wesen und ihrem Verhältnisse zu den Dämonen nach, zu diesem Kreise zu gehören schienen, zu welchem endlich auch noch die Chariten gehörten, denen zur
Mutter Eurynome, des Okeanos Tochter, erwählt wurde. So nehmen
wir an, nach Voraussetzung einer oben besprochenen Interpolation in
Bezug auf die Metis, bei deren bedeutsamer Voranstellung als Gattin
des Zeus, die Geburt der Athene aus dem Haupte des Zeus, um in
der ersten von sieben so inhaltreichen Triaden, in welche diese sieben Gattinnen gefasst sind, lieber einen keinem Hellenen unbekannten
und einen bei Zusammenstellung der vornehmsten Götterzeugungen
jedem Hellenen wie nothwendig einfallenden Namen, zu übergehen,
wie in einer anderen Triade der Name der Erinnyen gleichsam eu-
phemistisch verschwiegen worden ist (220—223), oder lieber den
Einfluss dieser mütterlichen Göttin auch auf diese Tochter aus dem
Haupte des Zeus anzudeuten. Dass hiernach die zwei, auf die sieben
noch folgenden, Triaden von der Athene hier nur als Kriegerin aus
dem Kopfe des Zeus und die dieser entgegengestellte des Hephästos

aus Here allein, ebenfalls interpolirt seien, würde sich alsdann von selbst ergeben. Aber viel wahrscheinlicher ist, dass die ganze Stelle von der Metis, als der ersten Gattin, es sei nun auf einmal ganz oder als eine aus einer anfänglichen Trias durch plumpe Erklärung erweiterte Stelle, interpolirt ist; wenn wir nämlich mit Recht glauben dürfen, dass Pindar in einer, zu seiner Zeit noch sehr ernsten Sache, uns nicht hinter einer, durch den übrigen Inhalt späterer Interpolation schlechthin verdächtigen Stelle zurückstehen dürfe. Lucian lässt seinen von Zeus zur Olympischen Tafel eingeladenen Ikaromenippos (c. 27) erzählen, dass Apollon die Kitharis spielte, Silen den Kordax tanzte und die Musen stehend aus der Hesiodischen Theogonie und die erste der Hymnen Pindars ihnen sangen [1]). Offenbar spottet der Verfasser der an dieser Stelle der Theogonie und zugleich im ersten Hymnus des Pindar durch ihren mythologischen Inhalt und Zusammenhang besonders auffallenden und anstössigen, aber doch im Plane der Hesiodischen Theogonie so bedeutenden Stelle, die den Pindar begeistern konnte zu einer Nachdichtung, nicht ohne Abweichung im Einzelnen und freie poetische Zuthat in hohem Schwung. Pindar nun sagte in dem ersten Hymnus [2]): „Zuerst führten die wohl rathende, himmlische Themis, in goldenem Wagen von den Quellen des Okeanos die Mören zum heiligen Aufstieg auf dem glänzenden Wege des Olympos, zu sein des erhaltenden Zeus Urgattin; diese aber gebar die goldbandgeschmückten, glänzende Früchte bringenden, zuverlässigen Horen." Dem „zuerst" wird grosser Nachdruck gegeben durch das folgende „alte Gemalin", d. i. alte mit Bezug auf Here, oder älteste mit Bezug auf alle auch von Pindar in den wunderlichen Mythus aufgenommenen. Noch ein Beispiel seiner Nachahmung liegt

---

1) τῆς τε Ἡσιόδου Θεογονίας ἦσαν ἡμῖν nicht de nativitate carmina noch τὰς Θεογονίας.

2) Dass aus diesem die Stellen herrühren, hat Böckh scharfsinnig aus dem Sylbenmass errathen, welches dasselbe ist als das in dem von Korinna der Häufung von Mythen wegen mit Recht getadelten Eingang Ἰσμηνὸν ἢ χρυσαλάκατον Μελίαν — — ὑμνήσομεν, wovon ein Scholiast sagt: Ἀρχαὶ ταῦτα τῶν Πινδάρου τοῦ μελοποιοῦ Ὕμνων. An einem schicklichen Motiv zur Nebeneinanderstellung so vieler Mythen fehlte es indessen dem jugendlichen Dichter auch nicht, zumal, da er lauter Thebische, also seinen Landsleuten liebe und anziehende, ausgewählt hat: allein alle setzt er zurück um den Zeus zu besingen, ἐκ Διὸς ἀρχή, und dieser Hymnus feierte die Thronbesteigung des Zeus.

uns vor in dem, was Aristides als überschwenglich anführt (fragm. 3), dass bei der Hochzeit des Zeus die Götter, als Zeus sie fragte, ob sie etwas bedürften, ihn baten, ihnen Götter hervorzubringen, welche diese grossen Thaten und seine ganze Gründung in Worten und Musik schmücken möchten, woraus Böckh mit Recht schliesst, dass darum Apollon und die Musen entstanden seien, was aus den Hesiodischen Worten, dass Zeus mit der Leto den Apollon und die Artemis, mit Mnemosyne die Musen erzeugt habe, geschöpft ist. Wenn wir nun zwar aus diesen beiden Beispielen leicht entnehmen, mit wie grosser Freiheit der junge Dichter auch die grössten Mythen des Alterthums zu der Zeit behandelte, indem er die Mören nicht, sondern nur die Horen als Töchter des Zeus erzeugen, diese als Göttinnen des ersten Reichs ihm die Themis zuführen lässt, und den Apollon auf die Lautenkunst ohne alle Rücksicht auf Artemis beschränkt, so scheint es doch, dass wir das $\pi\varrho\tilde{\omega}\tau o\nu$ und das $\dot{\alpha}\varrho\chi\alpha\iota\dot{\alpha}\nu$ $\ddot{\alpha}\lambda o\chi o\nu$ des ersten Fragments festhalten müssen, weil es offenbar 'tief und gut gedacht ist, dass der Sieger durch Gewalt gleich bei dem Antritte seines Regiments es auf das Recht zu gründen verheisst. Diese Idee hat Aeschylus weiter verfolgt, indem er die Themis Mutter des Prometheus nennt, und diesen als Abwehrer der Gewalt und leidenschaftslosen Verstand von Anfang dem Zeus zum Guten rathen, dann aber bei über das Mass fortgesetztem Widerstand und vermessener Ueberhebung dem Kroniden gegenüber grausam bestraft, endlich durch Herakles, des Zeus Sohn und Liebling, nachdem er durch langes Dulden selbst auch die Unmacht des starren Trotzes selbst des Rechtes gegen die im grossen Zusammenhang der Dinge gegebene Entwicklung und Entscheidung der Dinge, den Widerstand zu bändigen erkannt hatte, von seinen Banden befreit, die von der Hand des höchsten, im neuen Weltreich allgemein verehrten, Gottes dargebotene Versöhnung durch gänzliche Unterwerfung annehmen lässt. Es ist, als ob der grosse zwischen dem Titanischen und dem Olympischen Reich ausgebrochene Streit schliesslich durch ein Compromiss der Art ·beigelegt würde, dass künftig, wenn es nicht immer war, Macht ohne Einschränkung und Gerechtigkeit ohne Einwendung, Dike neben Zeus thronend, Friede auf Erden und den Menschen ein Wohlgefallen sein sollte. Gegen die Themis, die den neuen Götterstaat einweiht, die

Tochter des Kronos, gehalten, hat die Metis ein geringes Gewicht,
da das Wort nur einmal als Anschlag, Gedanke vorkommt (471),
als Person nur unter den Okeaniden einmal neben Eurynome (358),
wogegen Pindar die Themis Urania nennt, die bei den Quellen des
Okeanos, nicht im Tartaros, wohnte, so wenig wie Okeanos, der erste
der Titanen. Um auf den Hymnus des Pindar mit wenigen Worten
zurückzukommen, so scheint es, dass die Titanomachie den Hauptinhalt davon, vielleicht den einzigen ausmachte. Es wird die Befreiung der Titanen durch Zeus angeführt (fragm. 6) ¹). Las
Pindar die unbedeutende Erklärung des Zeus μητίετα aus seiner Ver-
mählung mit der Metis nicht, so fällt die obige bedingte Verdäch-
tigung des alsdann siebenten Drillings von der Geburt der Athene
weg. Denn dass sie nur als Kriegerin geschildert ist, reicht nicht
zu, um in diesen drei Versen eine spätere Interpolation anzunehmen;
wenn aber diese Geburt des Zeus den ganzen, durch die Form von
sieben Triaden in sich wohl abgerundeten Abschnitt von den Zeugungen des neuen Weltherrschers nachdrücklich abschliesst, so wird
dagegen der folgende Drilling etwas verdächtig, da diess mythische
Gegenstück der altberühmten Kopfgeburt weniger sicher hinsichtlich
seines Alters und Ansehens ist, und ausserdem die bedeutsame Zahl
sieben aufhebt.

Als unächt scheint auch Apollodor die Metis oder die erste Trias
angesehen zu haben, der offenbar diese inhaltreiche und für den Ausgang wie für den ganzen Zusammenhang und Plan äusserst wichtige
Hesiodische Stelle vor Augen gehabt hat, wenngleich er einige auffallende Aenderungen einmischt. Er sagt nämlich (1, 3, 1): Zeus
heirathet Hera und zeugt Hebe, Eileithyia und Ares. Beschläft aber
viele sterbliche und unsterbliche Weiber. (So ganz unterdrückt er
den Zusammenhang der Stelle im Gedicht, aus welcher er doch offenbar mehreres Einzelne entlehnt). Mit der Themis, der Tochter des
Uranos, zeugt er die Horen: Eirene, Eunomia, Dike, und die Mören:
Klotho, Lachesis und Atropos; mit Dione Aphrodite, mit Eurynome,

1) Sehr bezweifeln muss ich, dass aus diesem Hymnus auch sei, was Böckh
unter fr. 4 anführt von Kadmos, der ja wohl ausser dem Eingang, wofür wir
die gehäuften Mythen, unter denen Kadmos genannt ist, halten, nicht wieder
vorkam.

der Tochter des Okeanos, die Chariten: Aglaïe, Euphrosyne und Thalia, mit der Styx die Persephone, mit Mnemosyne die Musen, die neun Namen wie bei Hesiodus 77 ff. Der Persephone die Styx zur Mutter zu geben wurde er wahrscheinlich bestimmt durch ihr Beiwort in der Ilias ἐπαινή, das noch neulich einem unserer Philologen, einem scharfsinnigen und gelehrten Mann, aber zuweilen conservativ bis zum Eigensinn, wobei man so weit kommen kann für das Abgelebte und Faule einen haut goût zu haben, genug war zu der Behauptung, dass die Erde als Dunkel und Herberge des Todes einen Dualismus bilde mit dem himmlischen Zeus, die Erde aber als Δῖα, oder auch wohl Δῆ, ein Abstractum sei des Weiblichen in der einheitlichen Gottheit. Dass das Kind der Demeter in Frühling und Sommer gar lieblich sei, fühlte der Landmann selbst im Schweisse seines Antlitzes: dass diese holde Göttin in das Unsichtbare hinabgerissen dort die Königin sein müsse, konnte er sich denken, und wenn er nicht so eifrig oder vorzugsweise wie die Achäerhelden diese Seite oder diese Zeit ihres Daseins, den Tod, ins Auge fasste, so erklärt sich diess leicht daraus, dass sein Leben mit ihr in engster Verbindung stand bis zur Zeit ihres Hinabgangs. Es bedurfte keiner Mysterien, um ihnen zu offenbaren, dass die Erde die Mutter der aus ihr hervorwachsenden Blüthe und Frucht sei.

Den ersten Hymnus des Pindar hat auch ein spätes Vasenbild sich anregen lassen den ἱερὸς γάμος so darzustellen, dass Apollon das thronende Herrscherpaar besingt, die Olympische Gesellschaft aber besteht aus Hermes, den zwei Brüdern des Zeus, Athene und Aphrodite, nach beliebiger Auswahl als Hauptpersonen der Götterwelt [1]). Klar ist, dass der Künstler auf den Pindarischen Hymnus nicht näher eingeht, sondern nur, da er seinem Inhalte nach im Allgemeinen bekannt sein musste, von ihm Anlass nahm einfacher die Hochzeit des Zeus im Olymp ohne alle Beziehung auf alte und neue Götterordnung, also auch nicht etwa als späterhin wiederholte Feier dieses grossen Acts, darzustellen.

Dass unter den Gattinnen des Zeus von Themis bis auf Here und ihre Abkömmlinge, sowie Athene und unserem Text nach auch

---

[1]) Annali del Inst. archeol. 1861, 33, 293. Mon. tav. 6, 58. Meine A. Denkm. 5, 360 ff.

auf Hephästos, den Sohn der Here, allein eine bevorzugte Classe von Göttern des neuen Reiches gemeint sein könne, ist wohl zu vermuthen. Man wird sich nicht wundern, dass Aphrodite darunter nicht ist, da die Theogonie nach der Böotischen Ansicht von dem weiblichen Geschlecht die Kyprische Göttin durch die Blutstropfen des Uranos aus dem Meeresschaum hatte entstehen lassen. Wenn sie nachher doch als Gattin des Ares genannt ist, so steht sie da in Verbindung mit einer geschlossenen Reihe von Göttern, die seitdem Zeus herrschte wesentlich waren. Tadeln möchte man vielleicht, wenn man sieht, wie in jenem andern Mythus und auch in manchen Localculten der Mythus von zwei Brüdern des himmlischen Zeus, von einem Zeus des Meeres und einem der Erde, welcher theils Reichthum giebt, theils das Todtenreich beherrscht, so grossen Einfluss hat, bei der Gründung des neuen Reichs gar nicht berücksichtigt ist. Man darf nicht einmal sagen, wenn man etwa eifrig ist, in den Kreis auch der ältesten und bedeutendsten Götter und Mythen mehr Harmonie zu entdecken als darin je zu finden sein wird, dass die Theilnahme der beiden Brüder an der Weltherrschaft sich so sehr von selbst verstehe, dass sie auch stillschweigend vorausgesetzt werden konnte, zumal, da Aïdoneus wenigstens als Entführer der Tochter der Demeter auch vorkommt. Es ist sogar in gewisser Hinsicht consequent, dass Poseidon und Pluton-Aïdoneus hier ausgeschlossen sind, da im Anfang Uranos so wie Pontos von der Gäa hervorgebracht werden, auch Demeter unter den Titanen ist, und Zeus, nicht wie im Homer Kronide in höherem als genealogischem Sinn und mit dem Himmel eins ist, sondern ein Geborener ist. Der Unterbau ist bleibend, oder der uralte, gleichsam der minder cultivirten Menschenclasse nothwendige Gottesdienst besteht fort. Gäa, Demeter mit Kore, der Frucht, Aïdes, Pluton, Poseidon im Meer hausend als Pontos, aber Olympisch sind sie nicht, oder nur durch Poesie, die wohl auch die Flüsse einmal in den Olymp führt. Auch Hephästos kommt bei Homer nur in einigen symbolischen Mythen als das Element vor, sonst aber als Weinschenk oder als Künstler. Hesiodus stellt den Olymp und in seinen Göttern die Menschheit bestimmter gegenüber der Natur, die durch die Titanomachie untergeordnet ist; immerhin liegt hierin ein grosser Unterschied der Theogonie von Homer und sie hat besonders unter diesem

Gesichtspunkt eines eigenen Systems in Betrachtung der mythologischen Tradition einen hohen Werth. Wenn Hermes vermisst wird,
der erst in der folgenden Abtheilung aufgeführt wird, und der doch
in Arkadien und anderwärts im Cultus und seiner Idee nach und
mythisch bei Homer als ein grosser Gott erscheint, auch, wie er ja
eine gewisse Verwandtschaft mit dem theogonischen Eros hat, Sohn
des Himmels und der Dia (der dea Dia der Arvalischen Brüder),
der Erde, genannt wird von Cicero (N. D. 3, 23), so liesse sich
diess aus subjectiver Ansicht des Dichters erklären, der ihn als gemeinen, in Böotien vielleicht nicht einmal sehr häufigen Hirtengott
zu gering hielt, um im höchsten, engeren Kreise des Zeus mitgenannt
zu werden, in welchem er nur als Diener hervortritt.   Ebenso kann
es auch als Grund der Ausschliessung des Dionysos gelten, dass dieser doch eigentlich in der älteren Zeit nur als ländlicher Gott gefeiert
wurde, wesshalb er auch im heroischen Epos keine Stelle fand.
    Wenn diese Bemerkungen nicht ohne Grund sind, und sehen wir
dann darauf zurück, mit welchem besonderen Nachdruck am Schluss
der Zeugungen des Zeus in einer siebenten Triade die aus dem
Haupte des Zeus geborene Athene und der aus Here geborene Hephästos das Haus des Zeus gleichsam abschliessen, so entsteht der
Gedanke, dass diese Triaden auch die Theogonie in ihrer älteren Gestalt abgeschlossen haben könnten.   Eine ganz vollständige Aufzählung aller Götter und Dämonen war gewiss nicht erforderlich, um
den Zweck des Werks, die alte und neue Götterordnung und den
Uebergang der einen in die andere durch die Titanomachie darzustellen.   Vielmehr musste eine erschöpfende Vollständigkeit über die
Entscheidung und die Stiftung des neuen Reichs hinaus, zum Klein-
lichen und Bunten führen.   Im Verzeichnen und Ordnen der Naturgötter hatte der Dichter aus ältester Tradition, die etwas Poetisches
hat, aus Anschauung und Phantasie zu schöpfen: ein Verzeichniss
aller positiven in den verschiedensten Gegenden meist nur einzeln
vorkommenden und nach und nach, etwa bis in die neueste Zeit, zu-
sammengekommenen Götter mit ihren Gemalen und Mythen, hat
wenig Zusammenhang unter sich und sieht eher gelehrt aus. Dieser
Ausgang hätte dem Anfang der im Ganzen in grossen Zügen kurz
gehaltenen Ausführung, die nur stellenweise durch nothwendige oder

doch wohl gewählte Ausmalung oder auch eine Episode wie die von Prometheus unterbrochen wird, wenig entsprochen.

Die Alexandrinische Athetese von neun in diesem Abschnitt enthaltenen Versen [1]) ist uns kein Grund, den ganzen Abschnitt als einen fremden Zusatz zu betrachten. Es könnte ihn ja auch der Erfinder und Dichter des Ganzen, nachdem er mit den sieben oder ohne Metis sechs Zeugungen des Zeus, den eigentlich Olympischen, die Menschenwelt beherrschenden Gewalten abgeschlossen hatte, als eine Ergänzung wie als einen Anbau hinzugefügt haben. Nur entsteht dann wieder das Bedenken, ob wir die Mythen von Herakles und Hebe im Olymp, Dionysos und Ariadne für so alt halten dürfen als wir die Theogonie gesetzt haben, um das Jahr 800. Wiewohl diese auch später zur Vervollständigung hinzugesetzt sein könnten, wie es Helios als Vater der Kirke und des Aeetes, und Aeetes als Vater der Medea sicherlich sind. Wie dem auch sei so ist die Zusammenstellung mythologisch wenigstens wichtig genug.

Triton ist Sohn von Poseidon und Amphitrite, von Ares und Kythereia stammen Phobos und Deimos nebst Harmonia. Dem Zeus gebar Mäa oder Mäas den Hermes, ein Princip oder eine Potenz, wie deren mehrere unter dem Namen der Titanen sind, eher naturphilosophische Ideen, als Aperçü's, wie dagegen Hermes und Eros genannt werden könnten, also an sich nicht unschicklich für die Zeit der Theogonie, Mäa nämlich, das Streben, als Grund der Triebe. Dionysos ist Sohn des Zeus und der Semele, der er blitzend erscheint, im Mythus aber Tochter des Königs Kadmos, vielleicht um den Gott des Volks zu hohem Ansehen zu erheben. Herakles Sohn des Zeus und der Alkmene. Hephästos nahm zur Genossin Aglaïa, die jüngste der Chariten, die Goldarbeit ist reizend und verführerisch; Dionysos die Ariadne, Herakles der Thebageborene, nach den Kämpfen in den Olymp aufgenommene, die Hebe. Helios zeugt mit der Okeanide Perseïs Kirke und Aeetes, Aeetes mit der Okeanide Idyia die Medea. (Nicht genannt sind Glaukos, Aegäon, Sohn des Poseidon in der Ilias, und Palämon). Hier folgen nun die Verse:

- - -

1) Schol. V. 943.

Ὑμεῖς μὲν νῦν χαίρετ᾽ Ὀλύμπια δώματ᾽ ἔχοντες
νῆσοί τ᾽ ἤπειροί τε καὶ ἁλμυρὸς ἔνδοθι πόντος,

die man unmöglich für den Schluss der ursprünglichen Theogonie halten kann, und es schliesst sich an eine andere kleine Fortsetzung.

965—1023 mit Anrufung der Musen: „Singet ihr nun der Göttinnen Geschlecht, so viele zu sterblichen Männern gebettet als unsterbliche, Unsterblichen ähnliche Kinder erzeugten." Dieses Verzeichniss führt uns von Pluton, dem Sohne der Demeter und des Jasion bis zu Nausithoos und Nausinoos, Söhnen der Kalypso und des Odysseus, und schliesst damit sich ausdrücklich ab, indem als dritte Fortsetzung die Anrufung der Musen folgt, das Geschlecht der Frauen zu singen, die nemlich als Sterbliche mit Unsterblichen Heroen erzeugten. Dieser letzte Theil des auf die sieben Triaden folgenden Abschnittes scheint verloren gegangen zu sein, weil man ihn für überflüssig hielt, indem grössere und berühmtere Hesiodische Werke denselben Gegenstand vollständiger und besser enthielten. Auf diese Vermuthung führt der Uebergang von νῦν δὲ γυναικῶν im Zusammenhang mit νῦν δὲ θεάων (965); wiewohl an sich die Anschliessung eines κατάλογος γυναικῶν an die Theogonie in einem τεῦχος der Hesiodischen Schriften so natürlich gewesen wäre, dass man dazu auch noch ein festeres Band durch Veränderung der Anfangsworte, zwar gewiss nicht sinniger Art, sich erlaubt hätte.

Das vermuthlich allgemein Auffallende der vorhin ausgesprochenen Vermuthung, dass die Theogonie in den sieben Triaden der Zeusfamilie ihren Abschluss gefunden habe, mag entschuldigen, dass ich auf diesen wichtigen Punkt noch einmal zurückkomme. Offenbar hat diese Zusammenstellung für den Plan des Ganzen die grösste Wichtigkeit, und die Gedrängtheit, in welcher gerade diese Götter darin vereint sind, entspricht der im Anfang des Gedichts in den zwölf Titanen und ihrem Drillingsbrüderpaare knapp entworfenen Skizze des früheren Götterstaats, aus dem über eine Menschheit gar nichts berichtet wird. Dass dieser Schluss grossartig sein würde, leuchtet von selbst ein. Diese Götter scheinen sämmtlich, auch die Horen und die Mören, so wie dann auch ihre Mutter Themis das Menschliche anzugehen. Die Gesetzmässigkeit, auch in der Menschenwelt, nicht bloss in der Natur, Horen und Mören, die Chariten, Persephone, die Musen, Apollon, hier nur als Gott der Laute zunächst, dann immerhin der Wahrsagung, der Heilkunst, und Artemis, hier nur als Göttin der Jagd, Hebe, Ares und Eileithyia, Athene, Kriegsmuth, ohne auszuschliessen Weisheit und Kunst. Dabei tritt der nationale Geist und Geschmack zur Zeit durch den verhältnissmässig ansehnlichen Verein von Apollon, den Chariten und den Musen, in diesem nicht allzu grossen Kreise deutlich hervor. Sogar Persephone, welche Aïdoneus raubt, scheint nur herbeigezogen mit Bezug auf die Unterkunft der Menschen im Tode, nur als die ἐπαινή bei Homer, indem die Gaben der Mutter Erde hier übersehen werden, so wie Helios, Selene und die anderen Naturgötter, die im neuen Reich fortbestanden, hier und da obenan im Cultus, wie z. B. Hekate in Böotien nach der Theogonic selbst, ja gewissermassen die Grundlage desselben ausmachten, nachdem nun das Menschengeschlecht und seine geistigen Bedürfnisse den höchsten Gegenstand der neuen Regierung ausmachten. Aus dem bestimmten Gegensatze dieser Regierung mit der Titanischen allein würde es sich dann auch erklären lassen, dass die im Homer und sonst geltend gemachte Verbrüderung des himmlischen Zeus mit Aïdes und Poseidon, einem irdischen Zeus, der als Pluton in den Tagen und Werken und hier und da sonst Gatte der Demeter heisst und ein Zeus des Meers, hier unterdrückt ist. Dass die Gesellschaft der Olympischen Götter hier nach eigenthümlichen Ideen zusammengestellt werde, ist offen genug angekündigt durch die Form ihrer siebenfachen Abstammung von Zeus. Dass aus dem Olympischen Kreis der sieben Triaden Aphrodite ausgeschlossen ist, kann in der Hesiodischen Abneigung gegen diese Göttin seinen Grund haben; Dionysos erscheint bei Homer auch nicht im Olymp, weil er ein Gott des Landvolks war, wie Demeter, die erst im Homerischen Hymnus auf sie Theil am Olymp hat, und auch Hermes, der Mäa Sohn, möchte hier von der höchsten Gesellschaft ausgeschlossen sein, weil man ihn nicht als Argeiphontes auffasste, sondern als Boten, Diener, Kinderwärter oder sonst untergeordnet unter den Göttern. Indem aus der Titanomachie Zeus als Sieger hervorging, blieb die Natur in ihrem ewigen und gleichen Bestande, und die Verehrer der Olympischen Götter, die in jenen sieben Triaden den Naturgöttern entgegengesetzt zu sein scheinen, waren nicht gehalten sich von den früher

verehrten Naturgöttern abzuwenden. Helios und Selene, Demeter mit
ihrer Tochter als Erdfrucht, Flüsse und Quellen und der im Meer
hausende Poseidon und andere Naturwesen, die als göttlich von jeher
verehrt worden waren, wurden zu keiner Zeit, so viel wir wissen, seit
der Vermenschlichung der Götter und dem Olympischen Reich ange-
fochten, wohl aber verschmolz sich sehr häufig die alte Naturbedeutung mit der in der neuen Mythologie festgestellten, wie wir diess
am meisten an Apollon und Artemis sehen. Ebenso sehen wir statt
Vernichtungskrieges Entwicklung in der Verbindung des Zeus mit
Titaninnen, als Themis, Mnemosyne, durch deren Einreihung unter
die Titanen die Hesiode ihre Musen ehrten, und als Titanin kann
hier auch Leto gezählt werden, als Tochter der Phöbe und des Köos,
und in der Verbindung mit Okeaniden, als Eurynome, die Mutter der
Chariten, und Metis in der oben verdächtigten Triade als erste Gattin
des Zeus, so wie auch gewiss besser von Pindar vom Okeanos her Themis
von den Mören in den Olymp zu Zeus geführt wird und dem Zeus die
Horen gebiert. Sicher würde Histie unter den für die menschliche Ordnung wichtigsten Göttern hier vorkommen, wenn sie nicht schon unter
den Kindern von Kronos und Rhea (454) aufgeführt, andererseits dem
Griechen auch nur als Jungfrau zu denken gewesen wäre und also
nicht Gattin des Zeus genannt werden konnte. Auch dort ist sie
nicht als Element genommen, so wenig als Themis oder Mnemosyne
unter den Titaninnen: aber es spricht diess für das Alterthum und
die Bedeutung des Heerdes und der von ihm abhängigen Ordnungen
der menschlichen Gesellschaft (Götterlehre 2, 692. 698 f.). Da von
der Menschenwelt des ersten Weltreichs so wenig verlautet, so ist
die Aufstellung der drei genannten Titaninnen sehr bedeutsam.

Von Allem, was zur Erklärung und Kritik der Theogonie ge-
kannt und geübt sein muss, ist nichts wichtiger als die Kenntniss
und Uebersicht der Griechischen Mythologie, durch die allein uns bis
auf einen gewissen Grad anschaulich wird, wie im Laufe langer und
verschiedener Zeiten die Naturgötter in Menschengötter übergegangen
sind, während jene theils neben, theils in diesen fortgelebt haben.
Die beiden Systeme des Kronos und des Zeus konnten unmöglich in
der Fabel sich rein scheiden, da in der Wirklichkeit das Frühere
nicht aufgehoben war, sondern durch Poseidon, Hephästos, Helios

u. s. w. der Naturdienst in gewisser Art fortbestand. In der Zusammensetzung und Ausbildung sind ungleiche Elemente aus verschiedenen Zeiten. Manches vielleicht steht in Bezug auf das System oder die Composition der Theogonie überhaupt. Auch hier ist der Stoff, der in die Form oder Grundidee gegossen worden, ungleich. Von einem so grossen, unendlich manigfaltigen, tief innerlichen Process, woran die ganze Griechische Culturgeschichte im Grunde sich anschliesst, und wovon niemals eine ganz genügende Skizze gegeben werden konnte und kann, sondern nur durch fleissiges Aufmerken aller Orten Einsicht zu nehmen ist, giebt die Hesiodische Theogonie eine gerade für ihr Zeitalter, dessen Glaubensvorstellungen und Bildung berechnete, für uns höchst merkwürdige und, wenn wir uns in diese einigermassen versetzen können, sehr sinnreiche Darstellung. Hier ist ein einfacher, grossartiger Plan und von lockerem Zusammenhang sollte nicht die Rede sein. Es ist nicht zu verwundern, dass die alte Sage nicht systematisch genug und cohärent durchgebildet war. Ein genauer Zusammenhang in allen Umständen, eine scharfe Bestimmtheit sind nicht Erfordernisse solcher Art von Dichtung. Die Mythen selbst, die Einzelzüge, unter besonderen Gesichtspunkten erfunden, griffen nicht überall in einander ein. Es ist auch nicht wahrscheinlich, dass an diesem grossen Bau, der auch durch Alterthümlichkeit der verschiedensten Art und durch die Manigfaltigkeit des Inhalts Ehrfurcht und Scheu einflössen musste, in guten alten Jahrhunderten Veränderungen vorgenommen worden sein sollten. Eine wunderliche Erscheinung ist es, dass Manilius (2, 12—18) die Theogonie des Hesiodus in einigen wenigen Zügen vom Chaos an bis zu dem jährlich wiedergeborenen Bacchus schildert, nur darum, weil man nicht erwarten könnte, dass ein Römischer Gelehrter wie dieser, auch wenn er nur aus dem Gedächtniss schrieb, etwas so ganz Falsches sagen und eine so grosse Unwissenheit verrathen konnte. Ob er diesen Jacchos selbst aus einer Orphischen Theogonie im Kopfe gehabt haben könne, will ich nicht untersuchen: gewiss ist, dass nichts mehr gegen alle Wahrheit und Schicklichkeit verstossen könnte als ihn mit der Hesiodischen Theogonie in Verbindung zu bringen. Ganz unhaltbar ist die Vermuthung von Mützell (p. 502), erstens, dass die Geburt des Dionysos von Semele ausgefallen sei, indem wir den mytho-

logischen Ideenzusammenhang des Dichters doch in der That nicht
genug kennen, um zu bestimmen, dass er eine uns wohl bekannte
Sage nicht ausgeschlossen haben dürfe, und zweitens, dass mit diesem
Umstande zugleich eine längere Auseinandersetzung über die Geburt
des Bacchus ausgefallen sein möge, da so gründlich verschiedene Personen wie der Semele Sohn und Jacchos nur in einer heutigen Ab-
handlung zusammengebracht werden können, und Manilius überdem
seinen Jacchos mit Grundlinien der Hesiodischen Theogonie verbindet,
während er da, wo und wie Mützell vermuthet, nur ganz nahe dem
Ende hätte vorkommen können. Jos. Scaliger schwankte über die
Stelle des Manilius. Bemerkenswerth ist eher, dass die Theogonie die
Dioskuren ganz übergeht, deren Wechselleben im Grab und Ehre von
Zeus die Odyssee wenigstens erwähnt bei der Gelegenheit, dass in die
Nekyia ihre Mutter Leda aufgenommen ist. Die Jlias freilich hat in
Folge der ihrer Drillingsschwester Helena in der Heldensage nothwendig ganz abgestreiften Göttlichkeit klüglich dafür gesorgt, dass
auch das Grab der Brüder nicht als symbolisch genommen und auf
Göttlichkeit bezogen werden könne, indem sie die Brüder ganz als
natürliche Helden schildert (3, 236—244). Denn gewiss haben Selene
und der Abend- und Morgenstern vor ihrer Umwandlung in Helena
und Dioskuren in mehr als einem Stamme des ältesten Griechenlands
einen nicht zu übersehenden Cult ausgemacht.

Anmerkungen*).

5. λοεσσάμεναι nicht „nach einem Bade", sondern die Chortänzerinnen waschen sich, da λούεσθαι Beides bedeutet, im Brunnen oder im Fluss, ohne Zweifel nach wirklichem Gebrauch der Chorjungfrauen. In der Hippokrene konnte man nicht baden. λούεσθαι ποταμοῖο, Ὠκεανοῖο ist Homerisch.

9 f. unrichtig Schneidewin Die Homerischen Hymn. auf Apollon S. 5. Die unsterblichen Wächter der Menschen, die Dämonen, ἠέρα ἑσσάμενοι φοιτῶντες ἐπ' αἶαν ἐργ. 124. Es ist nichts Widersprechendes darin dass die Musen, nachdem sie den Brunnen und Altar des Zeus umtanzten (die grössere Musenzahl neun war des Chortanzes wegen nöthig), wie bei Homer die Nymphen der Artemis im Waldgebirge sie in Reihen umtanzen und wie die dreimal drei Göttinnen im Hymnus auf Apollon tanzen, in der Nacht als geisterhafte Wesen sich zu dem Hirten herablassen.

22. Viele alte Dichter und Grammatiker legen sich diess nach den Umständen verschieden aus, besonders denken manche der Nacht wegen an Schlaf und also Traum. Aber der Hirt weidet auch Nachts und die Musen erschienen ihm unsichtbar κεκαλυμμέναι ἠέρι πολλῇ.

24. πρώτιστα nicht „selber zuerst" (J. H. Voss), noch plures deinceps (v. Lennep), sondern bei dieser ersten Begegnung, Begnadigung. Auch Göttling irrt: priusquam divino poesis spiritu me afflarent, vituperio me perstrinxerunt.

26. κάκ' ἐλέγχεα, schimpft; Jl. 5, 787 Ἀργεῖοι κάκ' ἐλ. und 2, 235 und öfter. Soph. Aias 381 κακοπινέστατον ἅλημα. Das Abstractum und Neutrum, als ein Ding, verächtlich; also Wichte, aber nicht übel gemeint, wie zuweilen „du Schelm." Die Hirten sind

niedrigen Standes, die hohen Musen reden sie ˸derb, traulich an. γαστέρες οἶον, nos numeri sumus, fruges consumere nati, wie χειρογάστορες. Beides zusammen für Hohe die Bezeichnung des Landvolks und der Arbeiter, die aber in solcher Anrede sich oft nur offen, traulich, nicht verächtlich und verdriesslich zeigen. Epimenides beim Apostel Paulus: Κρῆτες ἀεὶ ψεῦσται, κακὰ ϑηρία, γαστέρες ἀργαί.

31. δρέψασϑαι ϑητόν dass ich ihn mir schön (ϑηητὸν), zum schönen Scepter abpflückte von Laub und Zweigen; besser als δρεψάσαι, dass sie selbst ihm dienten. Auch der Scholiast und Göttling verstehn richtig. So wird ein ῥάβδος. Dass δρέψ. auch abpflücken, glatt machen, bedeuten kann, zeigt δρεπάνη, G. Hermann de Theog. forma antiquiss, p. 5 s. Mit Unrecht denken alte Schriftsteller und van Lennep an δαφνηφαγία, wie auch der Scholiast, der für diese Sache einen Vers von Sophokles und einen von Lykophron anführt. Diese geht die Wahrsagung an. Diese ist zu wichtig und das Mittel zu heilig, als dass sie so versteckt angedeutet sein könnte. Das im Medium liegende d i r hat seine Beziehung ohne das. In ihrer Hoheit reden die Göttinnen den armen Hirten nicht mit Schmeichelworten an, sondern derb, ihn den sie doch so hoch begnadigen. Die Kürze, das Bedeutsame, gedrängt nebst dem Naiven, ist der Charakter der bescheidenen Erzählung. Sehr falsch vermuthete daher Apollonius Rhodius bei dem Scholiasten vor 26 einen Vers ausgefallen. Das Höchste der Bescheidenheit in dem Sprichwort, womit die Erzählung schliesst.

34. Mnemosyne 135 Titanin, 915 Zeus Gattin. Schömann de Titanomachia p. 24 s. bezieht auch Mnemosyne auf die Natur. Aber auch Themis? der Zeit dieser Dichtung sind fein ausgesponnene und doctrinär überall in einander einpassende, zutreffende Begriffe fremd: man that einen Griff, machte nicht künstliche Analysen, und nahm auf andere mythische Einfälle nicht immer Rücksicht, war nicht ängstlich Widerspruch und Inconsequenz zu vermeiden.

35. ἰίη „verstärktes τί, warum?" Pape. Unbegreiflich Göttling quianam. Das Sprichwort ist nicht zu erklären aus Od. 19, 162 ἀλλὰ καὶ ὥς μοι εἰπὲ τεὸν γένος ὁππόϑεν ἐσσί· Οὐ γὰρ ἀπὸ δρυός ἐσσι παλαιφάτου οὐδ' ἀπὸ πέτρης, worin nur an Ursprung des Menschen aus der Eiche und aus Steinen zu denken ist, sondern aus Jl. 23, 126:

* Οὐ μέν πως νῦν ἐστιν ἀπό δρυὸς οὐδ' ἀπὸ πέτρης
τῷ ὀαριζόμεναι ἄτε παρθένος ἠΐθεός τε.

Götterl. 1, 784. Nach der zweiten Stelle sind auch ἢ γὰρ ἀπὸ
δρυός ἐσσι παλαιφάτου ἢ ἀπὸ πέτρης 'Ορχηστής; Lucillius Brunckii
Anal. 2, 334 und οὐ γὰρ ἀπὸ δρυὸς εἰ Οὐδ' ἀπὸ πέτρης, φασίν
Pallad. ib. p. 409. Seltsam gezwungen erklärt der Scholiast. Das
Veraltete, Einfältige ist nicht der Rede werth, ist gering. Diesen
Sinn erfordert auch unser Schluss des Hymnus. Aber hier ist περὶ
zu verstehen über, in Betreff, wie bei Platon λέγειν περὶ τὰ σῖτια,
περὶ λόγου δύναμίν ἐστι πᾶσα αὕτη ἡ πραγματεία. So δρυὸς καὶ
πέτρας λόγοις Macar. ap. Arsen. Walzii p. 185, wie Theokrit sagt
(3, 8) περὶ δρῦν ἢ περὶ πέτρην λέγειν. Unglücklich ist Göttlings
Gedanke an das Baumorakel und Delphi, welches durch πέτρα ohnehin auf keine Weise bezeichnet werden könnte. Denn aus der Erde
und ihrem Dunst bestand dort das Orakel. Auch noch wie G. Hermann in der Recension von Göttlings Ausgabe versteht, de inanibus,
quibuscunque rebus, ist die Erklärung, nur auf andere Art, falsch.
Porphyrius bei Lennep p. 153 hat ganz wie Hesiodus das Sprichwort
auf sich angewandt, da er vom Lobe Plotins auf sich selbst übergegangen war.

36. τύνη wie ἐγώνη auch ἐργ. 639 τύνη δ'ὦ Πέρση; 10 τύνη·
ἐγὼ δὲ und bei Homer viermal. Τύνη, statt wie Pindar sich anzu-
reden φίλον ἦτορ oder Archilochus θύμε, θύμε und andere bei Lennep, geradaus τύνη. Und die Scholien nennen τύνη archaistisch oder
auch Dorisch. Wolf vermisste Zusammenhang: intercidisse aliquid;
freilich, weil ein neuer Anfang ist. Eben daher die falsche Erklärung σὺ δὲ, ergo, age.

37. ἐντὸς 'Ολύμπου, wie Od. λ, 313 ἐν 'Ολύμπῳ, innerhalb der
δώματα πατρός 40, νιφόεντος 'Ολύμπου 42. 62. ἐντὸς 'Ολύμπου
passt so gut auf diesen als auf den Himmel.

38. εἰρεῦσαι λέγουσαι· εἴρω γὰρ λέγω οὗ ὁ μέλλων ἐρῶ. Ἡσ.
ἐν τῇ Θ. Hesych. Das Seherische der Musen erklärt der Scholiast
zu 32 richtiger als Lucian διαλέξις πρὸς Ἡσίοδον 5. τά τ' ἐσσόμενα·
die Muse am Helikon hat prophetisches Wissen und Geist; auch sagt
Pind. fr. 15 Schneidew. (115) μαντεύετο Μοῖσα προφατεύσω δ' ἐγώ.
In Delphi zeigte man einen Stein, worauf die erste Sibylle gesessen

haben sollte, als sie von den Musen erzogen dorthin gekommen sei, Plut. de Pyth. or. p. 398. Sie stehen dem Orakel der Gäa - Themis bei ib. p. 462. Sie lehren den Aristäos Heilkunst und Divination Apollon. 2, 512.

39. ὁμηρεῦσαι Orion Theb. ἄρω, ἁρμόζω, ταῖς φωναῖς ἀλλήλαις ἡρμοσμέναι τε καὶ ἀρηρυῖαι. Eigentlich von ὁμήρης Od. 16, 468 ὠμήρησε δέ μοι, concurrit mecum. Apollon. ὠμηρῆσε. Harpocr. ὁμηρεύσαντες u. a. Ὅμηρος Griffel und Homeros. Falsch Hesych. ὁμοῦ εἰρεῦσαι, in der Stimme zusammentreffend, im Einklang.

44. θεῶν einsylbig wie bei Homer. Irrig nimmt Mützell Anstoss, da es bei Hesiodus ausserdem nicht vorkomme.

46. οἱ τ᾽ ἐκ τῶν ἐγένοντο δωτῆρες ἐάων. Schol. λέγει δὲ τοὺς Τιτᾶνας. Göttling behauptet der Vers sei aus 111 hierher versetzt, weil δωτῆρες ἐάων ein den Olympischen Göttern eigenes Beiwort sei. Aber diese sind auch gemeint, indem der Scholiast irrt.

48. λήγουσαι ist so nothwendig zu ἀρχόμεναι, dass lieber die codd. zu befolgen sind mit einem Quantitätsfehler (denn Lennep's ἀοιδῆς zweisylbig ist auch nicht wahrscheinlich), als durch λήγουσι den Vers zu heilen und die Construction zu zerrütten.

50. ἀνθρώπων τε γένος κρατέρων τε γιγάντων· das Letztere scheint hier in dem Sinne von γηγενεῖς, Urmenschen, als eine besondere Classe, wie in der Odyssee (8, 59) sogar die übermüthigen Giganten des Königs Eurymedon vorkommen, nicht in dem mythischen Sinn, worin in unserer Theogonie nebst den grossen Erinnyen und den Melischen Nymphen, die grossen Giganten, die bösartigen nämlich des Mythus von der Gigantomachie in Phlegra, aus den von der Erde aufgenommenen Blutstropfen des von Kronos entmannten Uranos. Götterl. 3, 237.

53. ἐργ. 1 Μοῦσαι Πιεριῆθες ἀοιδῆσιν κλείουσαι; dazu 62.

60. κούρας mit kurzer Endsylbe Hesiodisch.

63. Nur von der Wohnung zu verstehen, sie sind Ὀλυμπιάδες. v. Lenneps Bezug auf den Helikon ist unantik, so wie die Beschränkung der Wohnungen auf ἐν θαλίης. Hier ist also alter Fehler. ἔνθα σφιν stimmt mit ἐργ. 1 überein und dass Ὀλύμπου 62 von 68 getrennt sei, ist schicklich; 65—67 aber möchte Zusatz sein. Die

ϑαλίαι gehören nicht hierher, noch auch dass die Musen singen *πάντων νόμους*, denn was die neugebornen singen ist 68 ff. gesagt.

68. Von Pieria, vom Geburtsort gleich nach der Geburt, so dass *Ὀλυμπιάδες* gerechtfertigt ist. Zum Olymp ist der natürliche *ἄνοδος*, wie Aristophanes zu 63 richtig versteht. Dass die Chariten (nur) auf den Helikon gehören (s. O. Müller Orchom. S. 177 f.) und darum die Verse 64—67 ausfallen müssen, wie Göttling meint, ist nicht einleuchtend. Den Zeus zu singen ist der Musen eigentliche That, dass sie gleich nach ihrer Geburt dazu schreiten, ist das Uebliche. Pierien „das herrlichste und schönste Land der Welt" Niebuhr. Theogon. 202 *γεινομένη τὰ πρῶτα θεῶν τ᾽ ἐς φῦλον ἰούσῃ*, Aphrodite. So Apollon im Hymnus auf den Delischen Apollon 186.

76 geht im besten Zusammenhang zurück auf 56.

83. In heissen Ländern der Thau lieblich, sonst Honig der Rede.

87. Die Böotischen *βασιλῆες* richten *ἐργ.* 39. 248. 261 ff. (vgl. Schild des Achilles) und sind nicht günstig dort angesehen. Schön ist ihr Vermitteln und Schlichten beschrieben. Freilich nur nach diesem politischen Stande ist dem Basileus die Muse wichtig. Dieser Zug ist eigenthümlich Böotisch und sonsther nicht so bestimmt bekannt. Er giebt nebst dem wiederholten Lob der sorgenstillenden Kraft den neun Namen eigenthümlichen Inhalt und Farbe.

106. 107. Die Sippschaften der Erde und des Himmels, der Nacht und des Pontos sind die hervorstechendsten Theile der Theogonie. Die Unsterblichen sind so gut wie alle darin begriffen, erst ist der Gegenstand genannt, dann auf das *ὡς τὰ πρῶτα* hingewiesen, fast wie in einem Epigramm der Inhalt eines Gedichtes angegeben wird dem Wesen nach, nur nicht in streng pedantischer Aufeinanderfolge (*Νύξ* zwischen *Γαῖα* und *Πόντος*). Göttling nimmt die Worte *τὰ πρῶτα θεοὶ* zu streng.

108. *εἴπατε* wie bei Homer *εἶπε* vor der Ilias und Odyssee.

111. 421 *ὅσσοι γὰρ Γαίης τε καὶ Οὐρανοῦ ἐξεγένοντο καὶ τιμὴν ἔλαχον* (von denen behielt Hekate das Ihre). 425 *ἀλλ᾽ ἔχει ὡς τὸ πρῶτον ἀπ᾽ ἀρχῆς ἔπλετο δασμός.* Zeus verspricht die *γέρατα*, *τιμάς* denen zu lassen, die ihm beistünden.

112. *ὥς τ᾽ ἄφενος δάσσαντο καὶ ὡς τιμὰς διέλοντο* nach dem Muster des *δασμός* unter Zeus, denn diess geht die ersten an.

113 ist das Subject ausgelassen, denn den Olymp nehmen nur die andern ein. (ἄφενος 112 auch ἔργ. 24). Die τιμαὶ der früheren Götter sind in der Theogonie. In dem vorhergehenden Hymnus 73 ist nur der Sieg des Kroniden über sie erwähnt. Den Titanen nehmen die Götter die Ehren ab 882; Zeus vertrieb sie aus dem Himmel 820. 114. 115 verwarf Seleukos. Aristarch, οἱ δὲ περὶ Ἀρίσταρχον, tadelt allein ἐξ ἀρχῆς, wenn man Geels Emendation ψέγουσι für λέγουσι bei v. Lennep annimmt, languidi, wie Wolf will, sind die Verse nicht. Dass darum Mützell 1—103 als ein getrenntes Gedicht von den Musen im Sinn jener Kritiker betrachtet, verwirft v. Lennep mit Recht. ἐξ ἀρχῆς, der Hauptpunkt, worauf 116 πρώτιστα anschlägt; auch τὰ πρῶτα 108 und 103 nicht umsonst wiederholt.

120. Dass Aristoteles Metaph. 1, 4 p. 984. De Xenoph. 1 p. 975 citirt ἠδ' Ἔρος, ὃς πάντεσσι μεταπρέπει ἀθανάτοισι, vermuthlich nach dem Gedächtnisse, ist gleichgültig.

125. φιλότης, Liebesgenuss 177. 206. 224 Schol. τὰ ἀφροδίσια, nebst Ἀπατή der Verführung, am Gürtel der Aphrodite in der Ilias. Od. 23, 300 τὼ δ' ἐπεὶ οὖν φιλότητος ταρπήτην. Archil. τοῖος γὰρ φιλότητος ἔρως ὑπὸ καρδίης ἐλυσθεὶς πόλλην κατ' ἀχλὺν ὀμμάτων ἔχευεν.

128. Pindar, der die Theogonie oft berührt, nennt Nem. 6 init. den Himmel der Götter stets unerschütterten Sitz.

130. Blind sind hier die Kritiker; für die Nymphen sind die Bergthäler, für die Götter der Himmel. Nicht bloss Göttling irrt.

148. Da bei Homer Jl. 1, 403 Briareus auch Αἰγαίων heisst, so scheint Regenflut der Hauptbegriff. Ueber die drei Hesiodischen Namen s. Aesch. Tril. S. 147 ff. Gewitterregen unter Stürmen, schlagend, reissend, so dass nicht gerade an Hagel (κόπτω) gedacht zu werden braucht.

226. Eris als Princip des Fortschritts in der physischen und geistigen Welt, wo jede Bewegung durch Gegensatz bedingt ist, in den ἔργ. Dann auch der Streit. Hier (226) ist der Wettstreit in Bezug auf Πόνος ἀλγινόεις, Streit in Bezug auf alles Folgende verstanden.

230. Δυσνομίη, der εὐνομίᾳ entgegengesetzt, ὕβρις Od. 19, 487; Superbia bei Hygin. Ἄτη ist hier die Folge der δυσνομίη, wie

συνήθεας ἀλλήλοισιν zeigt. Ἄτη hier Verderben; nicht wie bei Homer Ἄτη, an welche Göttling denkt.

238. In der Κητώ haben die Κήτεα ihre Ableitung; für die Landthiere gab sich kein Anlass, eine ähnliche Stammmutter zu erfinden.

247. Εὐνίκη einzig richtig. Εὐνείκη, wie v. Lennep schreibt p. 36, lässt keine erträgliche Erklärung zu. Die codd. entscheiden hier nicht; 71 haben auch die meisten νεισσομένων, 227 Λεῖμον, 384 Νείκην.

293 sein Hund Ὄρθρος, die Frühe, den Herakles tödtet wie er den Kerberos bezwingt. Tril. S. 120. δικέφαλος Apollod. 2, 15, 10. v. Lennep zieht Ὄρθος vor weil diese Schreibart vorherrscht, hat aber noch vier codd. auch für Ὄρθρος und fünf zu 309. Beide Schreibarten wechseln auch sonst häufig und auf die Zahl kommt hier nichts an. Ὄρθος sprach den weniger Unterrichteten mehr an; das andre ist so fremd, zu poetisch, ahndete man ja auch in Kerberos keine Naturbedeutung, Ὄρθος sagt nichts, wäre gemein. v. Lennep bringt wieder seine Chronologie an; da 325 Bellerophon den Pegasos reitet, worauf dann erst er in den Himmel geflogen sei — als ob nicht die Mythen ohne Bezug auf einander entstünden und die Theogonie sie nähme ohne Ahnung von Pedanterei. Orthros und Kerberos stehen als Hunde beide nothwendig in Beziehung. Hades ist nächtlich, also Kerberos auch, und Orthros morgendlich.

319. ἡ δὲ geht auf Echidna zurück, nicht auf Ὕδρη, das Nächste. Dann würde auch der Vater fehlen, was nie ist. Wieder ein Beleg der Unbeholfenheit.

495. ὃν γόνον, der Vers nothwendig; sein Erzeugniss, was man ironisch auf den Stein beziehen könnte, aber nothwendig als seine Erzeugten überhaupt verstehen muss 625. cf. Lennep p. 492. γόνον collectiv wie 919 von Apollon und Artemis. So Aristoph. Ach. παντοδαπῶν ὀρνίθων γόνον ἀνατιθέμενος εἰς τὴν ἀγοράν.

532. ταῦτα d. i. διὰ ταῦτα.

543. Schol. Ἰαπετιονίδῃ, οὐκ ἀπὸ τοῦ Ἰάπετος πρωτοτύπου, ἀλλ' ἀπὸ τοῦ Ἰαπετίων ὡς Πανδίων. Vielmehr ein Beleg mehr, dass ιων auch ohne patronyme Bedeutung zuweilen einem Namen angehängt wurde.

639. ἄρμενα πάντα alles Dienliche, Speise und Trank.

651. ἐνήης - προσήνης, ἀπήνης, das eine ν ist ausgestossen nach der Gewohnheit der Griechischen Sprache nicht gern denselben Consonanten in zwei auf einander folgenden Sylben zu wiederholen, die sich so vielfach erkennen lässt. S. meine Sylloge Epigr. Gr. p. 5 ss.

657. ἀρά in ungewöhnlicher Bedeutung, nicht Fluch, sondern der treffende Fluch, Rache. cf. Aesch. Suppl. 683 βωμοὶ ἀρῆς φυγάσιν ῥῦμα.

697. χθονίους proleptisch oder in der späterhin nicht seltenen, engeren Bedeutung; cf. 717 Τιτῆνες ὑπὸ χθονός. Etym. M. Τιτῆνες οἱ καταχθόνιοι δαίμονες.

781. ἀγγελίη wie nuntius Bote und Botschaft. Heyne ad Jl. γ, 206.

881. 882. Nachdem die seligen Götter die Arbeit vollbracht hatten, und über die auszutheilenden Würden der Titanen richteten — das Letzte ist ganz ungrammatisch ausgedrückt, und der nothwendige Sinn weder ausgedrückt durch Fr. A. Wolf: spe praemiorum, quae Juppiter diis pollicitus erat ante pugnas oder v. Lennep: ἕνεκα vel περὶ τιμάων, utri divinos honores obtinerent, noch durch Göttling: propter τιμὰς pugna exorta erat, utri haberent Titanes an Cronidae.

885. Zeus theilt die Ehren, die Götter huldigen ihm an der Capitolinischen Ara.

929. Die Beziehung in diesem Wettstreit nicht zwischen Athene als Künstlerin und Hephästos als Künstler, wie v. Lennep deutet, sondern zwischen dem ätherischen und dem irdischen Feuer, wenn anders die Dichtung auf das Product und nicht bloss auf die Art der Erzeugung und auf die noch nicht vergessene Urbedeutung der Here Rücksicht genommen hat.

www.ingramcontent.com/pod-product-compliance
Lightning Source LLC
Chambersburg PA
CBHW020549270326
41927CB00006B/774